ABC du BAC

Réussite
le bac efficace

Histoire-Géographie
1re

Cécile Vidil (coordinatrice)
Frédéric Fouletier
Pascal Jézéquel
Laëtitia Léon-Benbassat
Servane Marzin
Évelyne Pons-Soumah
Johan Protais
Alain Rajot

Nathan

Direction éditoriale : Raphaëlle Mourey

Coordination éditoriale : Marion Gautier, Julie Langlais, assistées d'Alix de Kersauson et de Noémie Ruth

Édition : Nicolas Waszak

Conception graphique intérieur : Élise Launay

Couverture : Hugues Vollant, Marc Henry

Cartographie/Schémas : Coredoc, Hugo_Map, Pascal Marseaud, Philippe Chauvet Légendes Cartographie

Iconographie : Annie-Claire Auliard-Villain

Compositeur : GRAFATOM

Fabrication : Kévin Magar

ISBN : 978-2-09-157399-1

(Éditions précédentes : 978-2-09-189204-7 et 978-2-09-189350-1)

Mode d'emploi

Un ouvrage synthétique pour réviser et progresser avec méthode !

Cours

L'essentiel | Méthode | Exercices | Corrigés

- Le cours est structuré en d'une doubles-pages, pour faciliter les révisions. La page de gauche présente un **cours précis et concis.**
- La page de droite présente les **documents** associés au cours, ainsi que le **vocabulaire.**

L'essentiel

Cours | Méthode | Exercices | Corrigés

- Une **double page Révision Express** résume les dates importantes, les mots importants et présente un schéma récapitulatif.
- Un **Quiz** permet de se tester rapidement.

Méthode

Cours | L'essentiel | Exercices | Corrigés

- Cette rubrique présente de manière simple la résolution de questions classiques qu'il est indispensable de **maîtriser en Histoire-Géographie**.
- Ces fiches-méthode s'appuient sur des cas concrets et présentent **la démarche à suivre de manière** très détaillée.

Exercices

Cours | L'essentiel | Méthode | Corrigés

- Des questions de **vérification des connaissances** vous permettent de voir si le cours est bien acquis.
- Variés, les **exercices d'entraînement** permettent de manipuler les notions du chapitre et d'**appliquer la méthode**.

Corrigés

Cours | L'essentiel | Méthode | Exercices

- Les corrigés sont accompagnés de petites « bulles » présentant des **conseils**, des **remarques**, des **astuces pour gagner des points**…

Sommaire

Mode d'emploi 3
Le nouveau Bac 8

PARTIE I • Histoire

CHAPITRE 1 L'Europe face aux révolutions

La révolution française et l'Empire : une nouvelle conception de la nation
1. L'année 1789, année de rupture politique et sociale 12
2. L'essai de monarchie constitutionnelle 14
3. Achever la Révolution sans le roi (1793-1815) 16

L'Europe entre restauration et révolution (1814-1848)
4. Clore la Révolution en restaurant un ordre monarchique en Europe 18
5. Deux expériences de monarchie constitutionnelle en France 20
6. L'essor des contestations en Europe entre 1815 et 1848 22
Révision express 24
Méthode Rédiger une introduction de composition 26
Méthode Présenter un document 28
Exercices & Corrigés 30

CHAPITRE 2 La France dans l'Europe des nationalités : politique et société (1848-1871)

La difficile entrée dans l'âge démocratique : la IIe République et le Second Empire
1. La difficile entrée dans l'âge démocratique : la naissance de la IIe République 34
2. La multiplication des tensions met un terme au projet républicain 36
3. Le Second Empire, régime autoritaire 38

L'industrialisation et l'accélération des transformations économiques et sociales en France
4. Le Second Empire et la modernisation de la France 40
5. Les transformations de la société française au temps de l'industrialisation . 42

La France et la construction de nouveaux États par la guerre et la diplomatie
6. Napoléon III et la question de l'Italie 44
7. Le rôle de la France dans l'unité de l'Italie 46
8. La difficile question allemande 48
9. La France face à l'unification de l'Allemagne 50

Révision express 52
Méthode Analyser un sujet de composition 54
Méthode Prélever et classer les informations d'un texte à partir d'une consigne 56
Exercices & Corrigés 59

CHAPITRE 3 La IIIe République avant 1914

La mise en œuvre du projet républicain
1. L'affirmation progressive du projet républicain : imposer l'idée républicaine 62
2. Un régime porteur de libertés fondamentales : une République libérale 64
3. Ambitions, fragilités et limites du modèle républicain 66

Permanences et mutations de la société française en 1914
4. La France poursuit son industrialisation 68
5. Des populations marginalisées dans la République 70
6. Les paysans face à la modernisation du monde rural 72

Métropole et colonies
7. La IIIe République et la constitution d'un empire colonial 74
8. Les contradictions de la colonisation française 76
9. Des sociétés coloniales très inégalitaires 78
Révision express 80
Méthode Analyser un texte historique 82
Méthode Faire une fiche de révision 86
Exercices & Corrigés 88

CHAPITRE 4 La Première Guerre mondiale : le « suicide de l'Europe » et la fin des empires européens

Un embrasement mondial et ses grandes étapes
1. L'embrasement : d'un conflit européen à une guerre mondiale 92
2. L'embrasement : se battre en 1914-1918 94

Les sociétés en guerre : des civils acteurs et victimes de la guerre
3. Une guerre totale : la mobilisation de toutes les ressources matérielles 96
4. Une guerre totale : la mobilisation des ressources humaines 98
5. La guerre totale : le cas du génocide des Arméniens 100

Sortir de la guerre : la tentative de construction d'un ordre des nations démocratiques
6. Sortir de la guerre : organiser la paix 102
7. Sortir de la guerre : des sociétés marquées 104

Révision express 106
Méthode **Faire un brouillon de composition** 108
Méthode **Réaliser l'analyse critique d'un document iconographique** 111
Exercices & Corrigés 113

PARTIE II • Géographie

CHAPITRE 5 La métropolisation : un processus différencié

1. La ville à l'échelle mondiale 120
2. Des métropoles inégales en mutation 122
3. La métropolisation du Brésil : dynamiques et contrastes 124
4. Londres, métropole de rang mondial 126
5. La mégalopole du nord-est des États-Unis : des synergies métropolitaines 128
6. Mumbaï : une métropole fragmentée 130
7. La métropolisation de la France 132
8. Les effets de la métropolisation 134
Révision express 136
Méthode **Rédiger un paragraphe d'une composition** 138
Méthode **Transposer un texte en croquis (1)** 141
Exercices & Corrigés 146

CHAPITRE 6 Une diversification des espaces et des acteurs de la production

1. Les espaces de production dans le monde 150
2. Métropolisation, littorisation des espaces productifs et accroissement des flux 152
3. Singapour : l'articulation de la finance, de la production et des flux 154
4. Les investissements chinois en Afrique 156
5. La Sillicon Valley : un espace productif intégré 158
6. Les systèmes productifs français 160
Révision express 162
Méthode **Insérer un schéma dans une composition** 164
Méthode **Analyser et lire une carte** 166
Exercices & Corrigés 169

CHAPITRE 7 Les espaces ruraux : multifonctionnalité ou fragmentation ?

1. La fragmentation des espaces ruraux dans le monde 174
2. Affirmation des fonctions non agricoles et conflits d'usages 176
3. Les mutations des espaces ruraux de Toscane 178
4. Mutations agricoles et recomposition des espaces ruraux en Inde 180
5. Les espaces ruraux canadiens : une multifonctionnalité marquée 182
6. France : des espaces ruraux multifonctionnels entre iniatives locales et politiques européennes 184
7. Les transformations paysagères des espaces ruraux bretons 186
Révision express 188
Méthode Rédiger une analyse structurée et argumentée d'une carte 190
Méthode Rédiger une composition en géographie 193
Exercices & Corrigés 195

CHAPITRE 8 La Chine : des recompositions spatiales multiples

1. Les inégalités en Chine 200
2. Des ressources et des environnements sous pression 202
3. Les recompositions spatiales en Chine 204
Révision express 206
Méthode Transposer un texte en croquis (2) 208
Méthode Bâtir une conclusion 212
Exercices & Corrigés 214

Annexes

Frises chronologiques 222
Cartes géographiques 224
Fonds de cartes 228
Lexique 231

Le nouveau Bac

- Les 1re épreuves du nouveau Bac auront lieu en janvier 2020 dans le cadre du **contrôle continu** et concernent les élèves de 1re.
- La 1re session des épreuves anticipées du Bac en français aura lieu en juin 2020 pour les élèves de 1re.
- Les nouvelles épreuves finales auront lieu en 2021 pour les élèves de Terminale.

* Sur les matières du tronc commun et la spécialité abandonnée en fin de 1re

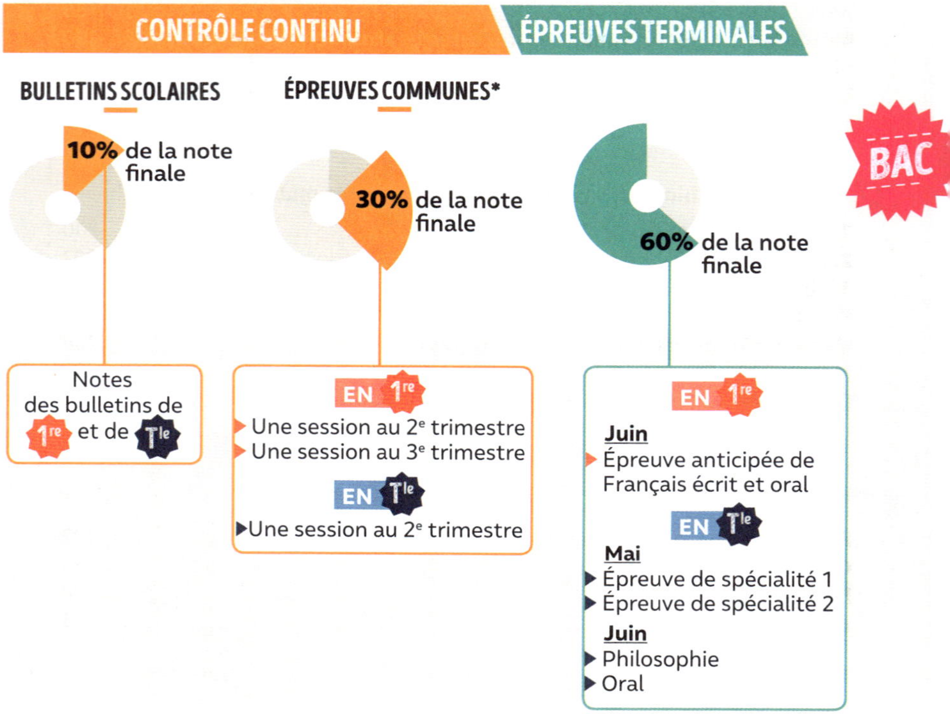

Le grand oral

- **Cette épreuve, d'une durée de 20 minutes**, se réalise devant un jury et porte sur un projet conduit sur le thème d'une des spécialités choisies par l'élève.
- **Elle se déroule en deux parties :** la présentation du projet, puis un échange à partir de ce projet, permettant d'évaluer la capacité de l'élève à analyser et mobiliser des connaissances.

3 spécialités en 1re, 2 spécialités en Tle

- À la fin de l'année, les élèves de première devront abandonner une des trois spécialités choisies en début d'année.
- La spécialité abandonnée sera évaluée en fin de première par une épreuve commune de contrôle continu (30 % de la note finale).
- Les deux spécialités conservées en terminale seront quant à elle évaluées par une épreuve finale en fin de terminale (60 % de la note finale).
- Par ailleurs, toutes les notes des bulletins scolaires de l'année compteront pour 10 % de la note finale.

Les épreuves communes du contrôle continu pour l'enseignement commun d'Histoire-Géographie en 1re

- Les épreuves communes du contrôle continu sont des devoirs ou exercices sur table. Les sujets sont issus d'une banque nationale. Les copies sont anonymes et corrigées par d'autres professeurs que ceux de l'élève.
- Les enseignements communs sont évalués aux deuxième et troisième trimestres de l'année de 1re et en décembre de l'année de Terminale.
- L'épreuves communes de contrôle continu sont une épreuve écrite de 2 heures.
- Ces épreuves seront composées de deux parties :

  – *Partie 1 : réponse à une question problématisée.*

  Il s'agit d'une réponse rédigée et construite. Le candidat doit montrer qu'il a acquis des capacités d'analyse, qu'il maîtrise des connaissances, sait les sélectionner et les organiser de manière à répondre à la problématique de la question. L'intitulé de la question suggère des éléments de construction de la réponse.

  – *Partie 2 : analyse de document(s) ou réalisation d'une production graphique.*

  L'analyse de document(s) est accompagnée d'une consigne suggérant une problématique et des éléments de construction de l'analyse. Le ou les document(s), en histoire comme en géographie, comporte(nt) un titre et, si nécessaire, un nombre limité de notes explicatives. Lorsque la production graphique est un croquis, ce croquis est réalisé à partir d'un texte élaboré pour l'exercice qui présente une situation géographique. Un fond de carte est fourni. Le titre et l'organisation du texte indiquent de grandes orientations pour la réalisation du croquis. Dans le cas d'une autre production graphique, les consignes et les données servant à l'élaboration de cette production sont fournies avec l'exercice.

- Si la première partie du sujet porte sur l'histoire, la deuxième porte sur la géographie et (ou) inversement. Si la première partie de la première épreuve de contrôle continu est en histoire, la première partie de la deuxième épreuve est en géographie et inversement.
- L'épreuve sera notée sur 20 points, chaque partie sur 10 points. La note finale est composée de la somme des points obtenus à chacune des parties.

PARTIE 1 Histoire

CHAPITRE 1

L'Europe face aux révolutions

1 L'année 1789, année de rupture politique et sociale

De quoi s'agit-il ? **La monarchie absolue et la société des trois ordres (noblesse, clergé, tiers état) connaissent à la fin du XVIIIe siècle une crise profonde qui débouche sur une véritable révolution en 1789.**

1 Le blocage de l'Ancien Régime

- La crise économique met en difficulté les finances de l'État, endetté. Louis XVI, devant le refus des privilégiés de payer tout impôt, convoque les états généraux pour discuter d'une réforme fiscale. Ceux-ci s'ouvrent le 5 mai 1789 à Versailles avec plus de 1 000 députés des trois ordres, portant des cahiers de doléances.

2 La révolution politique et sociale

- Le 20 juin, les députés du tiers état dont la voix est minoritaire décident, à part, de se proclamer Assemblée nationale et de rédiger une Constitution. Louis XVI préfère temporiser et, le 9 juillet, reconnaît l'Assemblée nationale constituante. La révolution politique a commencé, le roi semble accepter de partager ses pouvoirs.
- Le peuple entre en scène, inquiet d'une réaction violente du roi et de la noblesse : prise de la Bastille le 14 juillet à Paris, « Grande Peur » dans les campagnes où les châteaux sont incendiés.
- Dans la séance de la nuit du 4 au 5 août, l'Assemblée décide l'abolition des privilèges et proclame l'égalité des Français. La révolution sociale prend le relais.

3 La Déclaration des droits de l'Homme et du citoyen

- Le 26 août la Déclaration des droits de l'Homme et du citoyen fixe les principes de construction d'une France nouvelle. Inspirés des Lumières, ils mettent en avant les valeurs de liberté et d'égalité, la séparation des pouvoirs, la souveraineté nationale (synonyme de démocratie), les libertés de pensée et d'expression, les garanties judiciaires. Les sujets du roi sont désormais des citoyens libres et égaux en droits.
- Le 14 juillet 1790, lors de la fête de la Fédération, la Nation, à travers des délégués de toutes les provinces, et le roi, se prêtent mutuellement serment de fidélité. Presse et clubs animent le débat politique au sein de la population française (**Doc.**).

Doc. **Le salon de Mme Roland à Paris**

❶ Mme Roland (1754-1793), au centre, s'engage dans la Révolution en faisant vivre la liberté d'opinion et d'expression.

❷ Son salon attire surtout la gauche jacobine, désireuse de réformes profondes. Les déchirements entre Jacobins sous la Terreur amèneront à son exécution.

❸ Il y a surtout des hommes : l'égalité hommes/femmes, qu'elle ne réclame pas, est une opinion très minoritaire, représentée par d'autres femmes comme Olympe de Gouges.

Vocabulaire

Cahier de doléances : cahier rassemblant les plaintes (doléances) et solutions, destinées au roi.

États généraux : réunion de représentants de chacun des trois ordres qui composent la société (noblesse, clergé et tiers état).

« Grande Peur » : période d'agitation après le 14 juillet liée à la crainte paysanne d'une réaction de la noblesse.

Tiers état : l'essentiel de la population (97 %), composé de ceux qui travaillent (paysans, bourgeois) et payent des impôts.

2 L'essai de monarchie constitutionnelle

De quoi s'agit-il ? L'Assemblée propose un système de monarchie constitutionnelle partageant les pouvoirs et fondé sur la souveraineté nationale. L'hostilité de Louis XVI fait échouer cette tentative politique.

1 L'effort de démocratisation

- L'Assemblée continue son travail de réformes afin de faire vivre l'idée de souveraineté nationale : justice réorganisée avec des jurys populaires, création de départements, Constitution civile du clergé.
- La démocratie sera représentative mais la question du vote aux élections est posée : suffrage universel pour tous les citoyens, ou suffrage censitaire reposant uniquement sur ceux qui contribuent « suffisamment » à l'impôt ?
- Louis XVI tente de fuir à l'étranger mais est arrêté à Varennes le 21 juin 1791 et revient à Paris. Cet épisode rend d'avance difficile l'application de la Constitution enfin adoptée en octobre.

2 L'échec de la monarchie constitutionnelle

- Le pouvoir législatif appartient à l'Assemblée législative, élue tous les deux ans au suffrage censitaire (4 sur 7 millions de citoyens, hommes de plus de 25 ans). Le roi et son conseil des ministres possèdent le pouvoir exécutif. Toutefois, le roi conserve un droit de veto, suspensif, sur les lois.
- Louis XVI utilise régulièrement celui-ci et essaye de bloquer le travail de l'Assemblée, soutenant parfois les Jacobins. Le 20 avril 1792, face à la menace grandissante des monarchies européennes, hostiles au processus révolutionnaire, la France déclare la guerre à la Prusse et à l'Autriche. Louis XVI espère qu'une défaite lui rendra ses pouvoirs.
- La France est envahie et, en juillet, la Patrie est déclarée « en danger ». L'Assemblée fait appel, au sein du peuple, aux volontaires. L'ennemi menace le peuple de Paris lui intimant l'ordre de rétablir Louis XVI dans ses droits.
- Les Parisiens, notamment les sans-culottes, répondent le 10 août par une nouvelle journée insurrectionnelle, prenant le palais royal des Tuileries. Le roi se réfugie à l'Assemblée mais celle-ci, sous pression, décide son arrestation ainsi que l'élection au suffrage universel d'une Convention nationale dominée par les Jacobins (**Doc.**).

Doc. Appel nominal des députés de la Convention à la séance des 16 et 17 janvier 1793

Paris
130 Robespierre — La mort.
131 Danton — La mort.
132 Collot d'Herbois — La mort.
Manuel — La détention ...
133 Billaud-Varenne — La mort dans 24 heures.
134 Camille Desmoulins — La mort.
135 Marat — La mort dans 24 heures.
136 Lavicomterie — La mort.
137 Legendre — La mort.
138 Raffron — La mort dans 24 heures.
139 Panis — La mort.
140 Sergent — La mort.
141 Robert — La mort.
Dusaulx — Le bannissement à la paix.
142 Fréron — La mort dans 24 heures.
143 Beauvais — La mort.
144 Fabre d'Églantine — La mort.
145 Osselin — La mort.
146 Robespierre jeune — La mort.
147 David — La mort.
148 Boucher — La mort.
149 Laignelot — La mort.
Thomas — La détention jusqu'à la paix, et la mort dans le cas d'invasion du territoire français par les puissances étrangères.
Appel nominal des 16 & 17 janvier 1793.
150 L.J. Égalité — La mort.
Pas-de-Calais.
151 Carnot — la mort
152 Duquesnoy — La mort.
153 Lebas — La mort.
Thomas Payne — La détention; le bannissement à la paix.
Personne — La détention; le bannissement à la paix.
Guffroy — La mort dans le délai de la loi.
Enlart — ...
155 Bollet — La mort.

❶ La Convention s'est instituée en tribunal pour juger Louis XVI (décembre 1792). Cette page présente la liste des députés de Paris (parmi eux Robespierre, Danton, Desmoulins, etc.).

❷ La culpabilité du roi a été prononcée à 90 %. En face de chaque nom figure la sanction demandée. La mort l'emporte d'une courte majorité.

Vocabulaire

Constitution civile du clergé : réorganisation des relations entre l'Église et l'État, celui-ci contrôlant le clergé.

Département : nouveau découpage, égalitaire, du territoire pour mettre fin aux inégalités entre les provinces.

Jacobins : partisans d'une poursuite de la Révolution et d'une démocratie centralisée. Ils se réunissaient dans l'ancien couvent des Jacobins.

Jury populaire : ensemble de citoyens rendant un verdict dans un procès.

Sans-culottes : catégorie sociale modeste sans être pauvre, souvent composée d'artisans des villes prônant l'égalité sociale. Ils sont appelés ainsi car ils portaient des pantalons et non des culottes, comme les aristocrates.

Suffrage censitaire : système électoral dans lequel le droit de vote est réservé à ceux qui paient une certaine somme d'impôts, que l'on appelle le « cens ».

3 Achever la Révolution sans le roi (1793-1815)

De quoi s'agit-il ? **La République est proclamée par la Convention le 22 septembre 1792. Mais les guerres rendent son fonctionnement instable jusqu'à l'arrivée au pouvoir de Napoléon Bonaparte, qui parvient à fonder un empire.**

1 La Iʳᵉ République et son instabilité

- À la Convention, les Montagnards écartent les Girondins en juin 1793 et imposent la Terreur (loi des suspects, suspension des libertés) face aux menaces : guerre extérieure, où intervient par exemple l'Angleterre, début de guerre civile (révoltes royalistes en Vendée, girondines au Sud-Ouest).
- La Terreur s'arrête avec la chute de Robespierre le 9 thermidor an II (27 juillet 1794 ; la République a changé le calendrier). Un Directoire se met en place où les pouvoirs sont divisés et se neutralisent pour empêcher le retour de la tyrannie.

2 La France et l'Europe sous l'empire napoléonien

- Le général Napoléon Bonaparte prend le pouvoir par un coup d'État le 18 brumaire an VII (9 novembre 1799). Le Consulat met fin au Directoire. Napoléon devient Premier consul jusqu'à son couronnement en tant qu'empereur, sous le nom de Napoléon Iᵉʳ, le 2 décembre 1804.
- Le pouvoir exécutif entre ses mains est exercé de façon autoritaire (police, censure), le pouvoir législatif est affaibli. Il préserve certains acquis de la Révolution (égalité devant la loi, séparation des pouvoirs, suffrage universel, etc.), y ajoutant des « masses de granit » pour achever la Révolution : préfets, lycées, nouvelle monnaie (le franc), Code civil (**Doc.**) et Code pénal. Un Concordat réorganise et pacifie les relations entre l'État et l'Église.
- Les guerres ont permis des conquêtes voire des annexions (Belgique, Hollande, Italie du Nord…), diffusant ainsi les idées révolutionnaires. Une armée de citoyens volontaires avait été organisée par Lazare Carnot, devenue sous Napoléon la « Grande Armée » et remportant des victoires prestigieuses : Austerlitz (2 décembre 1805), etc.
- Napoléon réorganise l'Europe (proches placés à la tête de nombreux pays, traités d'alliance avec les vaincus). La domination française amène le soulèvement de peuples européens (Espagne, pays allemands…) avant qu'une nouvelle coalition européenne, suite à l'échec de la campagne de Russie (1812), ne parvienne à faire plier l'empire français en 1814 puis, après un bref retour de Napoléon Iᵉʳ, en 1815 (défaite de Waterloo le 18 juin).

Doc. Extraits du Code Napoléon (1804)

Le Code, recueil de lois, est voulu par Napoléon pour fixer celles-ci et finir la Révolution. Depuis 1793, Cambacérès, qui en est chargé, a essayé de faire adopter un tel texte.

Art. 1er. Les lois sont exécutoires dans tout le territoire français, en vertu de la promulgation qui en est faite par le Premier consul. Elles seront exécutées dans chaque partie de la République, du moment où la promulgation en pourra être connue.

> La République est toujours officiellement en place, sous l'égide de Bonaparte, Premier consul – avant de devenir Empereur. Sous la République « une et indivisible », la loi est la même pour tous

Art. 8. Tout Français jouira des droits civils.

Art. 144. L'homme avant dix-huit ans révolus, la femme avant quinze ans révolus, ne peuvent contracter mariage.

Art. 203. Les époux contractent ensemble, par le fait seul du mariage, l'obligation de nourrir, entretenir et élever leurs enfants.

> Le texte donne des droits et des devoirs, reconnaissant l'égalité devant la loi – mais pas entre hommes et femmes.

Art. 488. La majorité est fixée à vingt-un ans accomplis.

Art. 544. La propriété est le droit de jouir et disposer des choses de la manière la plus absolue, pourvu qu'on n'en fasse pas un usage prohibé par les lois ou par les règlements.

Art. 1101. Le contrat est une convention par laquelle une ou plusieurs personnes s'obligent, envers une ou plusieurs autres, à donner, à faire ou à ne pas faire quelque chose.

Art. 1382. Tout fait quelconque de l'homme, qui cause à autrui un dommage, oblige celui par la faute duquel il est arrivé, à le réparer.

> Le Code porte sur le droit des personnes mais aussi des biens, et définit les contrats, la propriété, l'entreprise (société). L'art. 1382 définit les délits.

Art. 1832. La société est un contrat par lequel deux ou plusieurs personnes conviennent de mettre quelque chose en commun, dans la vue de partager le bénéfice qui pourra en résulter.

Le Code civil a pu se diffuser avec les conquêtes (Belgique…) et inspirer nombre de nouveaux États (Italie, pays d'Amérique latine…).

Vocabulaire

Concordat : traité réglant les relations entre un État et l'Église catholique, représentée par le pape.

Consulat : forme du pouvoir exécutif, divisé entre trois consuls.

Directoire : forme du pouvoir exécutif, divisé entre cinq directeurs.

Girondins, Montagnards : courants politiques divisant les députés. Les Girondins (plusieurs députés venaient de Gironde) souhaitaient une république modérée et décentralisée. Les Montagnards siégeaient dans les travées les plus élevées à l'Assemblée, d'où leur nom. Ils étaient favorables à une République forte et centralisée.

Loi des suspects : loi votée par la Convention (17 septembre 1793) permettant d'arrêter et juger toute personne suspecte, ennemi réel ou potentiel de la Révolution.

Masses de granit : expression de Napoléon pour désigner les réformes nécessaires pour compléter, consolider et achever la Révolution.

4 Clore la Révolution en restaurant un ordre monarchique en Europe

De quoi s'agit-il ? En 1814-1815, les vainqueurs de Napoléon souhaitent clore l'épisode révolutionnaire en restaurant un ordre monarchique et conservateur sur le continent. Mais ceux-ci se heurtent à l'émergence de mouvements révolutionnaires et nationaux.

1 Réorganiser l'Europe selon l'ordre ancien

- Dans la première moitié du XIXe siècle, la crainte de la résurgence de mouvements révolutionnaires pousse les souverains européens à réorganiser le continent. Les vainqueurs de Napoléon se réunissent lors du congrès de Vienne pour tenter d'effacer l'empreinte révolutionnaire et impériale.
- La carte de l'Europe est alors redessinée selon les intérêts des grands empires et sans tenir compte des aspirations des peuples à se constituer en nations ou à obtenir davantage de libertés.
- Après la défaite de Napoléon, Clément Metternich-Winneburg, ministre des Affaires étrangères et chancelier d'Autriche, négocie le traité de Paris (avril 1814) et accepte la restauration des Bourbons sur le trône de France. Pendant le congrès de Vienne, il tente de modérer l'esprit de revanche des alliés contre la France, car c'est pour lui la condition première pour garantir la paix et la stabilité en Europe

2 Un congrès favorable aux grandes puissances

- Quand le congrès de Vienne s'achève en 9 juin 1815, une étape importante a été franchie puisque de nouvelles frontières ont été délimitées, la libre circulation navale reconnue, la traite négrière abolie et la neutralité suisse affirmée.
- Quelques mois plus tard, à l'initiative du tsar de Russie, une « Sainte Alliance » est conclue à Paris, en septembre 1815, entre l'Autriche, la Prusse et la Russie pour établir une paix durable et se protéger d'éventuels mouvements populaires et révolutionnaires (**Doc.**).

3 De nouvelles frontières qui ne tiennent pas compte des aspirations nationales

- Les vainqueurs de Napoléon souhaitent tirer profit de leur victoire en agrandissant leur territoire, sans prendre en compte la question des aspirations nationales.
- De son côté, le Royaume-Uni ne cherche pas à acquérir des territoires, mais souhaite asseoir sa puissance maritime. Celle-ci est en effet la condition nécessaire pour le développement d'un commerce florissant, source d'hégémonie planétaire.

Doc. La politique de la Sainte Alliance et de Metternich en 1820

La révolution de Naples s'enracinant tous les jours de plus en plus, aucune ne pouvant menacer d'une manière plus imminente la tranquillité des États voisins et n'étant pas dans le cas d'être attaqués aussi promptement et aussi immédiatement, on s'est convaincu de la nécessité de procéder à l'égard du royaume des Deux-Siciles d'après les principes [...] énoncés.

Pour préparer à cette fin des mesures conciliatrices, les monarques réunis à Troppau ont résolu d'inviter le roi des Deux-Siciles à se réunir à eux à Laybach ; démarche dont le but était uniquement de délivrer S. M. de toute espèce de contrainte extérieure, et de constituer ce monarque médiateur entre ses peuples égarés et les États dont ils menaçaient la tranquillité. Les monarques étant résolus de ne point reconnaître les gouvernements formés par une révolte ouverte, ils ne pouvaient négocier qu'avec le roi en personne. Leurs ministres et leurs agents à Naples ont reçu des instructions en conséquence. La France et l'Angleterre ont été invitées à prendre part à cette démarche et l'on doit s'attendre qu'elles ne refuseront pas d'y accéder [...].

D'après G. F. Martens, *Nouveau Recueil de traités... depuis 1808...*, t. V, Gottingue, 1824.

La révolution de Naples inquiète les souverains européens. Ils ont peur d'une « contagion » comme à l'époque de la Révolution française.

Les souverains de la Sainte Alliance se réunissent pour faire face à ce danger et apportent leur aide au souverain de Naples, roi des Deux-Siciles.

Ils évoquent des « peuples égarés » pour montrer que la révolution est « anormale ».

Les souverains décident d'être solidaires entre eux pour conserver l'ordre monarchique instauré par le congrès de Vienne.

Vocabulaire

Hégémonie : domination exclusive d'un État sur les autres.

Sainte Alliance : pacte signé entre les monarchies russe, autrichienne et prussienne en 1815 pour restaurer un ordre monarchique en Europe.

5 Deux expériences de monarchie constitutionnelle en France

De quoi s'agit-il ? **Après la chute de Napoléon, la France s'engage dans la longue recherche d'un régime politique stable et tente d'expérimenter la monarchie constitutionnelle.**

1 Rétablir la monarchie en tenant compte des acquis de la Révolution

- En France, Louis XVIII (1814-1824), frère de Louis XVI et héritier théorique de la couronne depuis 1795, est rétabli sur le trône par les puissances étrangères qui viennent de vaincre Napoléon. La monarchie est restaurée, mais le roi « octroie » une Charte qui limite le pouvoir royal et reconnaît les principaux acquis de la Révolution, telle l'abolition des privilèges.
- C'est un début de système représentatif où le roi, chef de l'exécutif, partage le pouvoir législatif avec le Parlement.

2 « Dé-révolutionner » la société française ?

- Cependant, la Charte de 1814 n'introduit pas un régime parlementaire et le système électoral est fondé sur le suffrage censitaire. Ainsi, les droits politiques ne concernent que 100 000 électeurs (sur 29 millions d'habitants).
- À la mort de Louis XVIII (1824), son frère devient roi sous le nom de Charles X (1824-1830). Comme les « ultras » (royalistes), il souhaite renforcer le pouvoir royal et met en œuvre une réaction antilibérale. Cela entraîne une nouvelle révolution les 27-28 et 29 juillet 1830. On parle des « Trois Glorieuses » (**Doc.**).

3 La monarchie de Juillet : entre libéralisme et conservatisme (1830-1848)

- Philippe d'Orléans, cousin de Charles X, est proclamé « roi des Français » sous le nom de Louis-Philippe Ier grâce au soutien des bourgeois libéraux. L'objectif du nouveau souverain est de réformer sans révolutionner : il adopte le drapeau tricolore et révise la Charte en développant une base électorale plus large. Le Parlement partage désormais l'initiative des lois avec le roi.
- La petite bourgeoisie et les ouvriers réclament en vain le suffrage universel. Guizot dirige un gouvernement conservateur qui réprime les révoltes des ouvriers. Quand le roi interdit les réunions politiques, cela entraîne une nouvelle révolution qui éclate en février 1848.

Doc. 1830 et les « Trois Glorieuses »

Charles X ne peut plus rentrer dans Paris : il a fait couler le sang du peuple.

La République nous exposerait à d'affreuses divisions : elle nous brouillerait avec l'Europe.

Le duc d'Orléans est un prince dévoué à la cause de la Révolution.

Le duc d'Orléans ne s'est jamais battu contre nous.

Le duc d'Orléans était à Jemmapes.

Le duc d'Orléans est un roi-citoyen.

Le duc d'Orléans a porté au feu les couleurs tricolores. Le duc d'Orléans peut seul les porter encore. Nous n'en voulons point d'autres.

Le duc d'Orléans ne se prononce pas. Il attend notre vœu. Proclamons ce vœu et il acceptera la Charte comme nous l'avons toujours entendue et voulue. C'est du peuple français qu'il tiendra sa couronne.

Placard rédigé par Thiers, affiché à Paris le matin du 30 juillet 1830.

> D'emblée l'auteur annonce que Charles X doit quitter le pouvoir et donc abdiquer, mais que la République n'est pas le régime idéal pour la France.

> Le duc d'Orléans a participé à la Révolution française et est attaché à ses valeurs comme à ses symboles.

> Le nouveau souverain est tenu d'accepter la Constitution (Charte) et devient « roi des Français » : il montre ainsi qu'il tient son pouvoir du peuple et non pas de ses ancêtres.

Vocabulaire

Octroyer : accorder comme une faveur.

Régime parlementaire : régime politique fondé sur une séparation des pouvoirs, avec un gouvernement qui incarne le pouvoir exécutif et peut être renversé par le Parlement devant lequel il est politiquement responsable.

Suffrage censitaire : voir p. 15

Suffrage universel : système électoral dans lequel le droit de vote est accordé à tous les citoyens.

Système représentatif : régime politique qui accorde à une assemblée le droit de représenter la nation. La volonté des citoyens s'exprime par l'intermédiaire de représentants élus.

6 L'essor des contestations en Europe entre 1815 et 1848

De quoi s'agit-il ? **Entre 1815 et 1848, des mouvements révolutionnaires secouent l'Europe et tentent d'imposer les idées libérales et le concept de l'État nation.**

1 Libéralisme et aspirations nationales en Europe

- Né en Angleterre au XVIIIe siècle, le libéralisme est une idéologie qui rappelle que l'individu dispose de libertés et de droits fondamentaux (d'expression, de réunion, de conscience…) face à l'État.
- Les libéraux apportent leur soutien à la lutte en faveur des nationalités opprimées ou divisées qui souhaitent se constituer en États nations.

2 Le mouvement des nationalités

- Dans la première moitié du XIXe siècle, les dirigeants des mouvements nationalistes, ignorés par le congrès de Vienne, s'emploient à répondre aux aspirations nationales qui peuvent se classer en deux grandes catégories :

– celles qui visent à regrouper leur nation en un seul État (tels les Italiens et les Allemands) ;

– celles placées sous la domination d'autres États et qui revendiquent leur indépendance.

- Le massacre des habitants grecs de Chios (**Doc.**) par les Ottomans (1822) entraîne une intervention des puissances européennes (1827) et favorise l'indépendance de la Grèce en 1829-1830.

3 1830-1848 : deux poussées révolutionnaires

- Au XIXe siècle, de nombreux opposants aux régimes en place sont contraints de fuir leur pays pour des raisons politiques. Ces exilés participent à la circulation des idées à l'échelle du continent européen.
- La révolution parisienne de 1830 entraîne un ensemble de révoltes sur le continent. En 1830, la Belgique catholique obtient son indépendance des Pays-Bas alors que les Polonais se soulèvent à leur tour, sans succès, contre la domination russe.
- À la suite de la révolution qui secoue la France en février 1848, un ensemble de révoltes enflamme de nouveau le continent : on parle d'un « Printemps des peuples ». Les citoyens prennent conscience de leur pouvoir potentiel et démontrent que les aspirations à la liberté ne peuvent plus être étouffées.

Doc. **1822 et le massacre de Chios (ou Scio)**

Eugène Delacroix, *Scènes du massacre de Chios*, 1824, musée du Louvre, Paris.

❶ Au premier plan, quinze figures de victimes et de bourreaux sont entremêlées avec, en particulier, le cadavre d'une mère morte en train d'allaiter. On remarque des personnages de tous les âges.
❷ Au deuxième plan, on observe les cavaliers ottomans.
❸ Au dernier plan, apparaissent les ruines fumantes de Chora, la capitale de Chios (ou Scio).

Vocabulaire

État nation : État qui rassemble une nation établie sur un territoire délimité, et définie en fonction d'une identité commune de la population.
Nationalités : groupement d'individus partageant des mêmes valeurs, une histoire et une origine communes.

RÉVISION EXPRESS

LES DATES IMPORTANTES

- 20 juin 1789 : Assemblée nationale constituante
- 14 juillet 1789 : prise de la Bastille
- 26 août 1789 : Déclaration des droits de l'Homme et du citoyen
- 10 août 1792 : prise des Tuileries
- 22 septembre 1792 : proclamation de la République
- 21 janvier 1793 : exécution de Louis XVI
- 1792/1793-1794 : Terreur
- 18 Brumaire 1799 : coup d'État de Napoléon Bonaparte
- 1804 : Code civil
- 2 décembre 1804 : Napoléon couronné empereur
- 4 juin 1814 : promulgation de la Charte par Louis XVIII
- 18 septembre 1814-9 juin 1815 : congrès de Vienne
- 18 juin 1815 : défaite française de Waterloo
- Avril 1822 : massacre des habitants de Chios par les Ottomans
- 18 septembre 1824 : début du règne de Charles X
- 27-29 juillet 1830 : révolution des « Trois Glorieuses ». Vague révolutionnaire en Europe
- 9 août 1830 : Louis-Philippe devient roi des Français
- 24 février 1848 : abdication de Louis-Philippe et proclamation de la République. Début du printemps des peuples

LES ACTEURS IMPORTANTS

Napoléon Bonaparte (1769-1821)

Il prend parti dans la Révolution pour les Montagnards et contribue dès 1793 à repousser les ennemis extérieurs ou intérieurs. Promu général, il prend le pouvoir en 1799 et, devenu empereur en 1804, exerce un pouvoir autoritaire qui met fin à la Révolution.

Maximilien Robespierre (1758-1794)

Avocat, député aux états généraux, chef de file des Jacobins, il est élu à la Convention en 1792. En 1793, dans le groupe des Montagnards, il organise la Terreur avec Danton pour défendre la République, avant d'être à son tour exécuté.

Clément Metternich (1773-1859)

Diplomate, il devient chancelier de l'empereur d'Autriche en 1809 et organise le congrès de Vienne après la défaite de Napoléon. La révolution autrichienne, issue du « printemps des peuples », le chasse du pouvoir en mars 1848.

Louis-Philippe (1773-1850)

S'étant exilé en 1793, il revient en France en 1814 et se démarque de la politique suivie par Louis XVIII et Charles X. La révolution des « Trois Glorieuses » lui permet d'accéder au trône en devenant « roi des Français ». Sa politique de plus en plus conservatrice à partir de 1840 aboutit à son abdication avec la révolution de février 1848.

LES MOTS IMPORTANTS

- Code civil
- Déclaration des droits de l'Homme et du citoyen (DDHC)
- Empire
- État nation
- États généraux
- Monarchie constitutionnelle
- Nationalités
- République
- Sans-culottes
- Suffrage censitaire
- Terreur

LE SCHÉMA IMPORTANT

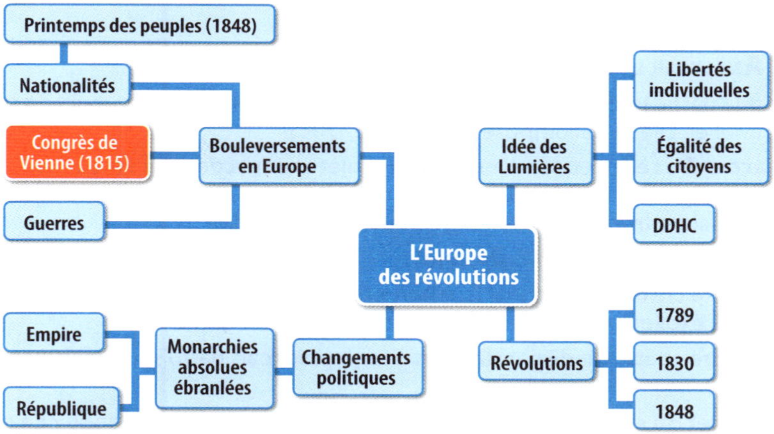

Quiz

1. À quelle date l'Ancien Régime a-t-il complètement disparu en France ?

a. ☐ Le 5 mai 1789
b. ☐ Le 14 juillet 1789
c. ☐ Lors de la nuit du 4 août 1789

2. Quel texte rassemble les principales lois issues des changements révolutionnaires ?

a. ☐ La Déclaration des droits de l'Homme et du citoyen
b. ☐ Le Code civil

3. Quel suffrage existe en France sous la Restauration (1814-1830) ?

a. ☐ Le suffrage universel
b. ☐ Le suffrage censitaire

4. Quel congrès entend redessiner les frontières européennes et favoriser le retour d'un ordre monarchique en Europe ?

a. ☐ Le congrès de Vienne
b. ☐ Le congrès de Paris
c. ☐ Le congrès de Londres

→ **Réponses p. 31**

Rédiger une introduction de composition

MÉTHODE

▶ **L'introduction pose le sujet et le situe :** elle détermine le contexte spatial et temporel de celui-ci, son intérêt, puis passe progressivement de l'idée générale au problème précis posé par le sujet.

▶ Elle présente surtout les objectifs du devoir, fait le point sur la problématique adoptée et fournit au correcteur l'axe de réflexion qui lui permet de saisir l'organisation du propos. C'est un exercice technique qui nécessite de suivre rigoureusement la méthode.

1. Analyser le sujet

▶ C'est la partie indispensable, celle qui permet de dessiner les contours du sujet à travailler. Elle se décompose comme suit :

– **l'accroche :** elle permet d'introduire le sujet et peut consister en un court rappel de la période passée, du rappel d'un évènement, d'une citation, etc. Inutile d'y consacrer trop de temps, elle n'est pas indispensable ;

– **la définition des termes du sujet** ;

– **le cadre chronologique :** il faut borner le sujet, préciser les dates de début et de fin et expliquer la pertinence de ce choix chronologique ;

– **le cadre spatial,** indispensable en géographie mais parfois non pertinent en histoire ;

– **l'intérêt du sujet :** pourquoi étudier ce phénomène à cette période ? En quoi a-t-il marqué l'Histoire ?

2 Exposer les enjeux du sujet par la problématique

▶ Vous devez l'énoncer sous la forme d'une question.

▶ Il faut éviter une problématique décomposée en plusieurs questions qui correspond en réalité à une annonce déguisée de plan.

3 Annoncer le plan

▶ C'est une étape formelle, le correcteur peut ainsi vérifier la logique de votre développement. L'idéal est de rédiger des phrases en utilisant des pronoms personnels : « Dans une première partie nous étudierons… », etc.

APPLICATION : EXERCICE CORRIGÉ

Rédigez l'introduction du sujet suivant :
« La France entre Restauration et révolutions (1815-1830). »

CORRIGÉ

« Vous vous plaignez d'un roi sans jambes, vous verrez ce que c'est qu'un roi sans tête. » C'est par ces mots que Louis XVIII rappelait à son frère, le comte d'Artois et futur Charles X, que la Révolution française et l'Empire (1789-1815) avaient profondément bouleversé l'ordre européen et que tout retour trop brutal en arrière pouvait rallumer l'incendie révolutionnaire. En 1814-1815, les vainqueurs de Napoléon souhaitaient clore l'épisode révolutionnaire en restaurant l'ancien ordre monarchique, en particulier en France. C'est ainsi qu'ils imposaient le retour des Bourbons, appelé « Restauration », sur le trône avec Louis XVIII (1814-1824) auquel succédera Charles X (1824-1830). Cependant, les souverains français, comme leurs homologues européens, doivent alors composer avec une Constitution (Charte) qui limite leur pouvoir, et affronter la poussée révolutionnaire de 1830 qui signe l'échec de la Restauration.

> **L'astuce du prof**
> L'emploi d'une citation dès le début permet d'introduire le sujet de manière plus explicite.

Comment expliquer l'échec de la Restauration en France ?

Pour répondre à cette question centrale, nous analyserons dans un premier temps les conditions politiques de la restauration des Bourbons sur le trône de France en 1814-1815. Puis, nous verrons de quelle manière les deux frères de Louis XVI appliquent la Charte. Enfin, nous tenterons de comprendre pourquoi le rétablissement des Bourbons s'achève par une nouvelle révolution en 1830.

> **Bien comprendre**
> Le cadre spatial et chronologique doit être précisé mais il faut aussi citer le nom des principaux acteurs, à savoir les souverains Bourbons.

Présenter un document

MÉTHODE

- Présenter un document est une étape essentielle qui précède et facilite l'analyse de celui-ci – même si cela ne vous est pas demandé.
- Cela permet d'identifier le document et de répondre à des questions fondamentales : qui l'a produit et pourquoi ? Dans quelle intention ? Dans quel contexte (quand ? où ?) a-t-il été produit ? Répondre à ces questions permet souvent d'éclairer la compréhension du document, d'éviter des contresens.
- Pour cela on doit repérer :

  – **la nature du document :** un texte (en précisant : discours, article, loi, correspondance privée, etc.), une image (affiche, peinture, photographie, etc.), une carte, un document statistique (tableau, graphique, etc.).

  – **l'auteur :** est-ce un individu, est-il connu ? Est-ce une institution (ONU, État, entreprise, etc.) ?

  – **la date :** il s'agit ici de la date de production et/ou de publication – à distinguer de la date concernée par le propos. L'auteur parle-t-il de son époque ou d'une autre, avec quelle distance, quel recul ? S'agit-il de mémoires, d'un témoignage ? Quel est le contexte de production du document, que se passe-t-il à cette époque ?

  – **le thème principal :** comment peut-on résumer l'idée centrale ? Peut-on déjà dégager une intention, un message ?

APPLICATION : EXERCICE CORRIGÉ

Présentez le document suivant :

Doc. Discours de Robespierre à la Convention, le 3 décembre 1792

Louis fut roi, et la République est fondée : la question fameuse qui vous occupe est décidée par ces seuls mots. Louis a été détrôné par ses crimes : Louis dénonçait le peuple français comme rebelle : il a appelé, pour le châtier, les armes des tyrans ses confrères ; la victoire et le peuple ont décidé que lui seul était rebelle : Louis ne peut donc être jugé : il est déjà condamné, ou la République n'est point absoute[1]. [...]

En effet, si Louis peut être encore l'objet d'un procès, il peut être absous ; il peut être innocent : que dis-je ? Il est présumé l'être jusqu'à ce qu'il soit jugé : mais si Louis est absous, si Louis peut être présumé innocent, que devient la Révolution ? [...] Les peuples ne jugent pas comme les cours judiciaires ; ils ne rendent point de sentences, ils lancent la foudre ; ils ne condamnent pas les rois, ils les replongent dans le néant : et cette justice vaut bien celle des tribunaux. [...]

J'ai demandé l'abolition de la peine de mort à l'Assemblée que vous nommez encore constituante ; et ce n'est pas ma faute si les premiers principes de la raison lui ont paru des hérésies morales et politiques. [...] Mais un roi détrôné, au sein d'une révolution qui n'est rien moins que cimentée par des lois justes ; un roi dont le nom seul attire le fléau de la guerre sur la nation agitée ; ni la prison, ni l'exil ne peut rendre son existence indifférente au bonheur public ; et cette cruelle exception aux lois ordinaires que la justice avoue ne peut être imputée qu'à la nature de ses crimes. Je prononce à regret cette fatale vérité... mais Louis doit mourir, parce qu'il faut que la patrie vive. [...]

1. absous/absoute : pardonné(e), innocenté(e) ou, ici aussi, justifié(e).

CORRIGÉ

• **Nature** : le texte est un document public. Un individu n'écrira pas de la même façon selon qu'il veut s'adresser à un public ou en privé, s'il est un homme politique qui défend des idées ou un historien qui décrit une période.
• **Auteur** : quand celui-ci est connu, il est bon de donner quelques éléments de sa biographie, en lien avec le document. En général, pour un auteur peu connu ou inconnu, une petite notice biographique accompagnera le document.
• **Date** : la mise en contexte précise est indispensable et, on le voit ici, la date fine (début décembre) nous met sur la piste du procès de Louis XVI. Ne donner que l'année serait insuffisant, tant 1792 est riche en évènements.
• **Thème principal** : résumer le document doit rester court pour éviter de recopier ou répéter le texte et de commencer déjà l'analyse, surtout quand celle-ci est guidée par un questionnaire.

Le document est un texte, un discours prononcé à la Convention, c'est-à-dire l'équivalent de l'Assemblée nationale, élue au suffrage universel en 1792.
L'auteur est un des députés de la Convention, Maximilien Robespierre. Avocat, celui-ci a contribué à la Révolution dès 1789 en tant que membre de l'Assemblée nationale constituante. Il est un des chefs des Jacobins, courant révolutionnaire républicain qui domine alors la Convention.
Robespierre parle à la tribune le 3 décembre 1792. Le procès de Louis XVI doit alors débuter. Celui-ci a été arrêté après la journée insurrectionnelle du 10 août qui a conduit à la proclamation de la République. Il doit être jugé par la Convention pour trahison (son soutien aux forces ennemies qui ont envahi le pays après la déclaration de guerre en avril).
L'auteur prend donc position sur ce jugement, à la fois sur l'opportunité de juger Louis XVI (Robespierre y semble peu favorable : le juger serait envisager qu'il puisse être innocent, la Convention n'est pas un tribunal) mais aussi sur la sanction : la peine de mort (Robespierre, qui avait défendu son abolition, y voit surtout un acte politique destiné à consolider la République à peine proclamée).

Vérification des connaissances

1 Quel rôle le peuple a-t-il joué dans la Révolution française ?

2 Par quelles réformes les révolutionnaires ont-ils essayé de démocratiser la France (1789-1792) ?

3 Quelles différences faites-vous entre suffrage censitaire et suffrage universel ?

Application de la méthode

4 Rédigez une introduction sur le sujet suivant : « L'époque napoléonienne. »

5 Présentez le document suivant

Doc. Discours de Lazare Carnot devant le Tribunat[1] le 3 mai 1804, sur la proposition de conférer à Napoléon Bonaparte le titre d'empereur

Quant à ceux qui, parce que je combattrai leur avis, pourraient m'attribuer des motifs personnels indignes du caractère d'un homme entièrement dévoué à sa patrie, je leur livre pour toute réponse l'examen scrupuleux de ma conduite politique depuis le commencement de la Révolution, et celui de ma vie privée.

Je suis loin de vouloir atténuer les louanges données au Premier consul ; ne dussions-nous à Bonaparte que le Code civil, son nom mériterait de passer à la postérité. Mais quelque service qu'un citoyen ait pu rendre à sa patrie, il est des bornes que la raison impose à la reconnaissance nationale. Si ce citoyen a restauré la liberté publique, s'il a opéré le salut de son pays, sera-ce une récompense à lui offrir que le sacrifice de cette même liberté ? [...]

Nous sommes appelés à nous prononcer sur la proposition formelle de rétablir le système monarchique et de conférer la dignité impériale et héréditaire au Premier consul. Je votai dans le temps contre le consulat à vie ; je voterai encore de même contre le rétablissement de la monarchie, comme je pense que ma qualité de tribun m'oblige à le faire.

1. Une des quatre assemblées législatives créées par la Constitution de l'an VIII après le coup d'État de Napoléon Bonaparte.

Quiz

1 **c.** Lors de la nuit du 4 août (abolition des privilèges).

2 **b.** Le Code civil, ou Code Napoléon.

3 **b.** Le suffrage censitaire.

4 **a.** Le Congrès de Vienne.

Vérification des connaissances

1 Le peuple joue un rôle fondamental dans la Révolution française, d'abord en désignant ses députés aux états généraux, le tiers état prenant le pouvoir en tant qu'Assemblée nationale, représentant 97 % de la population. Puis il joue un rôle d'acteur direct en intervenant dans le processus politique, non seulement par le débat permis par la liberté d'expression ou par les élections, mais aussi dans des moments insurrectionnels (14 juillet, Grande Peur, 10 août 1792…). Il se divise aussi. Les sans-culottes républicains font pression sur le pouvoir politique mais ne représentent pas tous les Français : des soulèvements fédéralistes ou royalistes s'opposent également au gouvernement républicain à Paris, plongeant la France dans la guerre civile.

2 Les révolutionnaires essayent de faire vivre le principe de souveraineté nationale, c'est-à-dire de démocratie. Ce principe est décrété dans la Déclaration des droits de l'Homme et du citoyen dès 1789, qui reconnaît les citoyens libres et égaux en droits. Pour permettre au peuple d'exercer son pouvoir, un système représentatif est mis en place au niveau local (départements) comme national (assemblée législative), permettant un partage des pouvoirs avec le roi puis, sous la République, avec le gouvernement. Les représentants sont élus par le suffrage des citoyens (limité aux hommes), qui est tour à tour censitaire ou universel. Enfin, des jurys populaires participent à la justice dans les tribunaux.

3 Le suffrage universel consiste à donner sans distinction le droit de vote à tous les individus reconnus comme citoyens, ce qui exclue encore à l'époque les femmes, puisque seuls les hommes français majeurs ont cette qualité. Le suffrage censitaire met quant à lui sous condition l'attribution du droit de vote : il faut avoir payé un certain niveau d'impôt (cens), donc avoir « suffisamment » contribué au Trésor public, pour pouvoir élire des représentants. Sous la Révolution, suffrages censitaire et universel alternent selon les périodes. Sous la Restauration, c'est le suffrage censitaire qui domine. Seuls les hommes de trente ans payant une contribution directe de 300 francs ont le droit de vote. Pour être élu, il faut avoir 40 ans et payer au moins 1 000 francs de contributions directes. Cela signifie que seuls les citoyens payant un certain niveau d'impôts sont électeurs. Une écrasante majorité des Français est donc exclue du suffrage. Le suffrage universel masculin ne sera instauré qu'en février 1848.

Application de la méthode

4 « Nous avons fini le roman de la Révolution : il faut en commencer l'histoire… ». Ainsi parlait le général Napoléon Bonaparte au soir de son coup d'État du 18 brumaire (1799), prélude à un renforcement progressif de son pouvoir personnel qu'il exercera jusqu'en 1815. Après dix ans de ruptures et de changements permanents commencés en 1789, d'expérimentations politiques menant de la fin de la monarchie à l'avènement d'une République à l'organisation et à l'avenir incertains, l'arrivée au pouvoir de Bonaparte marque la volonté de clore la période révolutionnaire et d'ouvrir une nouvelle ère.

> **L'astuce du prof**
> Il s'agit de définir le cadre chronologique, laissé vague par le sujet mais facile à définir puisque lié à la période où Napoléon exerce le pouvoir.

En quoi la mise en place du pouvoir autoritaire napoléonien a-t-elle permis à la France de retrouver une certaine stabilité ?

Dans un premier temps, Napoléon réorganise les institutions en se donnant une place centrale. Il mène par ailleurs un certain nombre de réformes destinées à synthétiser l'œuvre de la Révolution. Enfin, il fait de la France la puissance dominante de l'Europe, ce qui causera sa chute.

> **L'astuce du prof**
> L'annonce du plan peut utiliser des mots qui permettent d'articuler les trois thèmes : « Dans un premier temps », « par ailleurs », « enfin »…

5 Il s'agit d'un texte, un discours prononcé devant une assemblée législative, le Tribunat.

Militaire, député républicain, Montagnard, Lazare Carnot (1753-1823) a contribué à la réorganisation de l'armée dans le contexte des guerres révolutionnaires, et donc aux victoires et conquêtes de celle-ci. Il participe à la mise en place du pouvoir napoléonien.

Ce texte est daté au 3 mai 1804. Les assemblées législatives examinent alors la proposition de conférer au Premier consul à vie Napoléon Bonaparte le titre héréditaire d'empereur. Depuis presque cinq ans et le coup d'État du 18 brumaire, celui-ci

> **L'astuce du prof**
> La datation fine est essentielle pour bien remettre le document en contexte. Napoléon n'a cessé de renforcer son pouvoir personnel et s'apprête à prendre le titre d'empereur.

s'efforce de rétablir la stabilité politique et d'achever le processus révolutionnaire. Républicain convaincu, Carnot, quels que soient les mérites de Bonaparte (il cite par exemple le Code civil), s'oppose à l'établissement de l'Empire qu'il identifie comme un retour à la monarchie.

CHAPITRE

2 La France dans l'Europe des nationalités : politique et société (1848-1871)

1 La difficile entrée dans l'âge démocratique : la naissance de la IIe République

De quoi s'agit-il ? **Au XIXe siècle, le rapport de force entre républicains et tenants d'un régime de type monarchique se trouve relancé avec la révolution de 1848.**

1 La proclamation de la IIe République

- Le 23 février 1848, le soulèvement des Parisiens provoque l'abdication du roi : la monarchie de Juillet est renversée.
- Le 24 février, Lamartine proclame la République depuis l'Hôtel de ville (**Doc. 1**). Il annonce la composition d'un gouvernement provisoire qui compte de nombreux républicains : Dupont de l'Eure, Lamartine aux Affaires étrangères, et deux socialistes, Louis Blanc, journaliste, et Albert, ouvrier.

2 La réaffirmation de principes républicains

- Une nouvelle devise, « Liberté, Égalité, Fraternité », et l'effigie de Marianne, qui mêle la République et la liberté, réactivent l'héritage révolutionnaire.
- Le 25 février, des droits fondamentaux sont proclamés : liberté de réunion et de la presse, enseignement primaire gratuit et obligatoire, abolition de la peine de mort en matière politique et abolition de l'esclavage.
- Le droit au travail et la réduction de la durée du travail sont reconnus. Le 26 février sont créés les ateliers nationaux, qui occupent les chômeurs à des travaux publics.
- Le 5 mars 1848, comme en 1792, la IIe République instaure le suffrage universel masculin. Le nombre d'électeurs passe de 250 000 à plus de 9 millions ! En avril de la même année, 84 % des inscrits élisent une chambre de notables. Ce suffrage universel masculin est contesté par des féministes qui réclament l'égalité politique (**Doc. 2**).

Doc. 1 Lamartine défend le drapeau tricolore

Citoyens, vous pouvez faire violence au Gouvernement, vous pouvez lui commander de changer le drapeau de la nation et le nom de la France. […] Quant à moi, jamais ma main ne signera ce décret. Je repousserai jusqu'à la mort ce drapeau de sang, et vous devez le répudier plus que moi, car le drapeau rouge que vous rapportez n'a jamais fait que le tour du Champ-de-Mars, traîné dans le sang du peuple en 91 et en 93, et le drapeau tricolore a fait le tour du monde, avec le nom, la gloire et la liberté de la patrie.

Discours de Lamartine devant l'Hôtel de ville, 25 février 1848.

Né en 1790, issu de la petite noblesse, d'une grande ferveur religieuse, Lamartine est entré dans la vie politique en 1833 comme député royaliste modéré. À partir de 1840, il bascule dans l'opposition et marque la Chambre par ses talents oratoires.

Lamartine appartient depuis le 24 février au gouvernement provisoire, qui a remplacé le gouvernement de Louis-Philippe. Il en démissionnera le 24 juin, faute d'avoir empêché la répression contre les ouvriers parisiens.

Le 24, son discours marque le changement de régime, l'acclamation de la foule valant adoption. Le 25, il fait proclamer un « droit au travail » qui enthousiasme les classes populaires, et plaide avec ferveur pour la conservation du drapeau tricolore.

Doc. 2 Les féministes appellent George Sand à se présenter aux élections législatives

La première femme appelée à l'Assemblée constituante devrait être acceptée par les hommes. Sand ne leur est pas semblable, mais son génie les étonne et peut-être, magnifiques rêveurs, ils lui font l'honneur d'appeler mâle son génie. Ne relevons pas le gant, laissons-le tomber. Il y a du vrai dans leurs prétentions, il y a du positif dans la nôtre.

Sand, dès ses débuts dans la carrière littéraire, a renié son sexe et son nom ; elle s'est faite homme par l'esprit, elle est restée femme par le côté maternel. […] Sand est puissante et n'effraie personne ; c'est elle qu'il faut appeler par le vœu de toutes au vote de tous. […] En appelant Sand à l'Assemblée, les hommes croiront faire une exception ; ils consacreront le principe et la règle.

Eugénie Niboyet, *La Voix des femmes*, 6 avril 1848.

George Sand, pseudonyme d'Aurore Dupin, est née à Paris en 1804 d'une double ascendance noble et roturière qui marque sa vie. Elle forge ses convictions politiques par des rencontres, tout en publiant romans, nouvelles et articles. Elle y défend l'égalité entre les classes. En 1831, elle adopte un pseudonyme masculin, George Sand, pour protester contre la sujétion des femmes, notamment par le mariage.

Eugénie Niboyet milite pour l'égalité hommes-femmes et fonde *La Voix des femmes*, un journal féministe où elle lance un appel pour la candidature de George Sand aux élections.

Vocabulaire

Féminisme : pensée politique qui réclame les mêmes droits pour les femmes que pour les hommes.

Notables : personnes qui occupent des positions sociales influentes.

Suffrage universel masculin : capacité de voter accordée à tous les hommes adultes, sans condition de revenu ou de naissance.

2 La multiplication des tensions met un terme au projet républicain

De quoi s'agit-il ? Les républicains se divisent sur la nature du nouveau régime, tandis que les Français s'orientent vers une pratique plus conservatrice du pouvoir. Les conflits sont inévitables.

1 Les tensions entre bourgeois et ouvriers, et la guerre civile (juin 1848)

- En avril 1848, les Français ont élu une Chambre de notables et de bourgeois, « républicains du lendemain », hostile au droit du travail. Les ouvriers comptent sur la République pour adopter une réelle législation sociale.
- Les députés ferment les ateliers nationaux le 21 juin. Les ouvriers s'insurgent, des barricades se dressent dans Paris (**Doc. 1**). La répression est terrible : aux milliers de morts et fusillés sans jugement s'ajoutent 11 000 jetés en prison ou déportés. Jusqu'à la fin de 1848, le pouvoir est confié à Cavaignac. Des lois répressives brisent la dynamique de la révolution de Février.

2 Les tensions entre ville et campagne

- La révolution de 1848 touche d'abord les villes, et surtout Paris. Foyer de contestation, elle accueille aussi les nouveaux pouvoirs politiques.
- Les campagnes françaises, où domine la petite paysannerie propriétaire, sont fragiles. Les ruraux cumulent travail aux champs et à l'atelier. L'augmentation de 45 % des impôts fonciers y est donc très mal perçue. Les ruraux, majoritaires, élisent des conservateurs en avril 1848 puis en mai 1849.

3 Les tensions entre républicains et conservateurs

- Après les élections, les républicains s'opposent à la Chambre, conservatrice. Le 15 mai, ils échouent à renverser le gouvernement. Leurs leaders sont arrêtés (Raspail, Barbès, Blanqui), d'autres s'enfuient.
- Cavaignac devient l'homme fort du gouvernement. La Constitution votée le 4 novembre prévoit l'élection du président de la République au suffrage universel. Louis-Napoléon Bonaparte est élu avec plus de 75 % des voix (**Doc. 2**). Le pouvoir échappe alors aux républicains. Le « parti de l'ordre » l'emporte en mai 1849 et s'emploie à purger la société de son « ferment révolutionnaire ».

Doc. 1 Prise des barricades de La Villette, juin 1848

Source : *Fastes de Gardes nationales de France*, 1849.

Doc. 2 Déclaration de candidature de Louis-Napoléon Bonaparte, décembre 1848

Pour me rappeler de l'exil, vous m'avez nommé représentant du peuple. À la veille d'élire le premier magistrat de la République, mon nom se présente à vous comme symbole d'ordre et de sécurité. [...] Je ne suis pas un ambitieux qui rêve tantôt l'Empire et la guerre, tantôt l'application de théories subversives. [Je] resterai toujours fidèle aux devoirs que m'imposeront vos suffrages et les volontés de l'Assemblée. Si j'étais nommé président, [...] je me dévouerais tout entier, sans arrière-pensée, à l'affermissement d'une République sage par ses lois, honnête par ses intentions, grande et forte par ses actes.

Né en 1808, Louis-Napoléon Bonaparte est le neveu de Napoléon Ier. À deux reprises, il tente de renverser Louis-Philippe. Condamné à perpétuité au for de Ham, il s'enfuit et s'exile en Angleterre en 1846. Fort de sa relative célébrité, Louis-Napoléon Bonaparte est élu député en avril 1848.

Candidat à la présidence de la République en décembre 1848, il est triomphalement élu, recueillant plus de 75 % des suffrages dès le premier tour. Les désaccords se multipliant, il provoque un coup d'État contre l'Assemblée le 2 décembre 1851.

Vocabulaire

Barricade : accumulation d'objets divers qui forment une barrière protectrice dans les rues.
Conservateur : qui souhaite que les choses restent en l'état, hostile au changement.
Impôts fonciers : impôts perçus sur le sol, sur la propriété d'une surface (champ, logement).
« Parti de l'ordre » : parti qui défend l'ordre établi, la hiérarchie en place dans la société.
Répression : fait d'arrêter par la violence un mouvement de lutte collectif.

3 Le Second Empire, régime autoritaire

De quoi s'agit-il ? Le Second Empire concentre les pouvoirs entre les mains de l'empereur. Progressivement, les Français, et notamment les ouvriers, contestent cet ordre établi et réclament des droits.

1 Un régime fort entre les mains de l'empereur

- Dès 1851, une répression très dure s'abat sur la presse et les républicains, condamnés ou exilés. Louis-Napoléon Bonaparte obtient par plébiscite la responsabilité de rédiger une nouvelle Constitution. Le 2 décembre 1852, il est proclamé empereur héréditaire des Français, sous le nom de Napoléon III (**Doc.**).
- L'empereur détient seul le pouvoir exécutif, déclare la guerre et signe les traités. Il incarne la Nation et fait l'objet d'une intense propagande, comme sauveur de la France. Le travail de la presse est encadré, le droit de réunion limité, les cafés sous contrôle. Les Français semblent soutenir l'empereur et ses « candidats officiels », favorisés par l'administration lors des suffrages.

2 Un régime contesté qui finit par s'effondrer

- L'enracinement du régime semble s'amorcer dans les campagnes. L'exercice du suffrage ouvre le monde rural à la vie politique nationale. Mais notables et ouvriers se montrent moins sensibles à la politique de grandeur nationale du régime.
- La libéralisation du régime est décidée mais en vain. En 1860, Napoléon III accorde des assouplissements politiques et, en 1863, l'opposition triple son score. Le délit de coalition est supprimé en 1864, ce qui facilite les grèves. Mais ces concessions mécontentent les bonapartistes sans satisfaire les républicains ni les conservateurs : les difficultés du régime s'accentuent.
- Victor Hugo choisit l'exil et s'oppose frontalement à l'empereur à travers ses écrits comme *Napoléon le Petit, Les Châtiments, Les Misérables*. Edgard Quinet, historien et républicain en exil, devient petit à petit la conscience des jeunes républicains : Léon Gambetta, Jules Ferry, François Raspail, Jules Favre s'affirment.
- Lors des élections législatives de 1869, l'opposition républicaine et libérale remporte 40 % des suffrages, surtout dans les villes. Soutenu par les Français, Napoléon III croit pousser son avantage en déclarant la guerre à la Prusse, mais il est fait prisonnier à Sedan. La IIIe République est proclamée le 4 septembre 1870.

Doc. **Portrait officiel de Napoléon III**

F. X. Winterhalter, *Napoléon III, empereur des Français*, 1855, huile sur toile, Châteaux de Versailles et de Trianon, Versailles.

On retrouve dans ce portrait officiel toutes les *regalia*, c'est-à-dire les objets symbolisant les attributs du pouvoir : sceptre, main de justice, manteau d'hermine, couronne. L'héritage de louis XIV est encore fort, et revendiqué.

Napoléon III cherche aussi à s'appuyer sur le souvenir de son oncle. Avec la légion d'honneur, visible sur la poitrine, et le trône de Napoléon Ier placé derrière lui, il ravive un héritage qui consolide son pouvoir.

Vocabulaire

Libéralisation : assouplissement politique d'un régime par la reconnaissance de droits.

Plébiscite : vote de confiance auquel les électeurs répondent par oui ou non.

Propagande : procédés par lesquels un pouvoir politique met en scène sa réussite et ses actions, et dissimule ses échecs pour conserver sa position.

4 Le Second Empire et la modernisation de la France

De quoi s'agit-il ? **Le Second Empire entend moderniser la France à travers le développement des réseaux de communication et le remodelage de Paris. Cela favorise l'essor du secteur financier.**

1 La promotion de l'invention et de l'esprit scientifique

- Le Second Empire valorise l'esprit scientifique et notamment la capacité d'invention : traités et outils théoriques de recherche se multiplient. L'administration mène de nombreuses enquêtes pour mesurer et rationaliser le développement économique.
- L'Empire met en scène les réussites industrielles par les expositions universelles de 1855 et 1867. Dans les campagnes, l'organisation des comices, obligatoire après 1851, récompense les pratiques innovantes, comme l'usage de l'engrais.

2 Un territoire décloisonné et connecté

- Par la loi de 1842, l'État prend à sa charge les infrastructures (terrains, ponts…), tandis que le matériel et les gares font l'objet de concessions à des compagnies privées. En 1857, la fusion des lignes concédées aboutit à la création de six grandes compagnies associant industriels et financiers.
- Les liaisons connectent la France. Entre 1851 et 1870, le réseau ferré passe de 3 000 km à 17 000 km, et le réseau télégraphique de 2 000 km à 40 000 km.

3 La transformation des modes de financement et ses effets

- L'ampleur du projet économique impérial implique un recours accru au crédit et favorise de nouvelles banques, comme le Crédit lyonnais et la Société générale. Elles contribuent au financement de ces grands travaux d'aménagement (**Doc.**).
- Pour financer l'essor du réseau ferré, l'État garantit à hauteur de 3 % les obligations émises par les compagnies privées. Cet engagement inédit draine les fonds des grands capitalistes et l'épargne des petits investisseurs, et alimente un intense mouvement de spéculation.
- Les établissements de crédit alimentent quant à eux la spéculation urbaine. L'état sanitaire de Paris, dénoncé par les hygiénistes, justifie un profond remodelage urbain piloté par Haussmann. Le pouvoir cherche aussi à mieux contrôler les classes populaires, tout en réalisant des opérations de prestige.

Doc. La construction du Grand Hôtel, projet des frères Pereire, à Paris

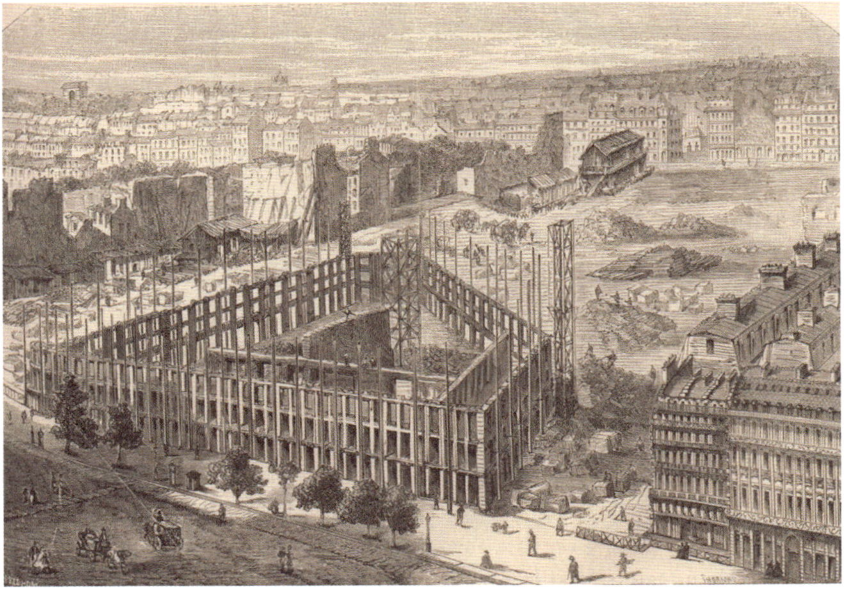

Source : Le Monde illustré, 31 août 1861.

Cherchant à contrôler la population et à maîtriser les épidémies, Napoléon III décide d'opérer un remodelage profond de l'espace urbain parisien. Le baron Haussmann, préfet de la Seine en 1853, est chargé de mettre en œuvre ce projet.

Les réalisations haussmanniennes reconfigurent Paris par la percée d'axes structurants, la mise en relation des gares et l'aménagement d'un vaste réseau de distribution et d'évacuation des eaux. La spéculation des investisseurs immobiliers, à l'image des opérations des frères Émile (1800-1875) et Isaac (1806-1880) Pereire, autant que la destruction des anciens quartiers chassent les Parisiens les plus modestes du centre de Paris.

Vocabulaire

Comices : réunion annuelle de membres influents du monde rural pour mettre en scène leur réussite par des concours.

Concessions : délégation de service que l'État accorde à une entreprise privée.

Hygiénisme : idée selon laquelle l'état de santé de la population et la maîtrise des épidémies dépendent de la salubrité de l'espace public, et peuvent donc être traités par une politique urbaine et sociale.

Obligation : titre émis sur le marché financier par l'État en vue d'un emprunt.

Spéculation : opération financière reposant sur les fluctuations du marché et permettant des gains très rapides.

5 Les transformations de la société française au temps de l'industrialisation

De quoi s'agit-il ? **La modernisation du pays provoque des bouleversements sociaux, en ville comme dans les campagnes.**

1 La grande variété des campagnes françaises

- En 1852, sur 35 millions d'habitants, la France compte 27 millions de ruraux, dont 3 millions de prolétaires agricoles pluriactifs, alternant activités agricoles et industrielles. Des ateliers sont délocalisés à la campagne où la main-d'œuvre est moins organisée et les salaires plus faibles.
- À partir de 1860, les mobilités définitives augmentent. L'exode rural débute. Les ruraux privilégient les villes moyennes proches tandis que les flux vers Paris proviennent des villes moyennes.
- La transformation de l'agriculture s'étale sur tout le XIXe siècle. Les productions augmentent. La mise en réseau du territoire favorise la spécialisation régionale.

2 L'industrie, entre patronat et monde ouvrier

- Le textile, la métallurgie et la construction dominent un monde industriel très varié. La production augmente, portée par la mécanisation, l'innovation et la consommation. Elle dépend des ateliers et du travail à domicile, mais la rationalisation des coûts et l'utilisation de la vapeur favorisent la concentration industrielle.
- Artisans et fabricants-négociants combinent flexibilité et qualité grâce à leurs ateliers. Les grands entrepreneurs montent en puissance, tout en en développant la philanthropie.
- Les ouvriers très qualifiés ont un salaire trois à cinq fois supérieur aux ouvriers du textile et aux mineurs, à 80 % analphabètes. Les femmes sont deux à trois fois moins payées que les hommes, et de nombreux enfants travaillent malgré la loi. Tous doivent avoir un livret ouvrier. L'écrasante majorité vit dans la misère.

3 La montée des revendications ouvrières

- Le travail en atelier isole les ouvriers, mais l'essor des usines facilite leur organisation. Sociétés de secours mutuel et coopératives se développent. Des grèves courtes permettent d'obtenir hausse de salaire et réduction du temps de travail malgré la répression, car toute coalition est interdite.

• Le 25 mai 1864, la loi Ollivier supprime le délit de coalition, dépénalisant la grève sous certaines conditions, mais sans reconnaître pour autant le droit de réunion (**Doc.**). L'Association internationale des travailleurs voit le jour à Londres, portée par la pensée marxiste. Les grèves se multiplient en 1869 et 1870, et sont violemment réprimées ; l'Empire a échoué à rallier les ouvriers.

Doc. **La loi de 1864 présentée par Émile Ollivier, son défenseur**

J'ai voulu simplement résumer […] les principales conditions auxquelles est désormais soumise la faculté de se coaliser, afin que les patrons et les ouvriers puissent […] juger eux-mêmes de l'étendue de leurs droits et les exercer sans péril. Je compléterai ces premières indications à mesure que la pratique en démontrera l'insuffisance, ce qui, je l'espère, ne sera pas nécessaire […]. Sans doute [cette loi] doit être complétée, mais elle n'en est pas moins une des meilleures qui aient été faites par le gouvernement actuel. […] Depuis le commencement de ce siècle, le peuple n'a fait que deux conquêtes. […] La conquête politique, c'est le suffrage universel ; la conquête sociale, c'est le droit de se coaliser.

Émile Ollivier, *Commentaire de la loi du 25 mai 1864 sur les coalitions*, Maresq aîné, Paris, 1864.

Prenant conscience de leur force commune, les ouvriers décident de lutter pour obtenir une reconnaissance politique et sociale, mettant ainsi en jeu l'autorité impériale.

En 1864, l'empereur, qui souhaite tirer parti de ce mouvement, fait adopter une loi dépénalisant le délit de coalition et autorisant la grève sous certaines conditions. Les ouvriers s'en emparent et revendiquent la reconnaissance de nouveaux droits, mais sans soutenir pour autant l'empereur.

Vocabulaire

Coalition : rassemblement temporaire, destiné à organiser une réponse collective à une décision touchant un groupe social ou professionnel.

Droit de réunion : droit de se retrouver collectivement de manière régulière et déclarée pour organiser des actions communes.

Exode rural : déplacement massif des ruraux vers les espaces urbains.

Livret ouvrier : document officiel délivré par la mairie de résidence de l'ouvrier, sur lequel figurent son identité et les dates d'entrée et de sortie de chaque entreprise où il a travaillé. Nécessaire pour être embauché, il doit aussi être présenté aux forces de police qui le demandent.

Marxisme : pensée politique qui fait reposer le système social sur la lutte des classes entre patrons et ouvriers, et encourage ces derniers à renverser l'ordre économique et social capitaliste par une révolution.

Philanthropie : attitude de soutien à des œuvres de bienfaisance, qui offre en retour une image positive du donateur.

6 Napoléon III et la question de l'Italie

De quoi s'agit-il ? Napoléon III souhaite replacer la France parmi les grandes puissances européennes. Il mène une politique étrangère favorable aux revendications des nationalités, en particulier en Italie.

1 Une péninsule politiquement divisée

• Au Moyen Âge, la péninsule Italienne s'est morcelée (**Doc.**). Certaines villes comme Venise sont parvenues à gagner leur autonomie avant que des royaumes ne se constituent. Au centre de la péninsule, le pape lui-même exerce une autorité monarchique sur les États pontificaux.

• Après un remodelage provisoire des frontières effectuées par Napoléon Ier au début du XIXe siècle, ces royaumes se recréent. Le pape récupère ses États alors que toute la moitié sud constitue le royaume des Deux-Siciles. Au Nord, on trouve le royaume de Piémont-Sardaigne qui dirige l'unité de la nation. La Lombardie et la Vénétie appartiennent quant à elle à l'empire d'Autriche.

• Comme dans beaucoup d'autres pays européens à cette époque, le débat politique est centré autour de l'idée de nationalité. Les Italiens revendiquent la création d'un État nation. C'est le *Risorgimento*. Le mouvement Jeune-Italie, fondé par le révolutionnaire républicain Mazzini, est un des plus actifs.

2 La France apporte son soutien à l'effort d'unité

• En 1848 déjà, lors du Printemps des peuples, Charles-Albert, roi de Piémont-Sardaigne, avait pris cette idée à son compte mais avait échoué à unifier la péninsule. Le royaume adopte toutefois une Constitution libérale qui partage les pouvoirs entre le roi et un parlement élu.

• Son successeur, Victor-Emmanuel II, nomme le libéral Camillo Cavour Premier ministre. Celui-ci relance le projet d'unité mais a conscience qu'il a besoin pour y parvenir d'appuis notamment contre l'Autriche. Il en obtient de la France.

• Napoléon III s'engage pour des raisons de politique extérieure : affaiblir l'Autriche tout en trouvant un nouvel allié. Par ailleurs, l'attentat commis contre lui par Orsini, membre du mouvement Jeune-Italie lui reprochant son intervention militaire à Rome en 1849 en faveur du pape, l'alerte sur l'importance de la question italienne. Il rencontre secrètement Cavour à Plombière (Vosges) le 20 juillet 1858.

Doc. **L'Italie, une péninsule politiquement divisée (1859)**

Le royaume de Piémont a été agrandi en 1815 par l'adjonction de la Sardaigne.
Les États du Nord sont sous l'influence de l'Autriche voisine.
Le pape contrôle tout le centre de la péninsule.
Le royaume de Naples est l'héritier du royaume de Sicile du Moyen Âge.

Vocabulaire

États pontificaux : le pape a hérité du titre religieux romain de « pontife », d'où le nom de ses États.
Nation : voir p. 23.
Nationalité : voir p. 23.
Risorgimento : en italien, résurgence ou renaissance, sous-entendu de l'Italie, comme espace uni.

7 Le rôle de la France dans l'unité de l'Italie

De quoi s'agit-il ? **C'est en usant à la fois de la diplomatie mais aussi des moyens militaires que Napoléon III contribue à l'unification de la péninsule Italienne.**

1 Un engagement récompensé

- Un traité d'alliance est signé en janvier 1859 entre la France et le Piémont qui réorganise l'Italie : un royaume unirait les royaumes du Nord à celui de Piémont-Sardaigne, laissant au pape ses États au centre et au roi de Naples le Sud. Les relations entre les trois États seraient réglées par un système confédéral à la tête duquel il est envisagé de placer le pape.
- Au printemps, l'Autriche déclare la guerre au royaume du Piémont. Les opérations militaires tournent tout de suite en faveur des Franco-Piémontais avec les victoires de Magenta et de Solferino face aux Autrichiens qui essayent de défendre leur présence en Italie.
- Une succession de plébiscites rattache les territoires du Nord au Piémont. Cependant, le Centre et le Sud sont la proie d'une agitation réclamant l'unification totale au détriment de leur souverain. Le pape est débordé, le roi de Naples abdique suite à l'« expédition des Mille », menée entre avril et septembre 1860 par un autre patriote du mouvement Jeune-Italie, Giuseppe Garibaldi, pour soutenir les insurgés.
- En échange de son soutien, la France reçoit du Piémont les territoires de la Savoie, où les élites sont francophones, et du comté de Nice, par ailleurs patrie de Garibaldi (**Doc.**). Là aussi, des plébiscites sont organisés, favorables à la France.

2 Une unité achevée avec difficulté

- Le 17 mars 1861 le royaume d'Italie est fondé avec pour roi Victor-Emmanuel, roi du Piémont. Il faut toutefois une décennie pour contrôler le Sud où l'annexion n'est pas acceptée par tous. Par ailleurs, Rome reste possession du pape avec le soutien de Napoléon III qui ne veut pas s'aliéner le soutien des catholiques et de l'Église en France.
- Turin puis Florence sont les premières capitales de l'Italie réunifiée, qui fonctionne sur le modèle libéral de la monarchie constitutionnelle déjà en place au Piémont depuis 1848. La Vénétie n'est rattachée qu'en 1866 à la faveur d'une défaite de l'Autriche dans une guerre qui l'oppose à la Prusse. Le tour de Rome ne vient qu'en 1870, lors d'une défaite cette fois de la France de Napoléon III, toujours face à la Prusse.

Doc. **Médaille commémorative de l'annexion de la Savoie et de Nice par la France en 1860**

À gauche, avec des montagnes en arrière-plan, se tient la Savoie qui glisse un bulletin dans une urne : l'annexion a été effectuée après plébiscite en avril.

À droite, se tient le comté de Nice avec une ancre et des flots symbolisant l'accès à la Méditerranée.

La France se tient au milieu et accueille les deux nouvelles provinces. On distingue parmi les décorations les aigles et une couronne (l'Empire) ainsi que la Légion d'honneur.

Jean Lagrange, *Annexion de la Savoie et du comté de Nice*, 12 juin 1860.

Vocabulaire

Confédération : forme politique liant plusieurs États en leur laissant beaucoup d'autonomie, dans de nombreux domaines.

Plébiscite : voir p. 39.

8 La difficile question allemande

De quoi s'agit-il ? Les Allemands qui se sentent unis par une même langue et une même culture connaissent eux aussi une grande division politique même s'ils ont déjà construit un lien confédéral. C'est la Prusse qui, au XIXe siècle, prend le flambeau de l'unification.

1 Un peuple divisé en de multiples États

- Comme l'Italie, l'espace allemand est particulièrement morcelé politiquement malgré le lien qui a uni les États dans le Saint-Empire romain germanique puis dans la Confédération germanique née en 1815 après un remodelage de frontières sous Napoléon Ier.
- Comme les Italiens, les peuples allemands sont travaillés par l'idée d'unité nationale, qui s'exprime notamment à la diète de Francfort lors du Printemps des peuples de 1848. Celle-ci réunit des représentants des différents États, prêts à donner la couronne de l'Allemagne unie au roi de Prusse. Mais celui-ci, aux conceptions plutôt autoritaires, refuse une couronne qui le ferait dépendre du vote populaire.
- Par ailleurs, si la Prusse est un des États allemands les plus puissants, militairement et économiquement, il faut aussi compter sur l'empereur d'Autriche. Or, intégrer l'empire d'Autriche serait contradictoire avec l'idée d'unité nationale puisque les Allemands y sont minoritaires face aux autres peuples (Hongrois, Tchèques, Roumains, etc.). En outre, l'empereur d'Autriche, s'il peut soutenir l'idée d'unité, refuse catégoriquement de se séparer de ses territoires non allemands. L'idée monarchique entre en contradiction avec l'idée nationale.

2 La solution d'une « Petite Allemagne »

- Les partisans de l'unité allemande s'opposent donc sur deux solutions : une « Grande Allemagne » incluant tous les peuples allemands dont les Autrichiens ou, sans eux, une « Petite Allemagne », solution préférée par la Prusse. Elle s'appuie pour cela sur le Zollverein, une union douanière en vigueur depuis 1833 mettant en commun les intérêts économiques et commerciaux allemands à laquelle l'Autriche ne participe pas. En 1866, la Prusse vainc l'Autriche à la bataille de Sadowa et prend la tête d'une Confédération d'Allemagne du Nord (**Doc.**).
- Il lui reste à convaincre les États du Sud, plus réticents en partie parce que catholiques quand le Nord est protestant et, à ce titre, plus favorable aux Autrichiens. C'est là qu'intervient la France de Napoléon III.

Doc. **L'espace allemand en cours d'unification (1867)**

La Prusse est un des plus grands et plus puissants États allemands.

Depuis le XVIe siècle, l'Autriche contrôle un empire qui s'étend au-delà du monde germanique.

La Confédération de l'Allemagne du Nord est un prélude à l'unité nationale.

Vocabulaire

Confédération : voir p. 47.

Diète : ici, institution du Saint-Empire chargée de veiller sur les affaires générales et de trouver une solution aux différends qui pourraient s'élever entre les États confédérés.

Saint-Empire romain germanique : héritier de l'empire de Charlemagne, il s'étend essentiellement sur le monde germanique.

9 La France face à l'unification de l'Allemagne

De quoi s'agit-il ? **Autant Napoléon III voit d'un œil favorable la création d'un État italien, autant l'unification allemande sous l'égide de la Prusse lui apparaît de plus en plus comme une menace.**

1 La France s'oppose à l'unité allemande

- Sur la question allemande et en cohérence avec ses choix politiques, l'empereur français affiche sa sympathie pour les efforts d'unification. Toutefois, il réalise vite que l'unité de l'Allemagne constitue une menace sur la frontière est.
- Si l'Autriche semble au passage continuer à s'affaiblir, la future Allemagne sous l'égide de la Prusse n'est pas une alliée potentielle et se renforcerait considérablement sur le plan politique et économique (**Doc.**). Napoléon III tente alors d'empêcher la Prusse d'arriver à ses fins par tous les moyens, diplomatiques mais aussi militaires.
- Or Bismarck, le chancelier du roi de Prusse, prépare lui aussi la guerre : elle unirait les Allemands en leur donnant un ennemi commun. La question de la succession au trône d'Espagne est le déclencheur. Napoléon III s'oppose au candidat proposé par la Prusse et obtient son retrait. Mais dans la célèbre « dépêche d'Ems », Bismarck utilise des propos vis-à-vis de la France considérés comme insultants par l'empereur : la guerre est déclarée à la Prusse.

2 L'unité allemande se forge dans la défaite française

- La guerre commence le 19 juillet 1870. Les troupes des différents États allemands envahissent le territoire par le nord-est. Le 2 septembre, l'empereur Napoléon III, qui a tenu à mener les troupes, est fait prisonnier lors du désastre de Sedan.
- La nouvelle déclenche la chute de l'Empire : la IIIe République est proclamée le 4 septembre. Le nouveau gouvernement républicain, sous la houlette de Gambetta, continue la guerre. Mais, dépassé par l'avancée allemande, Paris étant encerclée, il négocie finalement l'arrêt des combats – ce qui déclenche l'insurrection parisienne menant à l'épisode de la Commune (mars-mai 1871).
- Le 18 janvier 1871, dans la galerie des glaces du château de Versailles occupé, le IIe Reich allemand est proclamé. Le traité de Francfort signé le 10 mai 1871 ampute la France de l'Alsace et la Moselle, territoires considérés comme germaniques par leur culture par l'Allemagne, et l'oblige à payer de lourdes indemnités.

Doc. **Proclamation de l'empire d'Allemagne le 18 janvier 1871**

Anton Von Werner, *La Proclamation de l'empire allemand*, 1885, huile sur toile, musée Bismarck.

Sur l'estrade, le roi de Prusse Guillaume Ier à qui est conféré le titre de kaiser de l'Allemagne unifiée.

Les princes de différents États allemands, avec leurs étendards, se trouvent en arrière de leur nouvel empereur.

Au centre, ici en blanc, le chancelier prussien Bismarck, artisan de l'unité.

La cérémonie se déroule dans la galerie des Glaces du château de Versailles, signe de la victoire sur la France qui a permis d'unir les Allemands.

Vocabulaire

Chancelier : ici, chef du gouvernement allemand.

Commune : mouvement insurrectionnel républicain d'inspiration socialiste, contrôlant et organisant Paris pendant deux mois (18 mars-28 mai 1871) en rupture avec le gouvernement.

Kaiser : empereur (en allemand).

RÉVISION EXPRESS

LES DATES IMPORTANTES

- 24 février 1848 : Proclamation de la IIe République
- Décembre 1848 : Louis-Napoléon Bonaparte élu président de la République
- 2 décembre 1851 : Coup d'État de Louis Napoléon Bonaparte
- 2 décembre 1852 : Napoléon III proclame le Second Empire
- 1852-1867 : Crédit mobilier des frères Pereire
- 1853-1870 : Haussmann préfet de Paris
- 1859 : expédition militaire en Italie
- 12 juin 1860 : annexion de la Savoie et de Nice à la France
- 25 mai 1864 : abolition du délit de coalition, qui permet la grève
- 2 septembre 1870 : défaite de Sedan
- 4 septembre 1870 : proclamation de la IIIe République
- 18 janvier 1871 : proclamation de l'empire d'Allemagne

LES ACTEURS IMPORTANTS

Alphonse de Lamartine (1790-1869)

Écrivain et poète, l'un des principaux opposants à la monarchie de Juillet, il participe activement au premier gouvernement de la IIe République, il échoue à l'élection présidentielle de 1848.

Les frères Pereire

Nés à Bordeaux, Émile (1800-1875) et Isaac (1806-1880), banquiers et grands investisseurs dans le développement du chemin de fer et industriel, sont ruinés par la faillite du Crédit mobilier en 1867.

George Sand (1804-1876)

Née Aurore Dupin, républicaine, elle se fait connaître sous son pseudonyme par ses écrits et son engagement socialiste, et soutient la Révolution de 1848.

Louis-Napoléon Bonaparte (1808-1873)

Neveu de Napoléon Ier, il devient le premier président de la République élu au suffrage universel masculin en décembre 1848. Il met fin à la République par un coup d'État le 2 décembre 1851 et se proclame empereur un an plus tard. Fait prisonnier à Sedan en 1870, il est destitué et meurt en exil.

Eugène Haussmann (1809-1891)

Issu de la noblesse d'empire, il est nommé à Paris en 1853 avec la mission d'assainir et d'embellir la ville.

LES MOTS IMPORTANTS

- Actions
- Ateliers nationaux
- Commune
- Concentration industrielle
- Exode rural
- Livret ouvrier
- Marxisme
- Mécanisation
- Nationalité
- Notables
- Plébiscite
- *Risorgimento*
- Socialisme

LE SCHÉMA IMPORTANT

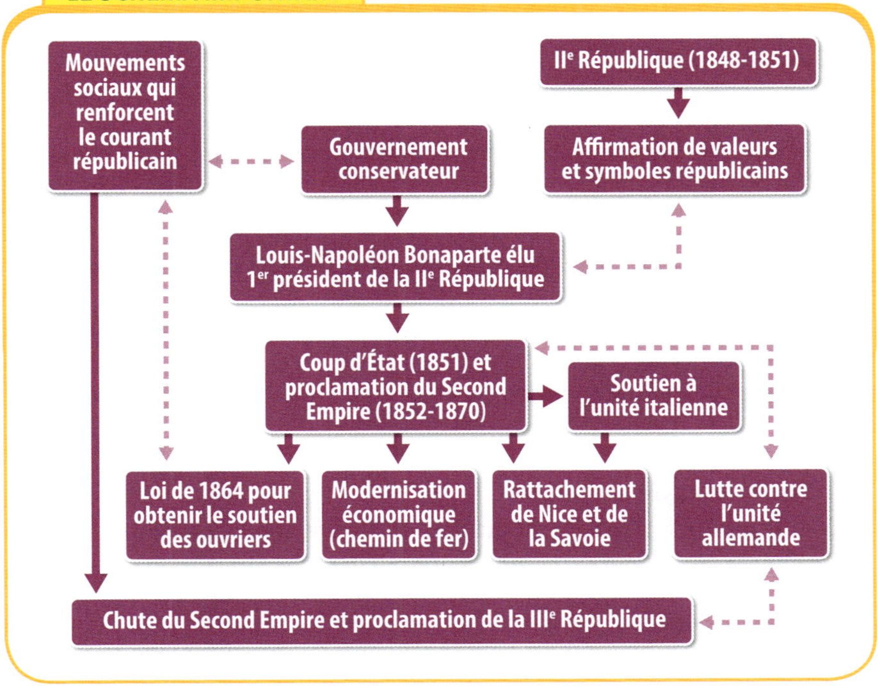

Quiz

1. La IIe République réactive les symboles républicains.
a. ☐ Vrai **b.** ☐ Faux

2. Napoléon III développe un régime centré sur sa personne.
a. ☐ Vrai **b.** ☐ Faux

3. Sous le Second Empire, la modernisation économique touche plus les villes que les campagnes.
a. ☐ Vrai **b.** ☐ Faux

4. À partir de 1860, le royaume d'Italie est dirigé par :
a. ☐ Garibaldi
b. ☐ Victor-Emmanuel
c. ☐ Mussolini
d. ☐ Napoléon III

→ Réponses p. 60

Analyser un sujet de composition

MÉTHODE

1. Analyser le sujet

- En Première, les sujets de composition sont accompagnés d'une problématique et d'un plan. Cela ne sera pas toujours le cas, notamment dès la Terminale puis dans le Supérieur – et rien ne vous empêche de proposer une autre problématique et un autre plan. Pour cela, analysez le sujet pour bien comprendre la problématique et le plan proposés et ainsi mieux traiter le sujet – et donc éviter le hors-sujet.
- Reformulez tout d'abord le sujet pour dégager la problématique ou, si elle vous est donnée, la comprendre.
- À partir de cette analyse, identifiez ensuite quelle(s) partie(s) du cours est/sont concernée(s) : un chapitre précis ? Plusieurs ? En effet, on peut vous donner des sujets qui croisent plusieurs chapitres ou plusieurs parties d'un thème.

2. Travailler son brouillon

- Réfléchissez d'abord soit à l'introduction soit à votre développement.
- Décomposez et définissez, ou reformulez, chacun des termes du sujet : quels sont les cadres temporels et spatiaux (quelle époque, quel contexte, quel espace est concerné ?) ; quels sont les thèmes parmi lesquels vous devez sélectionner les connaissances utiles pour construire votre argumentation ?
- Listez ensuite les dates, noms d'États, continents, lieux, etc., les mots-clés voire les notions, surtout s'ils font partie du vocabulaire spécifique du cours. Ce sont ces éléments-là qui distinguent une bonne copie d'une autre.
- Pensez également aux mots de liaison, conjonctions, prépositions, en particulier « et » qui demande à lier des termes différents. Enfin, notez si la phrase qui formule le sujet est affirmative ou interrogative.

APPLICATION : EXERCICE CORRIGÉ

À l'aide de la problématique et du plan proposé, analysez le sujet de composition suivant : « Le Second Empire et l'Europe. »

Problématique : par quels moyens Napoléon III essaye-t-il de refaire de la France une puissance sur le continent européen ?

Plan proposé :

I. Un pays qui compte dans le processus d'industrialisation de l'Europe

A. L'effort d'industrialisation (l'exemple des expositions universelles)

B. Le rapprochement avec l'Angleterre

II. Un pays qui cherche à jouer un rôle dans le jeu géopolitique

A. Les interventions de la France : une nation influente (guerre de Crimée, politique coloniale)

B. Les interventions de la France : la question des nationalités (unités italienne et allemande)

CORRIGÉ

1. Analyser le sujet

- « Second Empire » = régime politique de la France entre 1852 et 1870 sous l'autorité de Napoléon III (quelles politiques mène-t-il ?).
- « Europe » = continent ; situation à cette époque = révolution industrielle, agitation des nationalités, relations entre les différents pays et équilibres entre eux ; quelles puissances (Angleterre, Prusse, Autriche…) ?
- « et » = trouver les liens entre la France à l'époque de Napoléon III et l'Europe, les autres pays.

L'astuce du prof

La reformulation du sujet, à partir de l'analyse de ses termes, se rapproche de la problématique proposée. Celle-ci est toutefois plus précise.

Définir le terme Second Empire permet ici de dégager aussi la période concernée ; « Europe » donne le cadre spatial mais il faut aussi réfléchir à la situation de l'Europe dans l'époque concernée ; le mot « et » oblige à trouver les relations entre les deux termes du sujet : quelle est la place de la France dans l'Europe des années 1850-1860 ?

Reformulation : comment se situe la France à l'époque du Second Empire sur le continent européen alors en pleine industrialisation et agitation nationale ?

2. Travailler son brouillon

Certains aspects du cours seraient hors-sujet si on les développait : il s'agit de parler de la France dans l'Europe de l'époque. Le terme « Second Empire » ne doit pas vous conduire, même si cela est tentant, à détailler le fonctionnement de ce régime politique – vous ignoreriez alors le second terme du sujet. D'ailleurs, le plan proposé vous aide (pour le moment) à éviter ces pièges : aucune partie ou sous-partie n'est consacrée au fonctionnement du régime impérial.

De même, il ne s'agit pas de faire un tableau général de l'Europe de l'époque. Il faut au contraire y replacer la France et expliquer son rôle.

L'astuce du prof

Le mot « et » est ici central et vous aide à trier vos connaissances. Si vous pouvez signaler le caractère autoritaire du régime impérial, il n'est pas l'objet du sujet qu'on vous demande de traiter.

Prélever et classer les informations d'un texte à partir d'une consigne

MÉTHODE

- Relevez les mots-clés de la consigne, et affectez-leur un code couleur (une couleur par question).
- Classez et hiérarchisez les informations du document en respectant le code couleur que vous avez choisi.
- Pour chacune des réponses, exposez les informations contenues dans le document et confrontez-les à vos connaissances pour les expliquer et/ou les critiquer.
- Mettez toujours en doute la fiabilité du discours produit par le document, pour mieux en repérer les limites et/ou les silences.

APPLICATION : EXERCICE CORRIGÉ

Montrez que le développement des réseaux de communication transforme les territoires et repose sur des acteurs variés. Exposez les liens d'Isaac Pereire avec le Second Empire et questionnez la nature de son discours dans le cadre des comices agricoles.

Doc. Extraits du discours d'Isaac Pereire au comice agricole[1] de Beynat (Corrèze), le 20 septembre 1863

Qui d'entre nous ne reste, en effet, frappé d'admiration [...] lorsqu'il voit dans nos campagnes ces convois de chemin de fer, remorquant une multitude de voyageurs ou des masses de marchandises que des centaines de chevaux auraient été impuissants à traîner lentement sur nos routes, dévorer l'espace avec la vitesse d'un ouragan, sous la conduite d'un seul homme, à peu près affranchi de tout travail manuel. [...]

C'est encore aux arts mécaniques que vous devez ces voies ferrées qui commencent à sillonner votre territoire. Créées par la sollicitude du Gouvernement impérial [...], elles devront un jour retirer de ce développement même les éléments de revenu qui leur manquent aujourd'hui. [...]

Vos voies de communication rapides vont se trouver complétées par le chemin de [fer de] Rodez à Montpellier, dont la Compagnie des chemins du Midi a été déclarée concessionnaire, et je m'applaudis d'avoir, en qualité d'administrateur de cette compagnie, à concourir à l'augmentation de la prospérité de votre département par la création de ce nouveau débouché vers la Méditerranée. [...]

L'Empereur marche en tête de ces expériences, dont le résultat sera de rendre à la France un pays qui était naguère comme perdu pour elle et pour ses habitants.

Isaac Pereire, *Discours au comice agricole de Beynat*, Imprimerie Dupont, Paris, 1863, p. 7-11.

1 Comice agricole : réunion annuelle d'exploitants agricoles, le plus souvent en présence d'un représentant de l'État, afin de faire connaître les pratiques innovantes et d'améliorer la production. Leur organisation est obligatoire depuis 1851.

CORRIGÉ

Montrez que le développement des réseaux de communication transforme les territoires et repose sur des acteurs variés. Exposez les liens d'Isaac Pereire avec le Second Empire et questionnez la nature de son discours dans le cadre des comices agricoles.

Doc. Extraits du discours d'Isaac Pereire au comice agricole[1] de Beynat (Corrèze), le 20 septembre 1863

Qui d'entre nous ne reste, en effet, frappé d'admiration [...] lorsqu'il voit dans nos campagnes ces convois de chemin de fer, remorquant une multitude de voyageurs ou des masses de marchandises que des centaines de chevaux auraient été impuissants à traîner lentement sur nos routes, dévorer l'espace avec la vitesse d'un ouragan, sous la conduite d'un seul homme, à peu près affranchi de tout travail manuel. [...]

C'est encore aux arts mécaniques que vous devez ces voies ferrées qui commencent à sillonner votre territoire. Créées par la sollicitude du Gouvernement impérial [...], elles devront un jour retirer de ce développement même les éléments de revenu qui leur manquent aujourd'hui. [...]

Vos voies de communication rapides vont se trouver complétées par le chemin de [fer de] Rodez à Montpellier, dont la Compagnie des chemins du Midi a été déclarée concessionnaire, et je m'applaudis d'avoir, en qualité d'administrateur de cette compagnie, à concourir à l'augmentation de la prospérité de votre département par la création de ce nouveau débouché vers la Méditerranée. [...]

L'Empereur marche en tête de ces expériences, dont le résultat sera de rendre à la France un pays qui était naguère comme perdu pour elle et pour ses habitants.

Isaac Pereire, *Discours au comice agricole de Beynat*, Imprimerie Dupont, Paris, 1863, p. 7-11.

L'astuce du prof

Il est intéressant de relever le fait que ce discours est imprimé, ce qui permet sa publicité et sa diffusion au profit d'I. Pereire.

Vérification des connaissances

1 Quelles divisions entraînent la disparition de la IIe République ?

2 Pourquoi le Second Empire s'effondre-t-il à son tour ?

3 Comment se traduit la modernisation économique du Second Empire ?

4 Quelle est la position de la France sur la question des unités nationales ?

Application de la méthode

Montrez que ce document permet de caractériser la manière dont l'empereur entend transformer la ville de Paris avec les travaux d'Haussmann, mais aussi la volonté impériale d'obtenir le soutien des ouvriers parisiens. En quoi ce discours peut-il être mal reçu par les ouvriers ?

Doc. Napoléon III expose les effets de l'haussmannisation sur les ouvriers parisiens

Monsieur le préfet, Messieurs les membres du conseil municipal,

J'ai voulu procéder à l'inauguration de ce nouveau boulevard pour vous remercier de votre infatigable dévouement aux intérêts de cette grande cité.

Transformer la capitale en la rendant plus vaste et plus belle, ce n'est pas seulement reconstruire plus de maisons qu'on en abat et fournir du travail à une foule d'industries diverses, c'est encore introduire partout des habitudes d'ordre et d'amour du beau. Ces rues spacieuses, ces maisons architecturales, ces jardins ouverts et tous ces monuments artistiques, en augmentant le bien-être, perfectionnent le goût. Et si l'on songe qu'à côté de ces vastes travaux, vous développez également l'assistance publique, vous multipliez les édifices religieux et les bâtiments destinés à l'éducation, on doit vous savoir un gré infini de faire tant de choses utiles, sans compromettre en rien l'état prospère des finances de la ville.

Ma constante préoccupation, vous le savez, est de chercher les moyens de remédier au ralentissement momentané du travail et d'amener l'aisance dans les classes laborieuses.

Les œuvres de la paix se recommandent d'autant plus qu'on y attache les souvenirs glorieux de notre histoire. […] Ainsi donc, la nouvelle voie de communication qui remplace aujourd'hui le canal Saint-Martin s'appellera dorénavant *Boulevard Richard Lenoir*. […] Je désire faire paraître dans un plus grand jour le nom de cet homme qui, de simple ouvrier du faubourg Saint-Antoine, devint l'un des premiers manufacturiers de France, […] et qui employa une fortune noblement acquise à soutenir ses ouvriers pendant les mauvais jours. […].

Discours prononcé par l'empereur Napoléon III à l'occasion de l'inauguration du boulevard du Prince Eugène à Paris, le 7 décembre 1862.

Quiz

1 **a. Vrai.** La IIe République fixe la devise « Liberté, Égalité, Fraternité », le drapeau tricolore et l'usage de Marianne comme symbole.

2 **a. Vrai.** Napoléon III détient l'essentiel des pouvoirs : il gouverne, déclare la guerre, signe les traités et incarne la Nation.

3 **b. Faux.** Sous le Second Empire, la modernisation économique se traduit par le redéploiement de l'activité industrielle, en ville comme à la campagne.

4 **b.** C'est le roi de Piémont-Sardaigne, Victor-Emmanuel, qui devient roi d'Italie en 1860.

Vérification des connaissances

1 La IIe République est traversée par des tensions entre bourgeois et ouvriers. Les premiers, majoritaires au Parlement, mettent un terme à la politique sociale de l'État, ce qui conduit aux affrontements de juin 1848. Les villes, républicaines et contestataires, s'opposent également aux campagnes, où le vote est plus conservateur. Les Républicains, réprimés et exilés, échouent à maintenir le régime face aux intérêts et à l'influence des notables du « parti de l'ordre ».

2 La contestation républicaine se réorganise progressivement à partir de la fin des années 1850, à la fois dans les campagnes et dans le milieu ouvrier. Cherchant à éteindre la contestation, Napoléon III assouplit le régime et dépénalise le délit de coalition (1864), ce qui facilite l'organisation de grèves. À l'été 1870, l'opposition à la Prusse et à sa volonté d'unifier l'Allemagne entraîne le régime dans un conflit dont il ne se remet pas.

3 La modernisation économique du Second Empire repose sur l'extension des réseaux de communication, eux-mêmes soutenus par l'influence croissante d'un milieu d'affaires et de mécanismes de financement à large échelle. Les interconnexions entre les régions favorisent le développement d'activités spécialisées (textile, mine, sidérurgie) et la concentration industrielle. Les expositions universelles permettent de mettre en scène cette transformation au profit du pouvoir.

4 La France sous le Second Empire se montre plutôt favorable aux revendications des nationalités. Tout d'abord par souci pour Napoléon III de montrer son attachement aux principes des Lumières, même si ceux-ci s'appliquent peu en réalité en matière de politique intérieure (pouvoir autoritaire). Mais aussi par calcul géopolitique, puisque la question lui permet de participer à la recomposition de la carte de l'Europe tout en déstabilisant certaines puissances (empire d'Autriche, empire ottoman). Il soutient activement l'unité italienne par des interventions diplomatiques et militaires entre 1858 et 1861. En revanche, l'unité allemande lui apparaît comme un facteur d'émergence d'une nouvelle puissance autour de la Prusse, risquant de faire de l'ombre à la France ; c'est pourquoi il s'y oppose, au prix d'une guerre et d'une défaite qui provoquent sa chute.

Application de la méthode

Montrez que ce document permet de caractériser la manière dont l'empereur entend transformer la ville de Paris avec les travaux d'Haussmann, mais aussi la volonté impériale d'obtenir le soutien des ouvriers parisiens. En quoi ce discours peut-il être mal reçu par les ouvriers ?

L'astuce du prof

Ne soulignez pas toute la question mais focalisez-vous sur un mot ou une expression pour faciliter le travail de sélection.

« Monsieur le préfet, Messieurs les membres du conseil municipal,

J'ai voulu procéder à l'inauguration de ce nouveau boulevard pour vous remercier de votre infatigable dévouement aux intérêts de cette grande cité.

Transformer la capitale en la rendant plus vaste et plus belle, ce n'est pas seulement reconstruire plus de maisons qu'on en abat et fournir du travail à une foule d'industries diverses, c'est encore introduire partout des habitudes d'ordre et d'amour du beau. Ces rues spacieuses, ces maisons architecturales, ces jardins ouverts et tous ces monuments artistiques, en augmentant le bien-être, perfectionnent le goût. Et si l'on songe qu'à côté de ces vastes travaux, vous développez également l'assistance publique, vous multipliez les édifices religieux et les bâtiments destinés à l'éducation, on doit vous savoir un gré infini de faire tant de choses utiles, sans compromettre en rien l'état prospère des finances de la ville.

Ma constante préoccupation, vous le savez, est de chercher les moyens de remédier au ralentissement momentané du travail et d'amener l'aisance dans les classes laborieuses.

Les œuvres de la paix se recommandent d'autant plus qu'on y attache les souvenirs glorieux de notre histoire. […] Ainsi donc, la nouvelle voie de communication qui remplace aujourd'hui le canal Saint-Martin s'appellera dorénavant *Boulevard Richard Lenoir*. […] Je désire faire paraître dans un plus grand jour le nom de cet homme qui, de simple ouvrier du faubourg Saint-Antoine, devint l'un des premiers manufacturiers de France, […] et qui employa une fortune noblement acquise à soutenir ses ouvriers pendant les mauvais jours. […]. »

Discours prononcé par l'empereur Napoléon III à l'occasion de l'inauguration du boulevard du Prince Eugène à Paris, le 7 décembre 1862.

CHAPITRE

3 La IIIe République avant 1914

1 L'affirmation progressive du projet républicain : imposer l'idée républicaine

De quoi s'agit-il ? En 1870, la République s'installe en France dans un contexte difficile et doit donc s'affirmer pour s'imposer.

1 Une République d'abord incertaine (1870-1876)

- À l'annonce de la déroute de Sedan (2 septembre 1870), la République est proclamée à Paris le 4 septembre. Il s'agit d'une révolution pacifique qui aboutit à la mise en place d'un gouvernement de Défense nationale.
- La France est contrainte de signer un armistice le 28 janvier 1871. Des élections sont aussitôt organisées au mois de février : les monarchistes conservateurs, partisans de la paix à tout prix, l'emportent et les républicains sont minoritaires.

2 La Commune de Paris : un moment insurrectionnel en faveur de la République sociale

- Les élections ont révélé une véritable fracture entre le vote conservateur des campagnes et celui, républicain, des villes. Ces dernières s'insurgent contre la politique menée par le chef du gouvernement, Adolphe Thiers, qui souhaite mettre fin au conflit.
- La Commune de Paris (18 mars-28 mai 1871) souhaite réaliser des réformes radicales : gel des loyers, éducation gratuite pour tous, séparation de l'Église et de l'État. Paris est reconquise par le gouvernement pendant la « Semaine sanglante » (21-28 mai 1871). Une sévère répression frappe les Communards qui sont exécutés, emprisonnés ou déportés.
- Louise Michel, institutrice proche des milieux révolutionnaires, est une militante active de la Commune (**Doc.**). Elle anime un club qui s'occupe d'enseignement et d'éducation, et elle combat sur les barricades.

3 Vers la victoire républicaine

- Adolphe Thiers, « chef du pouvoir exécutif », se rallie à la République. Il devient le premier président de la IIIe République mais doit composer avec une majorité qui lui est de plus en plus hostile. Il est remplacé en 1873 par Patrice de Mac Mahon qui est favorable à la restauration monarchique, bien qu'ayant le titre de « président de la République ».
- Face aux divisions des monarchistes, l'Assemblée vote des lois constitutionnelles (1875) qui établissent un régime parlementaire et affirment le principe républicain en France.
- Le sentiment républicain progresse dans le pays : au printemps 1876, la Chambre des députés devient majoritairement républicaine. Le 16 mai 1877, le président Mac Mahon renvoie le président du Conseil républicain Jules Simon et dissout la Chambre des députés. Ce « coup de force » échoue quand les élections législatives portent de nouveau une majorité républicaine à la Chambre. Mac Mahon démissionne en 1879.

Doc. Louise Michel pendant la Commune de Paris (1871)

Le comité de vigilance de Montmartre[1] aura son histoire à part ; nous en sommes peu de survivants ; il fit sous le siège trembler la réaction. On s'envolait chaque soir, du 41 de la chaussée Clignancourt, sur Paris, tantôt démolissant un club de lâcheurs, tantôt soufflant la révolution, car le temps de la duperie était passé. Nous savions ce que pèsent les promesses et la vie des citoyens devant un pouvoir qui se noie [...]. Les comités de vigilance de Montmartre ne laissaient personne sans asile, personne sans pain. On y dînait avec un hareng pour quatre ou cinq, mais on n'épargnait pas pour ceux qui en avaient besoin les ressources de la mairie, ni les moyens révolutionnaires des réquisitions.

Mémoires de Louise Michel écrits par elle-même, tome I, 1886, F. Roy, libraire-éditeur.

1. À Montmartre, il y avait deux comités de vigilance, celui des hommes et celui des femmes.

Le comité de vigilance était très actif sous la Commune. Beaucoup de ses membres sont morts pendant la « Semaine sanglante » ou avec la répression qui a suivie.

Ce comité pratique des actions violentes pour faire triompher ses idées.

Ce comité tente de mettre en œuvre les objectifs de la « République sociale ».

Vocabulaire

Armistice : arrêt des hostilités avant la signature de la paix.

Lois constitutionnelles : ensemble de trois lois qui organisent le régime républicain en 1875.

2 Un régime porteur de libertés fondamentales : une République libérale

De quoi s'agit-il ? **Le régime républicain veut influencer les Français dans leur vie quotidienne et se faire accepter en instaurant ou en restaurant de grandes libertés.**

1 Stimuler l'imaginaire républicain

- À partir de 1879, les « républicains de gouvernement » arrivent au pouvoir. Leur projet est d'unifier la nation autour des valeurs de 1789 et se faire ainsi accepter des Français.
- Pour cela, la nation doit s'identifier à des symboles forts tels que le drapeau tricolore ou la devise « Liberté-Égalité-Fraternité », qui trône au fronton des édifices publics. En 1879, la « Marseillaise » devient l'hymne national, alors que le 14 juillet est érigé en fête nationale en 1880.

2 Le projet scolaire républicain

- Jules Ferry, ministre de l'Instruction publique, fonde un enseignement primaire gratuit (1881), obligatoire et laïque (1882). Les instituteurs (les « hussards noirs de la République »), formés dans les Écoles normales, apprennent bien entendu aux élèves à lire, à écrire, à compter, mais également à connaître l'histoire de la nation, en développant l'amour de la patrie par les cours d'« Instruction morale et civique ».
- L'enseignement primaire devient à la portée de tous : on parle de méritocratie républicaine.

3 De grandes libertés sont introduites en France

- Les républicains se réclament de la Révolution de 1789 et souhaitent garantir par des « lois républicaines » ce qu'ils considèrent comme des droits fondamentaux dans une démocratie libérale. Le Parlement, dominé par les républicains modérés, joue un rôle central en restaurant ou en introduisant des droits et libertés : liberté de réunion (1881), liberté de la presse (1881) et liberté d'association (1884) qui permet de reconnaître les syndicats ouvriers.
- Le 1er juin 1885, les obsèques de Victor Hugo célèbrent le « grand-père de la République » et démontrent, par la présence d'une foule évaluée à 2 millions de personnes, que les Français adhèrent au régime républicain (**Doc.**).

Doc. **Les funérailles nationales de Victor Hugo (1885)**

1er juin [1885]

Je viens d'assister aux funérailles de Victor Hugo, du haut d'une fenêtre donnant sur le boulevard Saint-Germain. C'était vraiment colossal. J'étais chez le sonneur de Saint-Thomas-d'Aquin. Je suis ivre de tant de bruit, de foules, de couronnes portées, de musique, de costumes, de manifestations.

Le 24 mai, la Chambre des députés a décidé d'organiser des funérailles nationales à Victor Hugo dont le corps est transféré au Panthéon.

Je note ici ce qui m'a causé le plus d'impression. C'était, outre l'armée à pied et à cheval qui encadrait cet immense défilé, qui l'ouvrait et qui le fermait, d'abord cette suite de chars traînés par des chevaux vêtus de housses noires et blanches et portant des montagnes de couronnes. Non, jamais tant de couronnes aux mille couleurs n'ont été jetées au pied d'un défunt. Un Himalaya ! Le corbillard où reposait Victor Hugo était celui des pauvres, triste et noir. Mais quel défilé ! [...]

Tout mon pays était là ! Tous les âges, toutes les corporations, toutes les associations étaient représentées. Je regardais particulièrement ces lycéens, ces jeunes gens, ces enfants qui escortaient le poète auguste ! [...]

Le cortège est composé d'éléments officiels mais également d'anonymes qui représentent la diversité du peuple français.

Le poète est devenu un symbole républicain.

Des femmes défilaient avec des hommes qui portaient, elles aussi, leurs couronnes. Et les drapeaux et les bannières flottaient au vent. Parfois, souvent même, la foule vivement battait des mains. J'ai cru l'entendre applaudir le char algérien qui s'avançait, surmonté d'un palmier, et aussi l'Alsace-Lorraine. Elle applaudissait encore la musique – voire même la Marseillaise et l'air de « Mourir pour la patrie ! ».

Le boulevard Saint-Germain, mon pacifique quartier, était un fourmillement de visages et de chapeaux. Foule sous les arbres verts de la chaussée, foule aux balcons. Quelques audacieux étaient perchés sur les toits. Sur le trottoir, échelles, estrades sur lesquelles le public se hissait pour mieux voir. Les becs de gaz étaient allumés sous leurs crêpes. On eût dit un oeil rouge sombre qui regardait çà et là.

L'Histoire racontera ce poème vivant dont j'ai été le témoin. [...]

Je n'oublierai pas le 1er juin 1885 où j'ai vu mon pays, le monde entier suivre l'humble corbillard de Victor Hugo.

Abbé Mugnier, *Journal (1879-1939)*, Mercure de France, Paris, 1985-2003.

Vocabulaire

Méritocratie : progression dans l'échelle sociale grâce au mérite et non à la naissance.

3 Ambitions, fragilités et limites du modèle républicain

De quoi s'agit-il ? Le régime républicain est menacé par plusieurs crises et doit faire face à ses propres contradictions qui remettent en cause ses valeurs fondamentales.

1 Une République toujours menacée : surmonter les crises

• Entre 1886 et 1899, la République affronte plusieurs scandales et crises politiques. Le général Boulanger, ministre de la Guerre en 1886, devient très populaire. Arborant le slogan « Révision, dissolution, constituante », il rassemble autour de son nom un large rassemblement hostile au parlementarisme républicain. Ce mouvement prend fin en 1889, quand il ne parvient pas à résister à la contre-attaque républicaine qui menace Boulanger d'arrestation.

• L'Affaire Dreyfus (1894-1906) divise en profondeur les Français et menace le régime. Cet officier juif, injustement accusé de trahison, est dégradé et déporté en Guyane. Cette affaire divise la France en deux camps. D'un côté, les « dreyfusards » veulent que l'on reconnaisse l'innocence du capitaine Dreyfus et réclament le triomphe de la justice et de l'égalité. De l'autre, les « antidreyfusards » refusent de reconnaître l'erreur judiciaire et sont persuadés qu'il est coupable parce que juif. Le capitaine Dreyfus est finalement réhabilité en 1906, mais cette crise a ébranlé la République.

2 L'instauration de la laïcité : une réaction républicaine forte après 1899

• La IIIe République sort cependant plutôt renforcée de ces crises, en démontrant la solidité de ses institutions et le rôle positif que peut jouer la presse quand elle n'est pas contrôlée.

• Néanmoins, on a pu observer également que ses opposants sont nombreux et structurés : les antisémites ont montré leur dangerosité, alors que les nationalistes, alliés à l'Église, constituent une force redoutable. À partir de 1899 et jusqu'en 1914, les républicains de gauche dominent la vie politique française : ils sont favorables à la laïcité, mais se divisent autour de la question sociale.

• Émile Combes, président du Conseil entre 1902 et 1905, renforce la laïcité en France : il interdit aux congrégations religieuses d'enseigner. Le combat pour la laïcité aboutit à la loi de séparation des Églises et de l'État, votée en décembre 1905 à l'initiative du socialiste Aristide Briand (**Doc.**). Le vote de cette loi entraîne une très forte opposition des milieux catholiques.

3 Une République confrontée à ses limites et ses contradictions

- La IIIe République maintient l'état d'exclusion civile et politique des femmes au sein d'un espace qui se veut pourtant démocratique.
- La République devient également coloniale et une forme de consensus se dégage peu à peu en faveur des conquêtes. Pourtant, en instaurant le Code de l'indigénat pour toutes les colonies en 1887, la République renie nombre de ses valeurs.

Doc. La séparation des Églises et de l'État : la loi du 9 décembre 1905

Article 1er : La République assure la liberté de conscience. Elle garantit le libre exercice des cultes sous les seules restrictions édictées ci-après dans l'intérêt de l'ordre public.

Article 2 : La République ne reconnaît, ne salarie, ni ne subventionne aucun culte. En conséquence, à partir du 1er janvier qui suivra la promulgation de la présente loi, seront supprimées des budgets de l'État, des départements et des communes, toutes dépenses relatives à l'exercice des cultes.

Pourront toutefois être inscrites auxdits budgets les dépenses relatives à des services d'aumônerie et destinées à assurer le libre exercice des cultes dans les établissements publics tels que lycées, collèges, écoles, hospices, asiles et prisons.

Les établissements publics du culte sont supprimés, sous réserve des dispositions énoncées à l'article 3.

La République apporte la liberté de conscience, de croire ou de ne pas croire.

La République devient neutre par rapport à la religion et ne subventionne plus aucun culte. Ont néanmoins échappé à cette loi l'Alsace-Moselle, restée soumise au régime concordataire car elle était allemande en 1905, et certains départements et collectivités d'outre-mer.

Vocabulaire

Laïcité : neutralité de l'État par rapport aux religions.

4 La France poursuit son industrialisation

De quoi s'agit-il ? **Avec l'industrialisation, le monde de l'usine se développe et les ouvriers prennent une part de plus en plus importante dans la population active. La baisse précoce de la natalité rend nécessaire l'appel à une nouvelle main-d'œuvre.**

1 Innovations et industrialisation

- L'industrialisation se poursuit avec l'apparition d'un nouveau cycle d'innovations lié aux progrès de l'électricité et du moteur à explosion. Les expositions universelles de 1889 et 1900 sont les vitrines de cette modernité (**Doc. 2**).
- Des concentrations industrielles font leur apparition. Par exemple, les usines Schneider du Creusot se développent rapidement dans la ville et concentrent une main-d'œuvre ouvrière de plus en plus nombreuse (**Doc. 1**). L'entreprise passe en quarante ans de 9 000 à 20 000 ouvriers et met en place une politique paternaliste qui a pour vocation de les stabiliser et les contrôler.

2 L'essor du monde ouvrier

- L'essor important de la grande industrie entraîne une augmentation du nombre d'ouvriers. Entre 1866 et 1906, la croissance de la population ouvrière est réelle, bien que plus lente qu'ailleurs en Europe. En 1914, les ouvriers représentent 31 % de la population active. Le monde ouvrier est encore très hétérogène et dominé par le modèle de production de l'atelier.
- La France fait appel à une main-d'œuvre d'origine étrangère et devient ainsi le premier pays d'immigration en Europe, accueillant Belges et Italiens. Les femmes intègrent également massivement les usines pour pallier un manque régulier de main-d'œuvre.

3 Grande entreprise et développement de nouvelles classes sociales

- La gestion de la grande entreprise fait naître de nouvelles formes de travail. Les emplois tertiaires se développent : au Creusot, l'entreprise compte 5 % d'employés en 1881 et 11 % en 1911. Ils offrent des perspectives d'ascension sociale aux classes populaires grâce à l'école républicaine, qui augmente ses effectifs avec 140 000 fonctionnaires en 1914.
- La bourgeoisie capitaliste tire profit de cette industrialisation en s'enrichissant considérablement et en intégrant le pouvoir politique pour défendre ses intérêts.

Doc. 1 Le Creusot et les usines Schneider en 1847

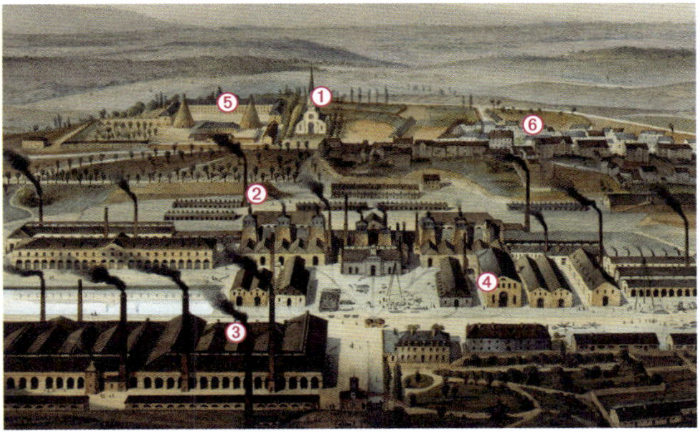

1. Cœur de l'ancien village du Creusot avec l'église Saint-Laurent
2. Hauts-fourneaux
3. Forge
4. Ateliers de construction
5. Château de la verrerie où vit la famille Schneider
6. Cités ouvrières

D'après Philippe Trémaux, *Le Creusot en 1847* (détail), lithographie, Écomusée Creusot-Montceau.

Doc. 2 L'exposition universelle de 1900 célèbre le progrès

Le XIXe siècle a été le grand siècle du progrès. Pour fêter les prodiges des Arts et des Sciences, de l'Industrie et de l'Agriculture, la France a invité toutes les nations à participer à l'Exposition universelle qu'elle organisait à Paris. Toutes ont répondu à cette invitation ; elles tenaient à comparer les progrès de leurs industries avec ceux des autres nations.

L'exposition de 1900 fut une merveille. Le Champ-de-Mars avec son château et ses fontaines lumineuses qui, le soir, transformaient cette partie de l'exposition en une véritable féerie, les quais de la rive gauche de la Seine, du pont Alexandre III au pont d'Iéna, étaient occupés par les palais des Nations, chacun dans son architecture nationale. [...] Toutes ces constructions constituaient un ensemble riche et pittoresque et représentaient un travail formidable qui retenait l'attention des visiteurs. Jamais, à aucune époque de l'Histoire, le travail n'a été autant glorifié que pendant l'année 1900.

Jeanne Bouvier, *Mes Mémoires, une syndicaliste féministe, 1876-1935.*

Vocabulaire

Concentration industrielle : concentration sur un même site industriel de l'ensemble des processus de fabrication d'un produit.

Industrialisation : processus d'extension et d'intensification des activités industrielles pendant lequel la production industrielle dépasse la production agricole.

Paternalisme : système mis en place par la direction d'une entreprise pour prendre en charge nombre d'aspects de la vie du quotidien (logement, soins, éducation…).

5 Des populations marginalisées dans la République

De quoi s'agit-il ? Les républicains cherchent à rassembler les Français autour de valeurs et de principes communs mais peinent à intégrer certaines catégories de population.

1 Des ouvriers marginalisés en attente d'une République sociale

- Les expositions universelles organisées à Paris font étalage des richesses produites par les industries françaises. Celle de 1900 révèle un climat d'euphorie et affiche une unité nationale retrouvée (après le règlement provisoire de l'Affaire Dreyfus). Se pose alors la question de l'intégration républicaine des ouvriers qui ont participé à la reprise économique.
- La pénibilité et la dangerosité du travail, l'absence de protection sociale poussent les ouvriers à faire grève. Ils sont soutenus par les syndicats, forme de rassemblement autorisée depuis 1884. Ces grèves sont réprimées par les forces armées. À Fourmies, petite cité textile du Nord, les ouvriers organisent, le 1er mai, une manifestation pour protester contre la paupérisation ouvrière. Le maire de la ville fait intervenir l'armée : neuf manifestants sont tués, une cinquantaine sont blessés (**Doc. 1**).

2 Des femmes actives qui peinent à être reconnues

- Entre 1870 et 1906, le travail des femmes augmente de 30 % (**Doc. 2**). Globalement deux fois moins payées que les hommes, elles ne peuvent disposer librement de leurs revenus qu'à partir de 1907.
- Quelques lois visant à améliorer leurs conditions de travail sont votées : journées de travail limitées à 10 heures (1900), congé de maternité de quatre semaines (1909).
- À partir de 1881-1882, elles peuvent suivre une instruction, mais celle-ci n'a pas pour vocation de leur donner les moyens de se libérer de leurs conditions sociales.

3 Les immigrés, victimes de xénophobie

- Le nombre d'incidents xénophobes augmente dès la fin du XIXe siècle. On en compte 230 entre 1870 et 1914. Moins payés, les étrangers apparaissent comme une main-d'œuvre concurrente.
- Ce rejet peut se traduire par de violentes bagarres. En 1893, la tuerie des travailleurs italiens d'Aigues-Mortes fait huit morts et plusieurs dizaines de blessés.

Doc. 1 La fusillade de Fourmies, 1891

Huit pages : CINQ centimes

Le Petit Parisien

SUPPLÉMENT LITTÉRAIRE ILLUSTRÉ

DIRECTION : 18, rue d'Enghien, PARIS

LES ÉVÉNEMENTS DE FOURMIES

Couverture illustrée du *Petit Parisien*, 17 mai 1891.

Le Petit Parisien est un quotidien républicain parmi les plus populaires en France qui paraît entre 1863 et 1944.

Les manifestants font face à la troupe qui fait feu.

Le drapeau français, brandi dans la douleur par un ouvrier blessé qui s'effondre, figure au centre de l'image.

La foule est composée de femmes et d'hommes. Des corps sont tombés sous le coup des balles. Des personnages fuient.

Doc. 2 La pénibilité du travail : des ouvrières dans les mines

Atelier de Nadar, *Aciéries Holtzer, mines de Bruay*, 1889.

Vocabulaire

Grève : action collective consistant en une cessation du travail par les salariés d'une entreprise.

Syndicat : association qui défend les intérêts professionnels des droits des travailleurs.

Xénophobie : haine de l'étranger.

6 Les paysans face à la modernisation du monde rural

De quoi s'agit-il ? **L'industrialisation et la transformation des campagnes poussent les ruraux à quitter les campagnes pour aller vers la ville. Ce phénomène contribue à la disparition lente et progressive de la France rurale traditionnelle.**

1 Une France encore rurale

- La ruralité reste prédominante jusqu'en 1914 et l'agriculture reste l'activité dominante : 38,5 % des Français y travaillent encore en 1914. La France reste un pays de petits paysans et d'ateliers (**Doc. 1**). La plupart d'entre eux gèrent de petites exploitations fondées sur la polyculture, sensibles à la conjoncture.
- Cette agriculture de subsistance contraint les agriculteurs à rechercher un revenu de complément en exerçant une autre activité, artisanale ou proto-industrielle. On parle alors de paysans ouvriers.

2 La modernisation des campagnes

- Si les méthodes de travail restent dans l'ensemble traditionnelles, la mécanisation et les innovations se répandent toutefois dans les campagnes après 1890. De plus en plus d'agriculteurs appliquent de nouvelles méthodes de culture (jachère et rotation des terres), utilisent les engrais (**Doc. 2**) ou investissent dans des machines agricoles. Les moissonneuses, faucheuses et batteuses se développent dans certaines campagnes, particulièrement dans le Bassin parisien et le Nord-Est où la production se mécanise plus vite.
- Ailleurs, la modernisation est plus lente. Les petits propriétaires sont plus soucieux d'investir leurs maigres gains dans l'achat de terres que dans la modernisation des matériels.

3 L'exode rural

- Cette lente mécanisation réduit toutefois peu à peu le nombre de paysans nécessaires et accélère le mouvement d'exode rural. En effet, le manque de travail et la misère poussent à l'émigration vers la ville, pourvoyeuse d'emplois dans l'industrie et les services, tels que la domesticité pour les femmes.
- Dans le même temps, on assiste à une acceptation mutuelle de la République et des paysans : les masses rurales se politisent. La politique vient au village en même temps que le vote républicain s'enracine dans les campagnes.

Doc. 1 La population rurale de 1876 à 1911

	Population rurale (en milliers)	% de la population rurale par rapport à la population totale
1876	24 928	67,5
1881	24 560	65,2
1886	24 450	64
1891	24 030	62,7
1896	23 490	61
1901	23 005	59
1906	22 730	57,9
1911	22 096	55,9

La population rurale diminue lentement tout au long de la période.

En proportion de la population totale, la baisse est plus rapide.

Doc. 2 L'introduction des engrais chimiques dans l'agriculture

Calendrier de 1911, lithographie, bibliothèque Forney.

Le sulfate d'ammoniaque est un engrais chimique.

À gauche, des paysans heureux et bien portants face à une terre fertilisée par les engrais. À droite, une terre sans engrais, épuisée et stérile, des paysans malheureux et misérables.

Vocabulaire

Atelier : lieu de production artisanale, de taille modeste et très majoritairement organisé autour de la structure familiale.

Exode rural : départ massif des campagnes vers les villes.

Jachère : pratique culturale qui consiste à laisser la terre au repos.

Polyculture : culture de plusieurs espèces végétales au sein d'une même ferme, par opposition à la culture spécialisée souvent pratiquée dans de grandes exploitations agricoles.

Proto-industrie : terme qui désigne les petits ateliers, souvent textiles, dispersés en milieu rural et qui ont précédé la naissance de la grande industrie.

7 La IIIe République et la constitution d'un empire colonial

De quoi s'agit-il ? **Au XIXe siècle, la France se lance dans la conquête coloniale et se constitue un immense empire en Afrique et en Asie.**

1 Le précédent algérien

- En Algérie en 1827, une altercation concernant une dette de la France éclate : le consul de France est souffleté par le dey. Devant son refus de s'excuser, la France s'en sert de prétexte pour déclencher l'expédition d'Alger (1830), ouvrant la voie à la conquête du pays tout entier.
- Celle-ci fut longue et violente du fait de la résistance des Algériens menée par l'émir Abdelkader. Celui-ci est finalement vaincu en 1847. Cette première colonie est directement intégrée au territoire national par la création de trois nouveaux départements en 1848.

2 La France devient une puissance coloniale

- Un parti colonial se constitue autour de militaires, de marchands, de missionnaires qui plaident tous pour une relance du processus de colonisation dans les années 1880. La conquête de l'Indochine en Asie est lancée, tandis que Savorgnan de Brazza est missionné pour explorer et prendre possession du bassin du fleuve Congo en Afrique.
- La France se construit rapidement le deuxième plus grand empire avec 10 millions de km² et 70 millions d'habitants sous son contrôle. Celui-ci prend deux formes différentes. Dans une colonie proprement dite, la souveraineté et l'administration du pays sont entièrement aux mains de la métropole. Dans un protectorat, l'ancien pouvoir conserve théoriquement la souveraineté et la gestion du pays, la métropole n'apportant qu'un encadrement.

3 La France au cœur des rivalités coloniales

- Pour réguler les rivalités qui éclatent entre puissances européennes, la conférence de Berlin (1885) postule que le premier arrivé sur un territoire en détiendra la souveraineté.
- Mais en 1898, à Fachoda (Soudan), l'arrivée et l'installation de la mission française Marchand contrarie les ambitions britanniques sur la région. Devant le risque d'une guerre dans un contexte de nationalisme exacerbé en Grande-Bretagne, la France choisit de reculer (**Doc.**).

Doc. La crise de Fachoda (1898)

Représentation de Britannia, l'allégorie de la Grande-Bretagne, sous le drapeau britannique et sous les traits du loup du conte du *Petit Chaperon rouge*.

La France, image de l'innocence, sous les traits de Marianne et du Petit Chaperon rouge. Illustre l'anglophobie régnant en France après l'incident de Fachoda qui, après la défaite française contre la Prusse en 1871, voit la France reculer devant autre puissance européenne.

Couverture illustrée du *Petit Journal*, 20 novembre 1898.

Vocabulaire

Dey : titre porté par le chef du gouvernement à Alger désigné par le sultan ottoman.
Émir : titre donné à un chef militaire dans la civilisation musulmane.
Missionnaire : religieux chargé de propager sa foi.
Métropole : désigne ici l'État colonisateur.

8 Les contradictions de la colonisation française

De quoi s'agit-il ? Les promoteurs de la colonisation mettent en avant la générosité de la France qui apporterait prospérité et civilisation. Pourtant, la réalité coloniale est toute autre.

1 L'idéal colonial de la mission civilisatrice

- Le parti colonial porte l'idée, largement partagée, que la colonisation n'est pas seulement affaire de puissance et de conquêtes. Elle s'inscrit au contraire dans la tradition d'émancipation chère à la République depuis la Révolution.
- Aux peuples indigènes, tous considérés comme inférieurs, la France va offrir, par une politique d'assimilation, les valeurs républicaines au fondement de la civilisation. Tous les acteurs, des missionnaires aux hommes politiques, en sont pétris. Ainsi, Jules Ferry évoque en 1885 à l'Assemblée « le devoir des civilisations supérieures envers les civilisations inférieures ». De même, la lutte contre l'esclavage est mise en avant lors de l'expédition de Brazza et sert à légitimer la conquête.

2 Une violence intrinsèque

- Si l'opinion publique reste peu mobilisée par l'aventure coloniale, elle y est très largement favorable. Seul Georges Clemenceau oppose à Jules Ferry la perte d'énergie que constitue la colonisation quand les efforts devraient se concentrer sur les provinces occupées par l'Allemagne, et la violence bien peu civilisée de l'entreprise coloniale.
- En effet, les colons exercent leur domination avec brutalité. Le travail forcé réduit les Africains à un statut proche de l'esclavage alors que la France se félicitait de l'avoir détruit : la construction du chemin de fer Congo-Océan fait ainsi des milliers de morts.
- Cette violence est légitimée par la République qui promulgue le Code de l'indigénat (**Doc.**), d'abord en Algérie (1881) puis à l'ensemble des colonies (1887) mais pas des protectorats. Les indigènes sont considérés comme des sujets français à la merci des dispositions toujours renouvelées de cette législation d'exception qui les prive de leurs droits élémentaires, et ce en contradiction avec les principes républicains.

Doc. **Le Code de l'indigénat (extraits)**

Art. 1er. Les administrateurs des communes mixtes du territoire civil de l'Algérie conserveront, à l'égard des musulmans non naturalisés habitant ces circonscriptions, les pouvoirs de répression, par voie disciplinaire, des infractions spéciales à l'indigénat, énumérées au tableau annexé à la présente.

Art. 2. Les infractions spéciales à l'indigénat sont punies des peines de simple police. Toutefois, si l'administrateur le juge utile ou si le contrevenant le demande, l'amende ou l'emprisonnement peuvent être remplacés par des prestations en nature imposées au condamné et devant consister en travaux d'entretien ou d'amélioration des voies de communication, fontaines ou puits d'usage public. […]

Tableau annexe [liste des infractions]

1. Propos tenu contre la France ou son gouvernement.

3. Refus de fournir contre remboursement immédiat, au prix du tarif fixé par le préfet, les agents auxiliaires, les moyens de transport, les vivres, l'eau potable et le combustible aux fonctionnaires ou agents dûment autorisés et accrédités officiellement.

6. Retard prolongé et non justifié dans le paiement des impôts, amendes et généralement de toute somme due à l'État ou à la commune, ainsi que dans l'exécution des prestations faites en nature.

9. Détention pendant plus de 24 heures d'animaux égarés sans avis donné à l'autorité.

10. Asile donné, sans en aviser immédiatement le chef du douar, à des vagabonds ainsi qu'à tout étranger à la commune mixte non porteur d'un permis régulier.

13. Défaut pour tout indigène de se munir d'un passeport, permis de voyage, carte de sûreté ou livret d'ouvrier régulièrement visé lorsqu'il se rend dans un arrondissement autre que celui de son domicile.

16. Actes de désordre sur les marchés et dans les lieux publics, n'offrant pas un caractère de gravité suffisant pour constituer un délit.

18. Réunion sans autorisation pour ziara ou zerda (pèlerinage, repas public) – réunion sans autorisation de plus de 25 personnes du sexe masculin.

Loi relative aux pouvoirs disciplinaires des administrateurs, 21 décembre 1897.

Vocabulaire

Assimilation : pour un individu, processus d'intégration à la culture du colonisateur en même temps que d'abandon de sa culture antérieure.

Code de l'indigénat : ensemble de mesures prises dans les colonies françaises légalisant *a posteriori* les pratiques disciplinaires utilisées par les colons contre les populations colonisées.

Indigène : terme à connotation péjorative désignant des populations considérées par la métropole comme non civilisées.

Sujet : personne soumise à une autorité.

9 Des sociétés coloniales très inégalitaires

De quoi s'agit-il ? Les inégalités inhérentes à la colonisation donnent lieu à des résistances de plus en plus structurées au début du XXe siècle.

1 La mise en valeur économique des colonies au profit de la métropole

- La colonisation doit fournir la métropole en ressources. Populations et territoires indigènes sont mobilisés. En Tunisie, le chemin de fer aménagé sert à acheminer le phosphate depuis le centre du pays vers les ports. En Algérie et en Indochine, notamment dans le port de Saïgon (**Doc.**), les meilleures terres sont accaparées par les colons dans de grandes exploitations exportant vers la France vin et hévéa.
- Les colonies sont aussi des marchés de consommateurs pour les produits industriels européens qui concurrencent et détruisent l'artisanat local, ce qui accroît la dépendance économique vis-à-vis de la métropole.

2 La ségrégation

- Les colonisés ne sont pas citoyens à l'exception des habitants des Quatre communes (Sénégal). Les inégalités sont à la base du système colonial. Dans l'éducation, elles servent à conforter la domination : seuls 5 % des Algériens sont scolarisés. Enfin, l'aménagement des villes coloniales marque spatialement la ségrégation.
- Dans les villes coloniales, des monuments imposants sont érigés : une cathédrale, un théâtre, un palais du gouverneur, un hôpital, une grande poste. Ces constructions doivent montrer la supériorité morale et technique de la France.

3 L'émergence des nationalismes

- Au début du XXe siècle, les contradictions entre le discours colonial et les inégalités criantes donnent naissance à un premier nationalisme partout dans l'empire. Il ne revendique pas encore l'indépendance mais davantage d'autonomie et d'égalité par le biais de mouvements politiques (Jeunes Algériens et Jeunes Tunisiens) et de journaux.
- Par crainte de la répression, il est cependant souvent caché et peut donner lieu à des manifestations violentes : en 1901, à Margueritte près d'Alger, éclate une brève mais violente révolte qui montre que le pays n'a pas été pacifié.

Doc. **Plan de Saïgon, capitale de l'Indochine, en 1881**

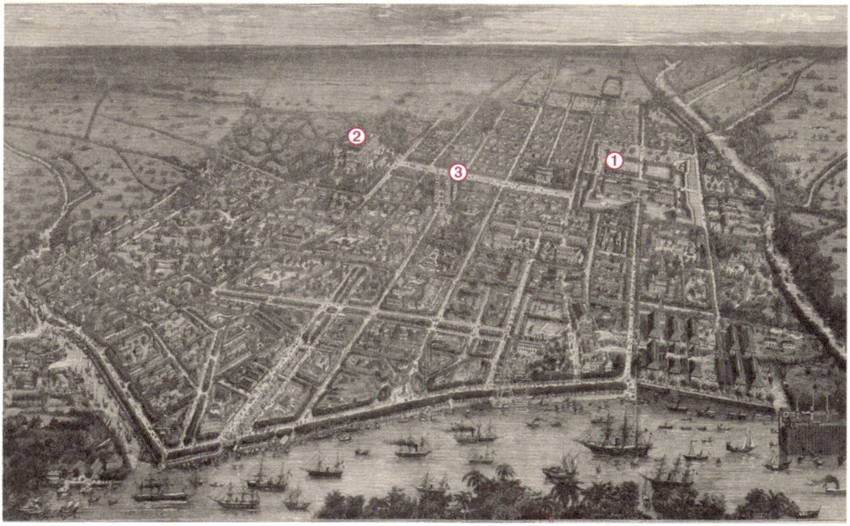

Capitaine de la Marine Favre, *Plan de Saïgon* (détail), gravure, 1881.

Les villes coloniales sont construites sur le modèle des villes européennes avec de larges avenues et des places arborées, des lieux de pouvoir militaire (caserne ❶), politique (palais du gouverneur ❷), religieux (cathédrale ❸) qui marquent la domination française.

Vocabulaire

Hévéa : aussi appelé arbre à caoutchouc car sa sève est ensuite transformée en caoutchouc.

Nationalisme : doctrine politique qui revendique le droit pour un peuple de former une nation dirigée par un État indépendant et souverain.

Phosphate : minerai entrant dans la composition des engrais, indispensables avec la modernisation de l'agriculture.

Quatre communes : communes du Sénégal (Dakar, Saint-Louis, Rufisque et Gorée) dont les habitants, citoyens français, ont le pouvoir d'élire et d'éligibilité.

RÉVISION EXPRESS

LES DATES IMPORTANTES

La colonisation
- 1830 : expédition d'Alger
- 1848 : création de trois nouveaux départements en Algérie
- 1881 : mise en place du Code de l'indigénat en Algérie
- 1898 : incident de Fachoda

La IIIe République
- 4 septembre 1870 : proclamation de la IIIe République
- 1875 : vote des lois constitutionnelles
- 1880 : le 14 juillet devient fête nationale
- 1881 : loi sur la liberté de la presse
- 1884 : loi Waldeck-Rousseau qui autorise les syndicats
- 1er mai 1891 : fusillades de Fourmies
- 1889 et 1900 : expositions universelles à Paris
- 1894-1906 : Affaire Dreyfus
- 1895 : création de la CGT
- 1905 : loi de séparation des Églises et de l'État

LES ACTEURS IMPORTANTS

George Clemenceau (1841-1929)

Homme politique français et journaliste qui marqua la IIIe République par son hostilité à la colonisation, sa dure répression des grèves ouvrières en tant que ministre de l'Intérieur et enfin sa pugnacité dans la conduite du gouvernement qu'il dirige à partir de 1917 en pleine Première Guerre mondiale. Ces différentes fonctions lui ont valu les surnoms de Tigre et de Père la Victoire.

Jules Ferry (1832-1893)

Homme politique français célèbre pour avoir porté les lois scolaires de 1881-1882 rendant l'école laïque, obligatoire et gratuite. Il fut également un chaud partisan de la colonisation française.

Famille Schneider

Famille qui rachète en 1836 une entreprise métallurgique dans le village du Creusot et la transforme en peu de temps, selon une politique paternaliste, en un immense centre de sidérurgie (production d'acier et de fonte) et de métallurgie (transformation des métaux).

Alfred Dreyfus (1859-1935)

Militaire français de confession juive qui se retrouva accusé à tort d'espionnage en faveur de l'Allemagne. Sa condamnation malgré les preuves de son innocence mobilisa les intellectuels français derrière Émile Zola en faveur de son acquittement et de la consolidation des valeurs républicaines. Il fut réhabilité en 1906.

LES MOTS IMPORTANTS

- Assimilation
- Code de l'indigénat
- Dreyfusards/anti-dreyfusards
- Exode rural
- Exposition universelle
- Grève
- Immigration
- Laïcité
- Métropole
- Nationalisme
- Paternalisme
- République
- Syndicat

LE SCHÉMA IMPORTANT

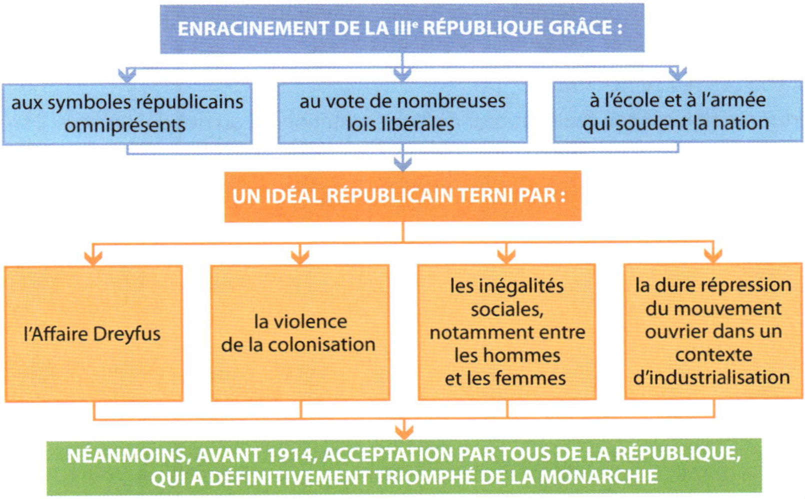

Quiz

1. La IIIe République a d'abord été dominée par les monarchistes.

a. ☐ Vrai **b.** ☐ Faux

2. Les trois départements d'Algérie sont créés en :

a. ☐ 1830.
b. ☐ 1848.
c. ☐ 1881.
d. ☐ 1885.

3. Donnez la date de chacune de ces grandes lois de la IIIe République.

a. ☐ Loi sur la laïcité
b. ☐ Loi autorisant les syndicats
c. ☐ Loi sur l'école laïque, gratuite et obligatoire
d. ☐ Loi autorisant le divorce
e. ☐ Loi sur la liberté de la presse

→ **Réponses p. 89**

Analyser un texte historique

MÉTHODE

- L'analyse de document est à la base du travail de l'historien. En tant qu'élève, on vous demandera surtout de montrer que vous avez compris le document et que vous savez l'expliquer et éventuellement le critiquer avec vos connaissances.
- L'exercice est difficile puisque vous ne disposez que d'une seule heure pour cet examen.
- L'analyse est guidée par un ensemble de questions ou une consigne. Attention, celle-ci n'est ni une problématique ni un plan, elle guide votre réflexion et une problématique et un plan personnels seront attendus.

1. Présenter le document

- L'introduction est construite autour de la présentation du ou des documents. Il faut suivre une méthode rigoureuse exposée p. 28.
- Elle est complétée par une problématique et un plan très sommaire.

2. Organiser sa réflexion au brouillon

- Votre réflexion doit être bâtie rigoureusement en identifiant tout d'abord les idées présentes dans le(s) document(s), en veillant à bien le(s) comprendre pour éviter les contresens.
- Ensuite, il faut identifier quels éléments du cours peuvent faire écho aux thèmes présents dans le(s) document(s). Le tableau suivant peut fournir une base de travail pour le brouillon car il vous oblige à commencer par travailler sur le document et insiste sur la nécessaire concordance entre document et éléments du cours.

	Idées du document	Éléments du cours
Doc. 1		
Doc. 2		

- Dans une analyse de document, il n'est pas possible de replacer l'ensemble de son cours : vous serez toujours interrogés sur des éléments réduits.

3. Bâtir un plan et rédiger

- Ce travail d'analyse achevé, il faut bâtir un plan qui puisse guider votre propos.
- Chaque partie doit ensuite contenir des citations et des éléments de cours, ceux-là devant être majoritaires puisqu'il s'agit d'un contrôle de connaissances sous une forme plus complexe.
- Commencer vos parties systématiquement par une citation permet d'éviter au maximum le hors sujet, principale erreur commise lors de ce type d'exercice.

APPLICATION : EXERCICE CORRIGÉ

Analysez ce document en montrant que l'auteur s'appuie sur les principes républicains pour contester la colonisation.

Doc. Georges Clemenceau et la colonisation

Je passe maintenant à la critique de votre politique de conquêtes au point de vue humanitaire. [...] « Nous avons des droits sur les races inférieures. Les races supérieures ont sur les races inférieures un droit qu'elles exercent et ce droit, par une transformation particulière, est en même temps un devoir de civilisation. » Voilà, en propres termes, la thèse de M. Ferry [...]. Races supérieures ! Races inférieures ! C'est bientôt dit. Pour ma part, j'en rabats singulièrement depuis que j'ai vu des savants allemands démontrer scientifiquement que la France devait être vaincue dans la guerre franco-allemande, parce que le Français est d'une race inférieure à l'Allemand. [...]

Je ne veux pas juger au fond la thèse qui a été apportée ici et qui n'est autre chose que la proclamation de la puissance de la force sur le droit. L'histoire de France depuis la Révolution est une vivante protestation contre cette unique prétention. C'est le génie même de la race française que d'avoir généralisé la théorie du droit et de la justice, d'avoir compris que le problème de la civilisation était d'éliminer la violence des rapports des hommes entre eux dans une même société et de tendre à éliminer la violence, pour un avenir que nous ne connaissons pas, des rapports des nations entre elles. [...] Regardez l'histoire de la conquête de ces peuples que vous dites barbares et vous y verrez la violence, tous les crimes déchaînés, l'oppression, le sang coulant à flots, le faible opprimé, tyrannisé par le vainqueur ! [...] Et c'est un pareil système que vous essayez de justifier en France dans la patrie des droits de l'Homme !

Discours de Georges Clemenceau à l'Assemblée nationale le 30 juillet 1885.

CORRIGÉ

• Organiser sa réflexion au brouillon

Je passe maintenant à la critique de votre politique de conquêtes au point de vue humanitaire. [...] « Nous avons des droits sur les races inférieures. Les races supérieures ont sur les races inférieures un droit qu'elles exercent et ce droit, par une transformation particulière, est en même temps un devoir de civilisation. » Voilà, en propres termes, la thèse de M. Ferry [...] Races supérieures ! Races inférieures ! C'est bientôt dit. Pour ma part, j'en rabats singulièrement depuis que j'ai vu des savants allemands démontrer scientifiquement que la France devait être vaincue dans la guerre franco-allemande, parce que le Français est d'une race inférieure à l'Allemand. [...]

Je ne veux pas juger au fond la thèse qui a été apportée ici et qui n'est autre chose que la proclamation de la puissance de la force sur le droit. L'histoire de France depuis la Révolution est une vivante protestation contre cette unique prétention.

C'est le génie même de la race française que d'avoir généralisé la théorie du droit et de la justice, d'avoir compris que le problème de la civilisation était d'éliminer la violence des rapports des hommes entre eux dans une même société et de tendre à éliminer la violence, pour un avenir que nous ne connaissons pas, des rapports des nations entre elles. [...] Regardez l'histoire de la conquête de ces peuples que vous dites barbares et vous y verrez la violence, tous les crimes déchaînés, l'oppression, le sang coulant à flots, le faible opprimé, tyrannisé par le vainqueur ! [...] Et c'est un pareil système que vous essayez de justifier en France dans la patrie des droits de l'Homme !

Discours de Georges Clemenceau à l'Assemblée nationale le 30 juillet 1885.

Idées du document	Éléments du cours
Ce discours est une réponse à celui de Jules Ferry	– Jules Ferry porte les idées du parti colonial : coloniser revient à apporter à des civilisations inférieures notre civilisation, notre génie, nos valeurs, notre prospérité. – Mythe de l'assimilation alors que les colonisés restent des sujets selon le Code de l'indigénat de 1881 pour l'Algérie. – Figure de Savorgnian de Brazza.
Clemenceau conteste cette thèse, qui est pour lui ferment de violence, de tyrannie du vainqueur sur le vaincu, comme les Allemands l'ont fait avec les Français.	– La colonisation s'est déroulée de manière particulièrement violente. En 1885, date du discours, la colonisation de l'Algérie commencée en 1830 est achevée depuis peu, tant elle a été violente et a suscité de résistances.
Rappel des valeurs républicaines qui trouvent leurs origines dans la Révolution française : les droits de l'Homme, l'égalité contre l'idée d'infériorité, la justice. Il souligne la contradiction entre la colonisation et la République.	– La IIIe République se veut dans la filiation de la Ire République : les symboles de la Révolution, le drapeau tricolore, le 14 juillet et la Marseillaise sont officialisés dans ces années. – Les valeurs républicaines universelles sont bafouées par la violence de la colonisation quand celle-ci est justifiée par le fait que l'on civilise et offre les idées généreuses et égalitaires de la France aux « indigènes ».

• **Bâtir un plan et rédiger**

Problématique :

Quelles contradictions Georges Clemenceau souligne-t-il entre le discours civilisateur et républicain de la colonisation française et sa réalité bien plus violente ?

Plan :

I. Pour Clemenceau, l'idéal colonial porté par Jules Ferry est une imposture

– Clemenceau dénonce les arguments de Jules Ferry sur le devoir de civiliser et donc de coloniser.

– Les acteurs : le parti colonial représenté par Jules Ferry, les missionnaires, les marchands.

– Idéal colonial de l'émancipation des peuples colonisés permis par les apports de la civilisation européenne.

– S. de Brazza lutte contre l'esclavage alors qu'il explore le Congo.

– Volonté d'assimiler les indigènes pour qu'ils renoncent à leur culture pour embrasser les valeurs françaises

> **Bien comprendre**
> Chaque partie commence par une référence au document, afin de bien traiter le sujet et de ne pas dériver vers des éléments hors sujet.

II. Clemenceau dénonce la violence de la colonisation

– Cependant, Clemenceau dénonce la violence de la colonisation.

– En Algérie, depuis 1830, l'armée a commis beaucoup de massacres pour la « pacifier ».

– La mise en place du Code de l'indigénat en Algérie dès 1881 officialise la domination des colons sur les colonisés.

III. Les valeurs républicaines universelles sont bafouées par la colonisation

– Clemenceau mobilise les valeurs républicaines fondatrices de la France contemporaine et issues de la Révolution.

– La IIIe République se veut en effet la poursuite de la Ire République.

– Les symboles révolutionnaires sont officialisés comme symboles nationaux.

– Ces valeurs ont un caractère universel, elles doivent montrer le génie de la nation française.

– La France s'éloigne de ses principes et adopte les mêmes discours que l'Allemagne, nation ennemie depuis la défaite de 1870.

> **Bien comprendre**
> Chaque partie est construite à partir du document mais documentée par des connaissances précises tirées du cours.

Faire une fiche de révision

MÉTHODE

1. Comprendre l'intérêt de la réalisation d'une fiche

- La fiche de révision ne doit pas consister à recopier en le raccourcissant le cours, car il manquerait une étape essentielle : la réflexion. Il faut trier, regrouper et éventuellement reformuler les idées de vos cours.
- Une fiche doit être révisable en 10 minutes, il faut donc faire le tri dans ce que vous mobilisez et vous concentrer sur des éléments précis et des mots-clés.
- La réalisation d'une fiche permet de ne pas apprendre par cœur le cours au risque de ne pas savoir trier les idées pertinentes en réponse à un sujet donné. Elle permet aussi d'enrichir vos devoirs de connaissances précises qui permettent de construire des copies solides et efficaces.

2. Varier la mise en forme d'une fiche

- Varier la mise en forme de vos fiches permet d'identifier celle qui vous convient le plus et ainsi de mieux vous préparer pour vos études supérieures. Il y a plusieurs façons de ficher un cours d'histoire.
- Votre fiche de révision peut se présenter sous la forme d'un tableau reprenant les éléments indispensables du cours.
- Votre fiche peut également être un schéma logique qui souligne les liens entre les phénomènes majeurs de la période historique étudiée. Il permet de mettre en valeur un raisonnement, des connexions entre un évènement, ses causes et ses conséquences.

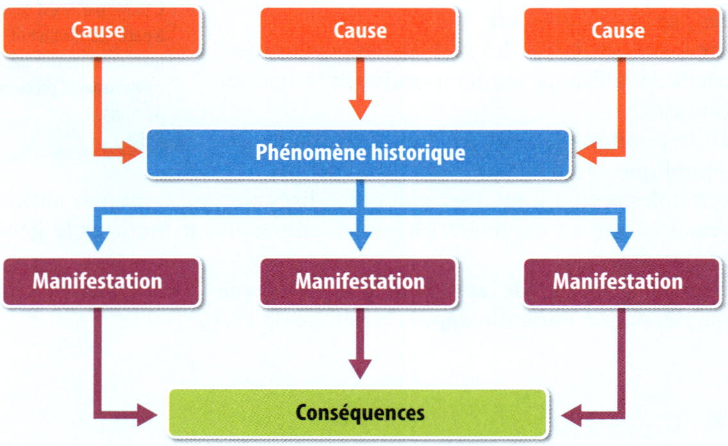

APPLICATION : EXERCICE CORRIGÉ

Mettez sous forme de fiche le cours intitulé « Métropole et colonies. »

1. Sous forme d'un tableau

Notions / Vocabulaire	Personnages historiques	Dates-clés	Exemples
Parti colonial	Jules Ferry		
Missionnaire			
Métropole			
Colonie/protectorat	Brazza		
Rivalités		1898 : Fachoda	
Indigènes		1881 : Code de l'indigénat	
Assimilation			
Travail forcé			Chemin de fer Congo-Océan
Exploitation			Phosphate (Tunisie)
Contestation	Clemenceau	1901 : émeutes à Margueritte (Algérie)	
Nationalisme			

2. Sous forme d'un schéma

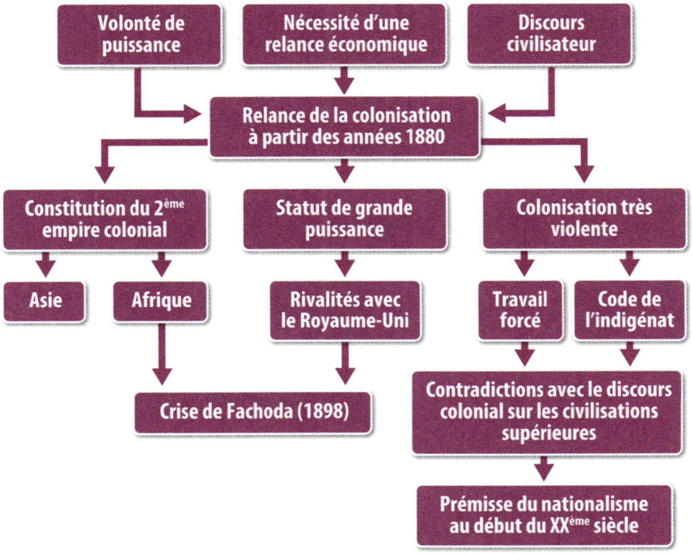

Vérification des connaissances

1 Comment la IIIe République enracine-t-elle les valeurs républicaines chez les Français ?

2 Quelles mutations connaît la société française pendant la IIIe République ?

3 Pour quelles raisons la IIIe République se lance-t-elle dans la colonisation ?

Application de la méthode

4 Vous présenterez, à travers ce document, la condition ouvrière à la fin du XIXe siècle.

Doc. Les ouvriers dans la société française

Jules Huret réalise, dans la ville du Creusot et pour le compte du journal Le Figaro, *une longue enquête sur l'usine Schneider du Creusot. Ici, il interviewe un ouvrier.*

– Vous devriez être tranquille puisqu'il y a une caisse de retraite au Creusot ?

– Qu'est-ce que vous voulez ? La retraite, c'est joli mais il n'y en a pas tant, allez, qui arrivent à soixante ans, avec des métiers pareils. […]

– On n'a pas envie de se révolter un peu, de faire des grèves ? […]

– Ici ? Jamais de la vie ! On n'y pense seulement pas. Ce qu'on veut, c'est conserver son ouvrage, et gagner sa journée le plus longtemps possible… C'est plein de mouchards d'abord et gare au premier qui aurait l'air de faire le malin ! Dans le temps ici, il y a eu des réunions socialistes ici… tous les ouvriers qui y ont été ont été balayés ! Pas ensemble mais un à un, pour une raison ou pour une autre. À présent, on se méfie… Et puis on n'y pense pas, voyez-vous, à faire les méchants, ça n'avance jamais à rien, on n'est pas les plus forts, et puis, et puis…, conclut-il avec un immense accent de découragement et de lassitude… on est trop fatigués !…

Le Figaro, 10 août 1892.

5 Fichez, sous forme de schéma logique, les conséquences sociales de l'industrialisation.

Quiz

1 **a.** Vrai.

2 **b.**

3 **a.** Loi sur la laïcité : 1905 ; **b.** Loi autorisant les syndicats : 1884 ; **c.** Loi sur l'école laïque, gratuite et obligatoire : 1882 ; **d.** La loi autorisant le divorce : 1884 ; **e.** La loi sur la liberté de la presse : 1881.

Vérification des connaissances

1 C'est avec la IIIe République que s'enracinent en France les valeurs républicaines. À partir du vote des lois constitutionnelles (1875) qui assurent l'avènement de la République, de nombreuses dispositions sont prises pour s'assurer d'une victoire définitive sur les idées monarchistes. De nombreuses lois libérales sont votées qui offrent de nouveaux droits aux Français : la liberté de la presse, la liberté syndicale, le droit au divorce sont garantis. En 1881-1882, les lois de Jules Ferry rendant l'école gratuite, obligatoire jusqu'à 13 ans et laïque sont une promesse d'ascension sociale pour tous. Les symboles hérités de la Révolution française (*La Marseillaise*, le drapeau tricolore, le 14 juillet) sont officialisés et représentent depuis cette date la France. Ils s'affichent dans la vie quotidienne des Français, dans les rues, pour rendre omniprésente la République.

2 La société française connaît, sous la IIIe République, des mutations décisives qui la rapprochent des autres pays européens industrialisés – Angleterre et Allemagne. La France, pays très rural, connaît un exode rural massif consécutif à la crise de la fin du XIXe siècle. Les campagnes se mécanisent et se modernisent en lien avec l'essor du réseau de chemin de fer et la scolarisation massive qui désenclavent territoires et esprits. La classe ouvrière se développe considérablement, la grande entreprise, telle que celle des Schneider au Creusot, nécessite une main-d'œuvre abondante. Pour faire face aux pénuries de travailleurs, les femmes et les immigrés sont appelés à intégrer massivement le marché du travail. De nouvelles classes apparaissent avec le développement du statut d'employé. La société devient plus complexe.

3 À partir des années 1880, la IIIe République se lance dans l'entreprise coloniale. Pour résoudre l'apparente contradiction entre le projet républicain et le projet colonial, on mobilise l'idée d'une véritable mission de la France qui va permettre aux colonisés d'accéder enfin à la civilisation. Les enjeux de rivalités stratégiques, militaires et économiques entre puissances européennes semblent en réalité plus probants. D'ailleurs, Georges Clemenceau dénonce cette imposture du devoir de civiliser et dénonce la violence de l'entreprise coloniale, comme le montre le cas de l'Algérie dont la France s'est emparée dès 1830.

Application de la méthode

4

Jules Huret réalise dans la ville du Creusot pour le compte du journal Le Figaro *une longue enquête sur l'usine Schneider du Creusot. Ici, il interviewe un ouvrier.*

– Vous devriez être tranquille puisqu'il y a une caisse de retraite au Creusot ?

– Qu'est-ce que vous voulez ? La retraite, c'est joli mais il n'y en a pas tant, allez, qui arrivent à soixante ans, avec des métiers pareils. […]

– On n'a pas envie de se révolter un peu, de faire des grèves ? […]

– Ici ? jamais de la vie ! On n'y pense seulement pas. Ce qu'on veut, c'est conserver son ouvrage, et gagner sa journée le plus longtemps possible… C'est plein de mouchards d'abord et gare au premier qui aurait l'air de faire le malin ! Dans le temps ici, il y a eu des réunions socialistes ici… tous les ouvriers qui y ont été ont été balayés ! Pas ensemble mais un à un, pour une raison ou pour une autre. À présent, on se méfie… Et puis on n'y pense pas, voyez-vous, à faire les méchants, ça n'avance jamais à rien, on n'est pas les plus forts, et puis, et puis…, conclut-il avec un immense accent de découragement et de lassitude… on est trop fatigués !…

Le Figaro, 10 août 1892.

• **Problématique :**
D'après ce témoignage, comment les ouvriers des usines Schneider sont-ils soumis ?

• **Plan :**
I. Cet ouvrier témoigne des difficultés de la condition ouvrière
– La fatigue, l'espérance de vie faible, la peur du chômage.
– Les ouvriers sont en effet très dépendants des conditions de travail difficiles fixées par leur patron ; au Creusot, les ouvriers évoluent dans un environnement très pollué.
– Les journées de travail sont longues.
– Les salaires sont faibles, les enfants travaillent le plus souvent pour compléter les revenus familiaux.
– La peur du chômage est forte : en temps de crise, les ouvriers n'ont aucun moyen de subsistance.

II. Pour se défendre, la classe ouvrière s'organise

– Le journaliste évoque les grèves.
– Droit de grève obtenu en 1864.
– Grève à Fourmies le 1er mai pour obtention de la journée de 8 heures.
– L'ouvrier évoque les réunions socialistes.
– Essor du mouvement socialiste défendant la classe ouvrière.

III. La réaction patronale est multiforme

– L'ouvrier évoque les licenciements d'ouvriers socialistes.
– Le patronat soutenu par la République mène une répression contre ceux qui contestent les conditions de travail.
– Exemple de Fourmies en 1891.
– Le journaliste évoque de son côté la caisse de retraite.
– Le patronat cherche également à repousser la contestation en octroyant des droits sociaux à leurs ouvriers : c'est le paternalisme très pratiqué par les Schneider au Creusot.
– Retraites, écoles, logements, etc. sont utilisés pour s'attacher et contrôler les ouvriers.

5

Industrialisation

↓

- De nouvelles innovations mises en scène aux expositions universelles de 1889 et 1900
- Naissance de grandes concentrations industrielles (ex. le Creusot)
- Développement conjoint des villes et de l'industrie
- Modernisation lente des campagnes (introduction des engrais et des machines)

↓

Développement important du nombre des ouvriers (de l'atelier à la grande usine) → Appel à la main-d'œuvre féminine et étrangère → La France devient le premier pays d'immigration	Apparition de nouveaux emplois tertiaires	Développement de la bourgeoisie capitaliste qui assoit son pouvoir politique et économique	Exode rural

CHAPITRE 4

La Première Guerre mondiale : le « suicide de l'Europe » et la fin des empires européens

1 L'embrasement : d'un conflit européen à une guerre mondiale

De quoi s'agit-il ? **Pourquoi et comment un conflit lié aux tensions européennes devient-il une guerre mondiale de longue durée ?**

1 Les causes de la guerre

- Les causes sont multiples : tensions politiques, économiques, coloniales. En 1914, deux camps s'opposent : la Triple Entente (France, Royaume-Uni et Russie) et la Triplice (Allemagne, Autriche-Hongrie, l'Italie n'entrant en guerre qu'en 1915 en rejoignant l'Entente) (**Doc.**).
- Suite à l'attentat de Sarajevo (28 juin 1914), l'Autriche déclare la guerre le 28 juillet à la Serbie, qui reçoit le soutien de la Russie à laquelle l'Allemagne déclare à son tour la guerre, déclenchant le soutien de l'Entente.

2 L'extension du conflit

- La plupart des belligérants sont aussi des puissances coloniales. On se bat dans les colonies qui fournissent surtout des matières premières et des soldats (600 000 soldats coloniaux rejoignent ainsi la métropole française).
- La Chine et le Japon s'allient à l'Entente, ainsi que les États-Unis à partir d'avril 1917. L'empire ottoman se joint à l'Allemagne.
- D'abord conçue comme devant être une campagne courte (quelques semaines), la guerre s'enlise dès fin 1914 après une phase de mouvements (offensives et contre-offensives) et une guerre de position dite des tranchées.
- La guerre de mouvement reprend en 1918. La Russie, épuisée, est entrée en révolution en février 1917 en chassant son tsar. Elle se retire de la guerre après la prise de pouvoir bolchevique en octobre. Le front ouest devient alors le front principal où se massent les forces armées.

Doc. L'Europe en guerre

Deux camps s'opposent, identifiés ici par des teintes différentes. Les États-Unis interviennent à partir de 1917, officiellement au nom de la liberté de circulation dans les océans entravée par les sous-marins allemands

Vocabulaire

Belligérants : personnes ou États en guerre.

Bolcheviques : révolutionnaires communistes russes, partisans de Lénine.

Guerre de mouvement : stratégie offensive nécessitant le déplacement des troupes à l'assaut de l'ennemi.

Guerre de position : stratégie défensive consistant à bloquer l'avancée de l'ennemi.

Tranchées : fossés creusés à même le sol où stationnent des troupes pour faire barrage à l'ennemi.

2 L'embrasement : se battre en 1914-1918

De quoi s'agit-il ? La guerre est marquée par de nombreuses batailles restées dans les mémoires par leurs enjeux stratégiques mais aussi par les conditions dans lesquelles ont combattu au total 70 millions de soldats.

1 Les batailles de la guerre de mouvement

- Selon le plan Schlieffen, l'Allemagne devait gagner rapidement en passant par la Belgique, pourtant neutre.
- Début septembre 1914, les Allemands ne sont plus qu'à 50 km de Paris. Mais le général Joffre réussit à exploiter des brèches dans le dispositif ennemi, trop étendu spatialement, et à le faire reculer par plusieurs contre-offensives (bataille de la Marne).
- À l'Est, la Russie a pénétré en Allemagne qui réussit à son tour une contre-offensive victorieuse stoppant l'invasion russe (bataille de Tannenberg).

2 Les batailles de la guerre de position : faire basculer les fronts

- Les belligérants, à la fin de 1914, optent pour une guerre défensive, chacun devant tenir ses positions par un réseau de tranchées le long de centaines de kilomètres. Toutefois, chaque camp tente de percer le front, sans succès. Les Allemands échouent ainsi dans le secteur de Verdun (février-décembre 1916).
- En 1915, les Britanniques, aidés de régiments de leur empire (notamment australiens) et des Français tentent un débarquement dans le détroit des Dardanelles contre l'empire ottoman.
- Entre juillet et novembre 1916, ils attaquent dans la Somme et utilisent pour la première fois des chars (**Doc.**) pour protéger l'avancée de l'infanterie, soumise aux tirs intensifs de l'artillerie ennemie (mitrailleuses, obus, etc.). Cette bataille fait 400 000 morts.

3 La reprise finale des offensives

- En 1918, le retrait de la Russie à l'Est et l'arrivée des États-Unis font du front ouest le front décisif. Profitant du rapatriement de ses troupes du front russe, l'Allemagne lance une offensive en mars-avril 1918, de nouveau dans la Somme et en Flandres.
- Les Alliés tiennent puis, à partir d'août, lancent une offensive qui fait reculer progressivement les Allemands.

Doc. **Franchissement d'une tranchée par un char, bataille de la Somme (1916)**

Le char d'assaut contient jusqu'à dix hommes protégés par le blindage et permet aux troupes à pied d'avancer derrière.

Le char, innovation peu maniable, lente, s'est ici embourbé dans la tranchée. On voit bien le système de la tranchée, creusée à même le sol et renforcée, où vivent au quotidien les soldats – ici, des Britanniques.

Vocabulaire

Artillerie : ensemble des armes lançant à distance divers projectiles sur l'ennemi.

Contre-offensive : attaque menée pour repousser l'avancée de l'ennemi.

Plan Schlieffen : plan d'invasion de la France établi à partir de 1905 par les chefs d'état-major allemands, von Schlieffen puis von Moltke, consistant à contourner par la Belgique l'armée française positionnée à la frontière est.

3 Une guerre totale : la mobilisation de toutes les ressources matérielles

De quoi s'agit-il ? **L'économie des pays en guerre est mise au service de celle-ci.**

1 La mobilisation de l'économie

- La Première Guerre mondiale est souvent considérée comme une guerre de la révolution industrielle. En effet, les tensions sont en partie liées à des rivalités économiques et la guerre mobilise les capacités industrielles des belligérants. La durée et l'ampleur du conflit obligent à mettre sur pied une économie de guerre dans laquelle les usines tournent à plein régime pour fournir des armes et des munitions au front (**Doc.**). On parle de « guerre totale ».
- La mobilisation est aussi financière. Les États empruntent de l'argent aux banques, à d'autres États (l'arrivée des États-Unis en 1917 peut aussi s'expliquer par leur désir d'assurer le remboursement des prêts) et aux populations civiles.
- Le pillage des ressources de l'ennemi est aussi pratiqué dans les zones occupées, en particulier par l'Allemagne dans les départements du nord de la France, alors riches en mines et usines mais aussi en main-d'œuvre.

2 La mobilisation des sciences et des techniques

- Pour gagner une guerre où les forces s'équilibrent, les États engagent leurs capacités de recherche et d'innovation. De nouvelles armes sont mises au point (grenades, mitrailleuses, gaz…), les chars et les avions viennent en appoint sur le terrain. Mais chaque camp rattrape systématiquement les innovations de l'adversaire.
- La nature des blessures implique une mobilisation de la médecine. Pendant la guerre, les découvertes sur la radioactivité permettent d'utiliser la radiologie. Après la guerre, la chirurgie esthétique doit réparer les « gueules cassées ».

3 Des conditions de vie souvent rudes

- Le ravitaillement des armées nécessite organisation et rationnement, ce qui se traduit parfois à l'arrière par le prix élevé voire la pénurie de certains produits, faisant naître un marché noir.
- L'Entente organise un blocus économique de l'Allemagne qui détériore grandement le quotidien des Allemands (famine à l'hiver 1916-1917). La capitulation de 1918 s'explique aussi par cette asphyxie économique.

Doc. Femmes contrôlant des obus à l'arrière (Lyon, 1914)

Des usines sont créées ou reconverties pour la fabrication de l'armement.

Les femmes sont mobilisées pour remplacer les ouvriers au front et fabriquer leurs armes ; on les surnomme les « munitionnettes ».

Vocabulaire

Arrière : territoire à l'arrière du front, hors des opérations militaires.

Blocus : opérations destinées à empêcher le ravitaillement en marchandises d'un pays.

Guerre totale : mobilisation de tous les secteurs de la société, militaire mais aussi économique, culturel, etc., pour mener la guerre.

« Gueules cassées » : surnom donné aux blessés défigurés.

Marché noir : opérations commerciales illicites permettant de se procurer à prix souvent élevés des denrées difficiles à trouver.

4 Une guerre totale : la mobilisation des ressources humaines

De quoi s'agit-il ? **Les sociétés sont entièrement impliquées dans la guerre qui ne concerne donc plus seulement les soldats mais aussi directement les civils.**

1 La propagande

- La mobilisation fut aussi mentale. La propagande, accompagnée de la censure, gagne les médias, essentiellement la presse. Elle est destinée à maintenir la mobilisation des soldats dans les tranchées, autant que celle des civils à l'arrière – y compris les enfants à l'école. Les populations ne sont pas totalement dupes de ce qu'elles qualifient de « bourrage de crâne ». Les soldats produisent leurs propres journaux de tranchées.
- La guerre est cependant peu idéologique, elle est surtout patriotique (pour la France, un des objectifs est de récupérer les provinces perdues d'Alsace-Moselle). L'ennemi est présenté comme un barbare contre lequel il faut défendre la patrie voire la civilisation. Cette mobilisation permet de comprendre aussi comment les populations ont accepté la durée de la guerre.

2 Les effets de la guerre sur la condition féminine

- Les femmes sont impliquées dès les débuts du conflit, telle Marie Curie qui met ses découvertes au service des soldats (**Doc.**). Quant aux anonymes, si elles sont nombreuses déjà à travailler avant 1914, elles sont appelées à remplacer dans les champs, dans les usines, les hommes partis au front.
- Cette mobilisation relance le débat sur leur accès à la citoyenneté. Le droit de vote des femmes, accordé par l'Assemblée nationale en 1919 après la guerre, reste bloqué par le Sénat en France quand il est obtenu en Allemagne à la faveur de la révolution qui remplace l'empire par une République en novembre 1918.
- Peu de femmes sont au front. Les rares armées qui intègrent des femmes (comme celle des États-Unis) les y envoient rarement (en Serbie, face à l'invasion autrichienne). On retrouve essentiellement des infirmières au contact des blessés.
- En France ou en Belgique principalement, les marraines de guerre permettent aux soldats célibataires de tenir une correspondance comme le font leurs homologues avec leur épouse. Le nombre de veuves ou de mères éplorées est à l'aune des millions de soldats morts.

Doc. Marie Curie enseignant aux infirmières en radiologie (1915)

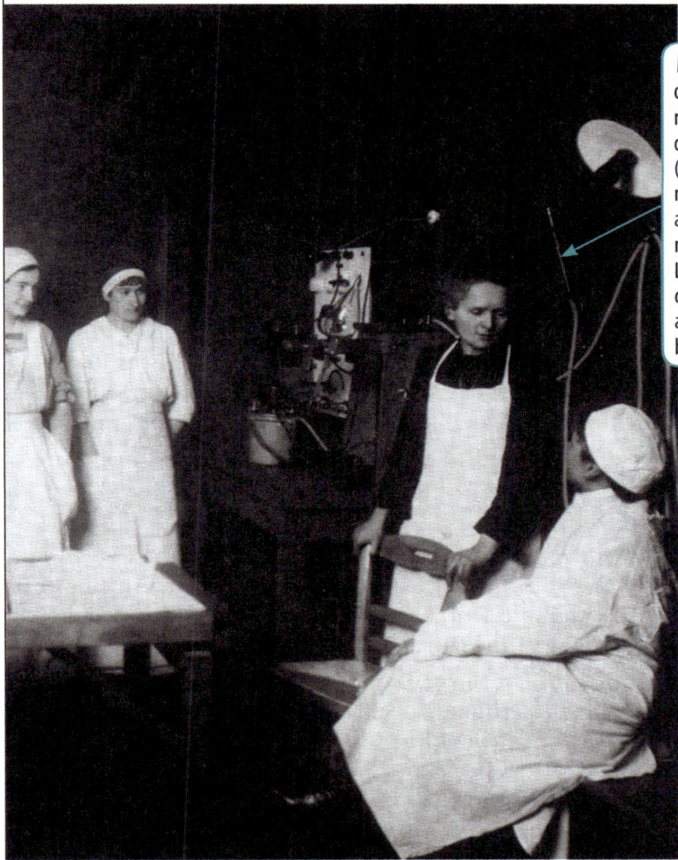

Marie Curie, pionnière des études sur la radioactivité, est déjà deux fois Prix Nobel (1903 et 1911). Elle met ses connaissances au service de la médecine de guerre. La radiologie se développe pour mieux analyser et soigner les blessures.

Vocabulaire

Censure : action limitant la publication d'informations.

Propagande : utilisation des moyens de communication (presse, affiches, etc.) pour diffuser des idées.

5 La guerre totale : le cas du génocide des Arméniens

De quoi s'agit-il ? **Les civils sont parfois directement victimes des combats (bombardements…). Le génocide des Arméniens par les autorités ottomanes est un des premiers cas reconnus comme tel.**

1 La montée du nationalisme dans l'empire ottoman

- Les causes sont liées à la guerre mais remontent à l'effritement de l'empire ottoman depuis le XIXe siècle. Celui-ci a vu ses provinces européennes devenir indépendantes après des révoltes nationales. Sur les frontières orientales, la population arménienne revendique une identité spécifique par la langue mais aussi la religion chrétienne. Elle se distingue des autres populations de l'empire, globalement musulmanes.
- Des massacres d'Arméniens avaient déjà été perpétrés dans les années 1894-1896 par le sultan Abdulhamid, avec l'aide de Kurdes. Au début de la guerre, les autorités suspectent les Arméniens d'être favorables à la Russie voisine mais ennemie, et d'affaiblir par leur présence la sécurité de l'empire à ses frontières.

2 Déportation et massacres

- Entre avril 1915 et juillet 1916, le gouvernement ottoman, par l'intermédiaire de Talaat Pacha son ministre de l'Intérieur, organise la déportation des Arméniens, encadrée par la gendarmerie et l'armée turque (**Doc. 2**).
- Exécutions et viols sont commis, répétés au cours des marches forcées qui mènent les Arméniens vers les régions désertiques du Sud (Syrie) : des camps de concentration les y attendent où les survivants sont littéralement laissés à l'abandon.

3 Les suites du génocide

- Les estimations oscillent entre 0,5 et 1,5 million de morts (environ les deux tiers de la population arménienne de l'empire). Certains Arméniens se sont échappés et ont fui vers la Russie, jusqu'en France après la guerre.
- L'ampleur et la systématisation du massacre, la volonté de détruire le peuple arménien ont conduit à définir juridiquement ce crime de masse commis sur des civils : le juriste américain Raphaël Lemkin est le premier à utiliser, en 1944, le terme de « génocide » (**Doc. 1**). Un procès fut organisé en 1920 contre les responsables ottomans dans la Turquie d'après-guerre. Mais si celle-ci reconnaît des massacres, elle rejette toujours la qualification de génocide.

Doc. 1 Déclaration de l'Entente du 24 mai 1915

Depuis un mois environ, la population kurde et turque de l'Arménie procède de connivence et souvent avec l'aide des autorités ottomanes à des massacres des Arméniens. […] À Constantinople, le gouvernement ottoman sévit contre la population arménienne inoffensive. En présence de ces nouveaux crimes de la Turquie contre l'humanité et la civilisation, les gouvernements alliés font savoir publiquement à la Sublime Porte qu'ils tiendront personnellement responsables desdits crimes tous les membres du gouvernement ottomans ainsi que ceux de ses agents qui se trouveraient impliqués dans de pareils massacres.

Les opérations ont commencé depuis un mois et les alliés de l'Entente sont au courant.

Le terme de crime contre l'humanité est utilisé ici distingué des crimes de guerre. Il sera repris après la Seconde Guerre mondiale dans le droit international pour désigner notamment les massacres touchant les juifs.

La Sublime Porte désigne le palais où siège le gouvernement et, par extension, l'empire ottoman lui-même.

Doc. 2 La responsabilité du gouvernement ottoman

« Tous les droits des Arméniens sur le sol turc, tels que le droit de vivre et de travailler, ont été supprimés, et personne ne doit rester [en vie] – pas même les enfants dans leur berceau ; le gouvernement en assume l'entière responsabilité. »

« Il a été rapporté précédemment que la décision d'éliminer et d'exterminer tous les Arméniens présents en Turquie a été prise par le gouvernement […] Ceux qui s'opposeront à cet ordre ne pourront plus faire partie de l'administration. […] Quelle que soit l'horreur des mesures d'extermination, qu'il s'agisse de femmes, d'enfants ou de personnes handicapées, ils doivent tous être exterminés. Les scrupules de conscience n'ont pas leur place ici. »

Extraits de télégrammes de Talaat Pacha, ministre de l'Intérieur ottoman, aux gouverneurs locaux, sep. 1915.

Ces documents ont été essentiels pour déterminer la nature génocidaire du massacre des Arméniens.

Vocabulaire

Génocide : extermination volontaire et organisée d'une population en raison de son identité propre.

6 Sortir de la guerre : organiser la paix

De quoi s'agit-il ? L'armistice est demandé par l'Allemagne et signé le 11 novembre 1918. À partir de 1919, les vainqueurs se réunissent à Paris pour discuter de la réorganisation de l'ordre mondial.

1 Des traités pour régler le cas de chaque vaincu

● Le traité de Versailles signé le 28 juin 1919 rend l'Allemagne principale responsable du conflit : territoire réduit et coupé en deux, perte des colonies, armée limitée à 100 000 hommes, énormes réparations à payer aux vainqueurs… Le nouveau gouvernement allemand est contraint à la signature et les Allemands qualifient le traité de « diktat ».

● D'autres traités sont signés dans le même esprit : démembrement de l'empire austro-hongrois et de l'empire ottoman accompagné de la création (Tchécoslovaquie, Pologne…) ou extension de pays. Ils renvoient au principe du droit des peuples à disposer d'eux-mêmes, défendu par le président Wilson dans ses 14 points présentés au Congrès américain en 1918.

2 La SDN, une utopie ?

● Parmi ces 14 points, et incluse dans le traité de Versailles, figure la création d'une organisation internationale destinée à mettre en place une diplomatie permanente pour la résolution pacifique des conflits, la Société des Nations (SDN) (**Doc.**).

● Le Congrès des États-Unis refuse toutefois d'y adhérer et la SDN se trouve de fait dominée par les vainqueurs européens, qui maintiennent ainsi leur mainmise politique sur la planète. La SDN peine cependant à régler certains conflits en suspens après la guerre et échoue ensuite dans les années 1930.

3 Un continent encore agité

● Le continent ne sort pas pour autant des combats en 1918. Les Russes sont plongés dans une guerre civile (jusqu'en 1922) et se battent pour leurs frontières, notamment avec la Pologne, ou pour empêcher l'indépendance de l'Ukraine.

● Les Turcs refusent quant à eux le territoire étriqué que leur laissent les traités, chassent les Grecs de l'Ouest et reprennent à l'est des régions où devait naître un Kurdistan indépendant. Des plébiscites tranchent les dernières questions frontalières notamment avec l'Allemagne et ses voisins.

Doc. **La nouvelle Europe après les traités de paix**

Les traités modifient sensiblement les frontières en Europe centrale, créant ou agrandissant des États alliés à l'Entente.

Le traité de Versailles affaiblit l'Allemagne.

La SDN a son siège en pays neutre.

Vocabulaire

Armistice : voir p. 63.

Congrès : Parlement aux États-Unis, issu de la réunion des députés et des sénateurs.

Diktat : décision imposée par le camp adverse.

Traité : texte juridique de droit international passé entre plusieurs États et réglant leurs relations et décisions communes.

7 Sortir de la guerre : des sociétés marquées

De quoi s'agit-il ? L'ampleur du conflit et de l'implication des sociétés a marqué celles-ci et bouleversé les structures sociales, culturelles…

1 La Grande Guerre, enjeu de mémoire immédiat

- À la sortie du conflit, les autorités affichent une volonté de commémorer la guerre. Des monuments aux morts sont construits dans les communes de France, souvent parce que les corps des soldats morts sont restés sur les champs de bataille ou, au mieux, dans des cimetières militaires.
- En France, les autorités décident de commémorer symboliquement le sacrifice de la Nation à travers la figure d'un combattant, symbolisant le citoyen-soldat, et choisissent pour cela un soldat anonyme.

2 La Grande Guerre et la culture d'après-guerre

- La guerre envahit le champ artistique. Nombre d'écrivains et de peintres d'avant-garde (Dorgelès, H. Barbusse, E. M. Remarque, O. Dix) expriment le traumatisme de l'expérience combattante. Le pacifisme s'y dispute à l'élan patriotique.
- Mais la fin de la guerre fut aussi un appel d'air pour des sociétés plongées dans quatre années de violence, de douleur et de mort. La fin du conflit ouvre ainsi, avec les « années folles », une période affirmant la rupture avec les années difficiles par le succès du surréalisme et du jazz par exemple.

3 La Grande Guerre, enjeu pour les générations suivantes

- Le souvenir de 1914-1918 a été régulièrement instrumentalisé au cours des années qui ont suivi (**Doc.**) :

– volonté de revanche d'Hitler qui sera à l'origine de son ascension et du soutien d'une partie de l'armée ;

– choix du maréchal Pétain, le « vainqueur de Verdun », à la tête de la France en 1940 ;

– réconciliation franco-allemande, comme lors de la commémoration de la bataille de Verdun réunissant président français et chancelier allemand en 1984 ;

– centenaire de la guerre avec son cortège de commémorations.

• La guerre a aussi été un objet d'étude pour les historiens, qui s'interrogent sur les racines des totalitarismes dans le concept de « brutalisation » des sociétés (G. Mossé), ou sur les causes du soutien des populations à la guerre, oscillant entre consentement et contrainte.

Doc. **L'inhumation du soldat inconnu sous l'Arc de Triomphe (1921)**

Les autorités politiques sont présentes ainsi que des associations d'anciens combattants.

Des soldats portent le cercueil d'un soldat inconnu, désigné au hasard par un jeune soldat.

Vocabulaire

« Années folles » : désigne la première décennie qui suit la guerre.

Brutalisation : banalisation de la violence de guerre dans laquelle ont été plongées les sociétés européennes.

Pacifisme : courant littéraire et politique prônant la paix, les moyens de la maintenir et la suppression de la guerre.

Surréalisme : mouvement artistique s'appuyant sur la libération de la pensée du contrôle de la raison (par le rêve, l'inconscient…).

RÉVISION EXPRESS

LES DATES IMPORTANTES

- 28 juin 1914 : attentat de Sarajevo
- Août-septembre 1914 : batailles de Tannenberg et de la Marne
- 1915 : opérations des Dardanelles
- Avril 1915 : entrée en guerre de l'Italie, début du génocide arménien
- 1916 : batailles de la Somme et de Verdun
- 1917 : mouvements de grèves en Europe et révolutions russes
- Avril 1917 : entrée en guerre des États-Unis
- Mars 1918 : dernière offensive allemande (la bataille de l'Empereur)
- 11 novembre 1918 : armistice avec l'Allemagne
- 28 juin 1919 : traité de Versailles

LES MOTS IMPORTANTS

- Armistice
- Arrière
- Belligérants
- Censure
- Front
- Génocide
- Guerre de mouvement
- Guerre de position
- Guerre totale
- Propagande
- Traités
- Tranchées

LES ACTEURS IMPORTANTS

Georges Clemenceau

(1841-1929)

Homme politique et journaliste français, plusieurs fois parlementaire, il dirige le Gouvernement entre nov. 1917 et jan. 1920, y gagnant le surnom de « Père la Victoire ». Il représente la France aux conférences de la paix.

Marie Curie

(1867-1934)

D'origine polonaise, pionnière des recherches sur la radioactivité avec son mari Pierre, elle reçoit le prix Nobel de physique (1903) puis de chimie (1911) et s'engage dans la guerre, développant des unités de radiologie pour soigner les blessés.

Paul von Hindenburg

(1847-1934)

Militaire allemand contribuant aux victoires de l'Allemagne en 1914. Chef de l'État-major en 1916, élu président de la République de Weimar en 1925 et 1932, il nomme Hitler chancelier.

Woodrow Wilson

(1856-1924)

Président des États-Unis de 1912 à 1920, il décide l'entrée en guerre de son pays en 1917. En 1919, il participe aux négociations de paix et défend les principes du droit des peuples à disposer d'eux-mêmes, propose la création de la SDN et reçoit le Prix Nobel de la paix en 1920.

LE SCHÉMA IMPORTANT

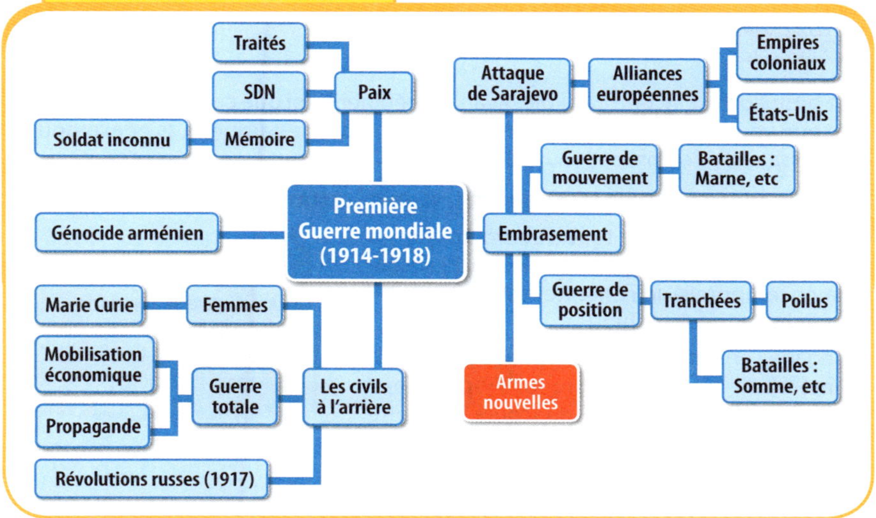

Quiz

1. La Première Guerre mondiale est provoquée par un conflit :
a. ☐ germano-russe.
b. ☐ austro-serbe.
c. ☐ franco-allemand.

2. La construction de tranchées est caractéristique de :
a. ☐ la guerre de mouvement.
b. ☐ la guerre de position.
c. ☐ la guerre totale.

3. Les États-Unis entrent en guerre en :
a. ☐ juin 1914.
b. ☐ avril 1915.
c. ☐ avril 1917.

4. Les femmes sont appelées à remplacer les hommes au front :
a. ☐ dans les champs.
b. ☐ dans les usines.
c. ☐ dans les services.

5. Le génocide arménien est perpétré par :
a. ☐ les Ottomans.
b. ☐ les Allemands.
c. ☐ les Russes.

6. Le traité qui règle le cas de l'Allemagne vaincue est le traité de :
a. ☐ Paris.
b. ☐ Versailles.
c. ☐ Berlin.

→ Réponses p. 114

Faire un brouillon de composition

MÉTHODE

▶ Le brouillon est incontournable. Avant de rédiger quoi que ce soit, soyez sûrs de ce que vous allez dire (la réponse au sujet ainsi que les arguments et exemples nécessaires) et comment vous allez le dire (le plan).

1. Analyser le sujet et dégager une problématique

▶ Analysez et définissez tout d'abord les termes du sujet. Dégagez également les cadres (spatiaux, temporels), le contexte historique, la ou les échelles géographiques.

▶ Dégagez ensuite une problématique : quel est l'intérêt de ce sujet ? Pourquoi s'y pencher ? Qu'allez-vous démontrer au cours de votre copie ?

> **L'astuce du prof**
> Écrire uniquement au recto de votre feuille pour garder une vue sur tout le brouillon. Le verso vous servira pour autre chose.

2. Organiser les idées avant de rédiger

▶ Listez telles qu'ils vous viennent les connaissances, idées, exemples, dates, acteurs qui vous serviront d'arguments.

▶ Faites éventuellement une recherche d'idées sous forme de carte mentale ou de tableau : dans les deux cas, cela signifie que vous avez déjà un plan ; cela sera l'occasion de vérifier si celui-ci est équilibré (colonnes ou branches à peu près équitables).

> **L'astuce du prof**
> Ne jamais rédiger de phrases complètes, mais utiliser au contraire des abréviations.

▶ Faites ensuite des regroupements au sein de cette liste, voire du tri, en éliminant ce qui semble finalement hors sujet.

▶ Maintenant que tout est clair, préparez au brouillon votre introduction.

APPLICATION : EXERCICE CORRIGÉ

Rédigez une composition sur le sujet : « Gagner la guerre (1914-1919). »

1. Analyser le sujet et dégager une problématique

• Analyse du sujet

Les termes du sujet sont à la fois thématiques (« Gagner la guerre ») et chronologiques (1914-1919).

Il faut bien évidemment s'intéresser aux aspects plus spécifiquement militaires (« la guerre », « gagner » = vaincre l'ennemi).

Mais gagner la guerre est passé aussi par une mobilisation de toute la société : la « guerre » dont il s'agit de parler n'était pas une guerre comme les autres, c'était aussi une guerre totale. Enfin, déborder sur 1919 comme le demande le sujet, une fois la guerre finie, « gagnée » par un camp, incite à se pencher sur ce que les vainqueurs font de leur victoire.

> **L'astuce du prof**
> En histoire, il faut être très vigilant sur les cadres chronologiques qui sont donnés : ici, on déborde de la guerre (1914-1918) pour s'intéresser aussi la paix (1919).

• **Élaboration d'une problématique**

De quelle façon, lors de la Première Guerre mondiale, les belligérants ont-ils cherché à vaincre l'ennemi et, pour les vainqueurs, ont-ils géré leur victoire ?

2. Organiser les idées avant de rédiger

• **Liste des idées**

– Succession de batailles (citer les cinq vues dans le programme, avec leurs dates). [I]

– Évolution des stratégies (mouvement, position ; tranchées) ; tenter de vaincre sur le champ de bataille puis percer le front. [I]

– Mobilisation aussi des civils : par la propagande, soutenir l'effort de guerre, la victoire doit être celle de toute la Nation. [II]

> **L'astuce du prof**
> Les indications entre crochets ([I], [II], [III]) correspondent aux trois différentes parties : il s'agit après les avoir listées, de regrouper les connaissances en fixant un plan et de réattribuer chaque idée à une partie.

– Mobilisation des civils par l'économie : soutien financier (emprunts), par le travail (femmes à l'usine, etc.). [II]

– Utilisation de nouvelles armes pour vaincre l'ennemi (mobilisation des sciences, des techniques ; citer des armes : chars, gaz, etc.). [I]

– Mais équilibre des forces, batailles qui tournent au massacre (400 000 morts dans la Somme ; 9 millions durant la guerre). [I]

– Les traités de paix : traité de Versailles (28 juin 1919), « Diktat » qui humilie l'Allemagne ; autres traités (disparition des empires austro-hongrois et ottoman). [III]

– Annexions (Italie, France qui récupèrent des territoires). [III]

– Création de la SDN pour maintenir la paix, mais sous contrôle des vainqueurs, maintenir l'ordre voulu par les vainqueurs. [III]

– Hommages aux combattants victorieux (monuments aux morts, tombeau du soldat inconnu). [III]

– Traumatismes laissés de chaque côté, aussi bien du côté des vaincus que des vainqueurs. [III]

• **Élaboration du plan**

I. La Première Guerre mondiale, une guerre industrielle

A. Des stratégies, des batailles pour vaincre l'ennemi : 9 millions de morts

B. Une guerre qui mobilise les sciences et les techniques pour prendre le dessus sur l'ennemi

II. La Première Guerre mondiale, une guerre totale qui implique les civils

A. La mobilisation de toute la Nation, en particulier dans le domaine économique

B. Propagande, censure : le « bourrage de crâne »

III. Gérer la victoire une fois la guerre gagnée

A. Punir les vaincus : les traités de paix

B. La difficile reconstruction d'un ordre fondé sur les libertés démocratiques

• **Rédaction de l'introduction**

Si son déclenchement est dû à un différend de frontières entre l'Autriche et la Serbie, la Première Guerre mondiale résulte d'une accumulation de tensions politiques, coloniales et économiques entre les États européens. Mais loin d'être un conflit « classique », elle voit les belligérants s'engager dans une escalade de moyens, faisant tendre l'effort de toutes les nations vers la victoire. De quelle façon, lors de la Première Guerre mondiale, les belligérants ont-ils cherché à vaincre l'ennemi et, pour les vainqueurs, ont-ils géré leur victoire ? Les États en guerre utilisent tous les moyens militaires possibles et nouveaux pour vaincre l'ennemi. Mais ils mobilisent aussi la société et les civils dans une véritable guerre totale. Une fois l'ennemi vaincu, les vainqueurs imposent leur nouvel ordre international.

L'astuce du prof

Il s'agit ici d'un plan chrono-thématique : il comprend une progression chronologique (commence par les batailles de 1914, finit sur les traités de paix après 1919), tout en abordant des thèmes différents (les combats, le rôle des civils mobilisés, la question finale de la paix après la victoire).

Réaliser l'analyse critique d'un document iconographique

MÉTHODE

▶ L'image, en histoire comme en géographie, est un objet construit (qu'il s'agisse d'une photographie, d'un dessin, d'une peinture ou d'une affiche) qui peut donner des informations de la même manière qu'un texte.

1. Identifier l'image

▶ Il faut d'abord identifier l'image : quel est son auteur, sa source, sa date, son époque, son contexte, son thème et, bien sûr, de quel type d'image s'agit-il ?

2. Décomposer les éléments

▶ Vous pouvez ensuite lister les éléments qui composent l'image : les personnages, les objets, les décors, les lieux…

▶ Soyez aussi vigilant à la façon dont sont disposés ces éléments : comment est construite l'image ? Y a-t-il un sens particulier à ce que tel élément soit en haut, en bas, à l'avant ou à l'arrière-plan ? Couleurs et lumières sont-elles disposées d'une certaine façon ?

Remarque
Il faut parfois disposer d'une bonne culture générale pour identifier des références, des symboles qui renvoient à une idée précise (par exemple les symboles de la République).

3. Rédiger

▶ L'objectif est au final de dégager le message véhiculé par l'image, qui n'est jamais neutre.

APPLICATION : EXERCICE CORRIGÉ

Analysez l'image p. 95.

1. Identifier l'image

Il s'agit d'une photographie prise durant la bataille de la Somme après juillet 1916. Cette bataille a vu pour la première fois l'utilisation des chars d'assaut dans les combats. La source n'est pas claire mais la photographie ne peut avoir été prise que par les Britanniques (dont on reconnaît l'uniforme), principaux acteurs de l'assaut sur la Somme.

2. Décomposer les éléments

On distingue un tank britannique, une tranchée dans un décor de terre, des soldats avec l'uniforme britannique dans et au-dessus de la tranchée, dans un moment semble-t-il de répit (ils ne semblent pas en position de combat).

Le char prend toute la moitié droite de l'image. S'il semble imposant par rapport aux nombreux hommes qui se trouvent quant à eux sur la partie gauche de l'image, il paraît également vacillant, en position périlleuse.

3. Rédiger

Cette image montre l'arrivée d'engins de guerre nouveaux, des « monstres d'acier » (qui ont surpris et inquiété les Allemands), engagés ici pour la première fois dans une bataille par les Britanniques. L'image semble pouvoir dire à la fois que cet engin imposant va se jouer du terrain boueux, terreux, des tranchées et des soldats ennemis. Mais sa position rappelle aussi que l'engin reste expérimental, peu maniable, lent et qu'il a pu se trouver en difficulté sur le champ de bataille dévasté.

Vérification des connaissances

1 Quelles stratégies ont été utilisées pour mener la guerre ?

2 Qu'est-ce qu'une guerre totale ?

3 Pourquoi peut-on qualifier le massacre des Arméniens de 1915-1916 de « génocide » ?

4 Quels principes animent les traités de paix ?

Application de la méthode

5 Rédigez une composition sur le sujet :

« Les Français et la Première Guerre mondiale. »

6 Analysez l'image ci-dessous.

Doc. Affiche pour le recrutement de l'armée américaine, 1917

« Détruisons cette brute folle (ou bête enragée) »
« Enrôlez-vous »

Harry Ryle Hopps,
Destroy This Mad Brute – Enlist, 106 × 71 cm, lithographie, États-Unis, 1917.

Quiz

1 **b.** Austro-serbe (l'attentat de Sarajevo) mais il met en jeu d'autres tensions entre États.

2 **b.** La guerre de position.

3 **c.** Avril 1917.

4 **a., b. et c.**

5 **a.** Les Ottomans.

6 **b.** Le traité de Versailles (28 juin 1919).

Vérification des connaissances

1 Les stratégies varient durant la guerre, passant de la classique guerre de mouvement, où les troupes sont engagées dans des déplacements longs pour envahir ou repousser l'ennemi, à la guerre de position, plus défensive, où il s'agit de tenir par des tranchées les lignes de front et bloquer les assauts adverses. La guerre de mouvement reprend en 1918 quand la guerre se reconcentre sur un front principal, à l'ouest.

2 Une guerre totale est une façon de mener le conflit qui, outre la mobilisation militaire, mobilise les ressources matérielles et humaines de toute la société au service de la guerre. L'économie tourne pour fournir les armées (usines) et la guerre, s'allongeant, doit être financée (emprunts). Les civils sont donc impliqués directement, sollicités (femmes remplaçant les hommes partis au front). La mobilisation est aussi mentale : propagande et censure cherchent à maintenir le moral et la motivation aussi bien des soldats au front que des civils à l'arrière pour soutenir l'effort de guerre.

3 Le massacre des Arméniens peut être qualifié de génocide – et a même servi à définir ce concept juridique. Il s'agit bien d'un massacre de masse (un million de morts), destiné à faire disparaître une population (les deux tiers des Arméniens ont été massacrés dans l'empire ottoman) pour ce qu'elle est, en raison de son identité (ici nationale) et, surtout, un massacre volontaire et organisé pour cela (ici, par le gouvernement ottoman).

4 Les traités de paix signés à partir de 1919 s'appuient sur plusieurs objectifs : punir les vaincus et régler leur sort, réorganiser les relations internationales et maintenir la paix. Ces objectifs peuvent être à la fois complémentaires et contradictoires. Le tracé de nouvelles frontières répond au droit des peuples à disposer d'eux-mêmes (création de la Pologne, de la Tchécoslovaquie, etc.) mais contredit celui-ci quand il s'agit de punir les vaincus (Allemagne coupée en deux avec interdiction de rattacher l'Autriche, Hongrie réduite…). Le maintien de la paix est donc dès le départ très fragile même si une institution internationale est créée pour cela, la SDN – mais seulement avec les vainqueurs à ses débuts.

Application de la méthode

5

• **Analyser le sujet**

– Les « Français » et non la France : on s'intéressera donc à la population française, soldats et civils, même si on peut y inclure la question de l'État, du gouvernement.

– La « Première Guerre mondiale » : le terme ne pose pas de souci particulier.

– « Et » : il s'agit de bien lier les deux termes du sujet et de ne pas d'un côté raconter la guerre dans sa totalité puis de l'autre s'intéresser aux Français.

> **L'astuce du prof**
> Le mot « et » est important. Soyez vigilant à ce type de formulation de sujet.

• **Rédiger la problématique**

De quelle façon les Français ont-ils vécu et mené la Première Guerre mondiale ?

• **Lister les idées**

– 8 millions de citoyens mobilisés (et 1,4 million de morts) en France. [I]

– Femmes mobilisées aussi à l'arrière (champs, usines ; marraines de guerre) + infirmières. [II]

– Enfants à l'école, civils en général : propagande, censure. [II]

– Soutien à la guerre ? Consentement ou contrainte ? [III]

– Raisons de faire la guerre pour la France : contre l'Allemagne, revanche sur 1870, Alsace-Moselle ; jeu des alliances en 1914.

– Soutien financier (emprunts d'État). [III]

– Conditions de combat des soldats sur le front, tranchées, etc., grandes batailles : Marne (1914), Verdun (1916). [I]

– Conditions de vie à l'arrière. [II]

– Mutineries, grèves de 1917. [I et II]

– Montée du pacifisme. [III]

– Victoire de 1918, commémoration. [III]

> **L'astuce du prof**
> La répartition des idées dans le plan est indiquée ici entre crochets. Cette étape est à faire après avoir fini de les lister.

• **Annoncer le plan**

I. Les Français au front : les citoyens-soldats

II. Les Françaises et les Français à l'arrière dans la guerre totale

III. Une Nation en guerre : les motivations

• **Rédiger**
[Introduction]
La Première Guerre mondiale qui éclate en 1914 n'étonne personne. Les tensions étaient si fortes sur le continent européen que tous les États et les populations se préparaient puis s'engagèrent, avec plus ou moins de conviction. Chaque pays poursuivait ses propres objectifs dans cette guerre mais, globalement, le souvenir en a partout été marquant voire traumatisant. La France, qui sort d'une période de commémoration du centenaire de cette guerre, ne fait pas exception. De quelle façon les Français ont-ils vécu et mené la Première Guerre mondiale ? Huit millions de conscrits ont pris part aux combats pour la France. Mais à l'arrière, les civils ont été impliqués aussi dans un contexte de guerre totale. Pour tous, la question des motivations et du soutien à la guerre se pose.

6

• **Identifier l'image**
L'image est une affiche de l'armée américaine, réalisée au moment où les États-Unis entrent en guerre contre l'Allemagne (1917) et cherchent des volontaires pour s'enrôler.

> **L'astuce du prof**
> En histoire, replacer un document dans son contexte est essentiel pour comprendre celui-ci.

• **Décomposer les éléments**
On distingue deux phrases sur l'image (« Détruisons cette brute enragée », « Enrôlez-vous »), un animal ressemblant à un gorille, gueule ouverte sur ses crocs, l'air menaçant, portant un casque à pointe (référence aux Allemands) et une massue ensanglantée sur laquelle est écrit « Kultur » (en allemand, donc) et qui tient dans ses bras une femme évanouie et en partie dénudée. Le décor montre un espace aquatique situé entre deux rives – sur l'une d'elles, on distingue des ruines, sur l'autre il est écrit « America ».
Le gorille occupe tout le centre de l'image et marche en avant comme s'il arrivait sur la rive « America » au premier plan. Il semble avoir traversé l'eau et quitté la rive en ruines située à l'arrière-plan. Le texte encadre l'image : le texte du haut fait référence au gorille enragé, celui du bas est une injonction : « Enrôlez-vous ! ».

> **L'astuce du prof**
> Les références aux Allemands (casque à pointe, mot écrit en allemand) sont essentielles pour bien interpréter l'image.

• **Rédiger**
Nous sommes bien dans une affiche de propagande qui cherche à présenter l'ennemi sous des traits barbares, même plus humains, dénigrant au passage sa conception de la civilisation (pour la bête, la culture consiste en une massue ensanglantée : la culture allemande se résume à la violence). L'image est destinée à effrayer l'opinion et à justifier l'engagement dans la guerre. Après avoir mis

l'Europe à feu et à sang (les ruines), l'Allemagne menace l'Amérique elle-même : il faut l'empêcher de perpétrer les mêmes horreurs qu'on lui impute en Europe (la femme évanouie peut être une allégorie de la France, de l'Europe, comme une femme enlevée voire violée). Si un débarquement allemand sur le rivage de l'Amérique, à travers l'Atlantique, semble improbable, il ne faut pas oublier que lors de l'entrée en guerre, le gouvernement américain a rappelé l'épisode du paquebot Lusitania, coulé par des sous-marins allemands et faisant des victimes américaines parmi les passagers. L'organisation du texte est d'ordre argumentatif : en haut, le constat, en bas, la conclusion. Face à la violence allemande, les volontaires doivent s'engager dans l'armée (à la différence de la France ou de l'Allemagne, il n'y a pas de conscription qui oblige tous les citoyens).

Gagnez des points !

La remise en contexte est ici essentielle et nécessite de faire appel à des connaissances. L'année 1917 est celle de l'entrée en guerre, les États-Unis se rangent du côté de la France touchée par les combats.

PARTIE 2 Géographie

CHAPITRE 5

La métropolisation : un processus différencié

1 La ville à l'échelle mondiale

De quoi s'agit-il ? L'urbanisation croissante et rapide du monde est le phénomène qui a profondément transformé les territoires depuis 1945.

1 Urbanisation et métropolisation à l'échelle mondiale

- La population mondiale augmente rapidement, et cette croissance s'accompagne d'un exode rural et d'une concentration des populations dans les villes (**Doc. 1**). En 2018, plus de 4 milliards d'habitants sont des citadins.
- La métropolisation est un processus mondial de concentration croissante de populations et d'activités dans les métropoles. Plus que l'étendue ou le poids démographique d'une ville, ce sont les fonctions de commandement qui permettent de caractériser une métropole, ainsi que son attractivité et sa bonne connexion au reste du monde.

2 Organisation d'une métropole et diversité des paysages urbains

- La métropolisation est entretenue par des mobilités sans cesse plus intenses structurées par des réseaux de transports variés. Les différents espaces d'une métropole s'organisent pour la plupart selon un modèle centre-périphérie. En effet, la ville centre concentre le pouvoir de commandement, dominant ainsi la périphérie.
- D'une manière générale, la croissance urbaine et son étalement se doublent d'une spécialisation des espaces (industriel, résidentiel…). Les centres-villes se distinguent par leur quartier d'affaires, leurs représentations politique, administrative ou culturelle, et par la faible présence d'industries consommatrices d'espace. Le paysage urbain offre alors la vision de quartiers anciens souvent en cours de rénovation côtoyant la verticalité des nouvelles constructions.
- Dans les métropoles du Nord, la ségrégation socio-spatiale est moins marquée que dans les métropoles du Sud, où les gratte-ciel jouxtent des bidonvilles (**Doc. 2**). La périphérie est marquée par des quartiers résidentiels qui se développent au milieu des zones industrielles et commerciales.

Doc.1 **Taux d'urbanisation dans le monde depuis 1800**

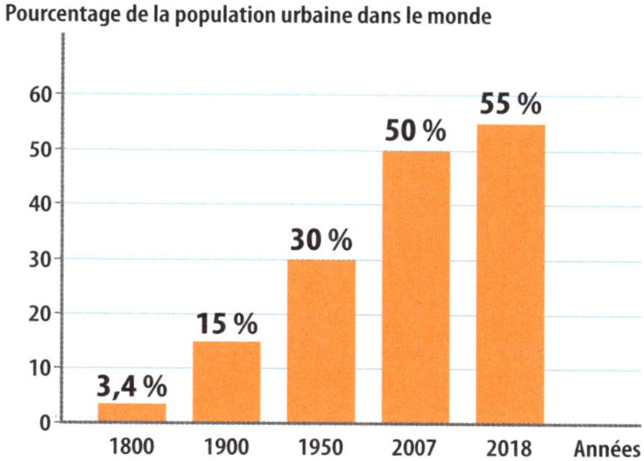

Doc.2 **Les contrastes socio spatiaux dans les métropoles du Sud**

À São Paulo au Brésil, dans le quartier de Morumbi, les *favelas* jouxtent les immeubles d'habitation haut de gamme.

Vocabulaire

Métropolisation : processus de concentration des populations, des activités et des fonctions de commandement dans les métropoles.

2 Des métropoles inégales en mutation

De quoi s'agit-il ? **Très diverses, les métropoles sont aussi inégalement attractives. Le processus de métropolisation opère ainsi une recomposition des territoires à toutes les échelles.**

1 Le poids des métropoles aux différentes échelles

- À l'échelle mondiale, les très grandes métropoles des pays les plus développés, les villes mondiales, concentrent les activités de commandement.
- Dans certaines régions de pays développés, la concentration de métropoles interconnectées aboutit à la formation de mégalopoles qui reflètent la hiérarchie des États et leur domination économique.
- À l'échelle nationale, dans les pays du Nord, comme en Europe du Nord-Ouest, les processus d'urbanisation et de métropolisation sont anciens et le tissu des villes-métropoles est dense et structuré.
- En revanche dans les métropoles du Sud, les réseaux urbains sont fortement déséquilibrés en faveur de la métropole capitale : on parle alors de macrocéphalie urbaine. Dans le réseau urbain, les métropoles régionales jouent le rôle de relais entre les métropoles de rang national et les petites villes.

2 La recomposition des territoires intra-métropolitains

- La tendance est à l'étalement urbain, qui fait qu'entre les centres et les franges les plus externes des villes, des distances considérables s'instaurent. De ce fait, les activités et les espaces résidentiels se desserrent vers la périphérie et certains espaces intra-métropolitains se spécialisent (**Doc.**).
- La métropolisation a accentué la spécialisation des centres-villes et on y assiste à des opérations de gentrification. Parallèlement, dans les pays développés, de nouvelles « centralités périphériques » apparaissent, comme les « *edges cities* » et les technopôles.
- La métropolisation accentue aussi la ségrégation au sein des espaces intra-urbains. Alors qu'aux États-Unis les populations défavorisées logent dans le ghetto central en cours de gentrification, en Europe elles sont reléguées dans des quartiers de grands ensembles de banlieue. Dans les pays du Sud, la ségrégation socio-spatiale est plus forte encore.

Doc. **Les centralités périphériques des métropoles américaines**

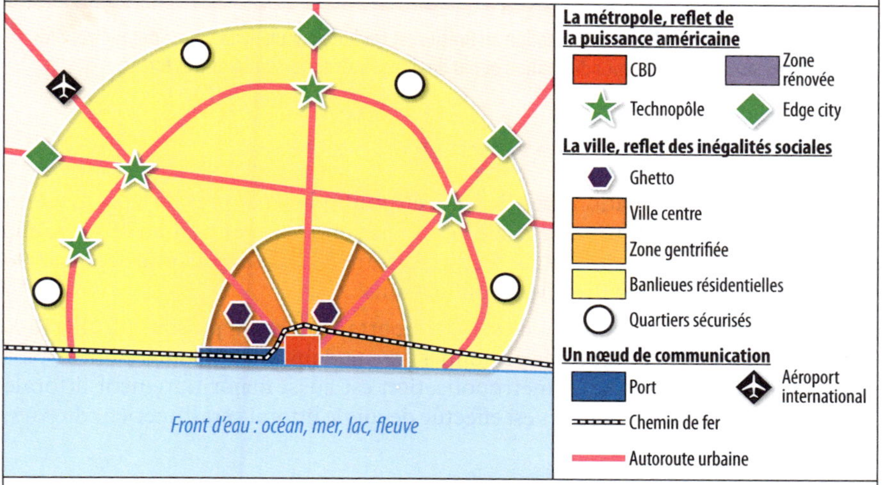

L'organisation actuelle de la métropole étasunienne est désormais plus polynucléaire.

Vocabulaire

Edge city : pôle d'emploi périphérique spécialisé dans l'industrie de l'information, le high tech et les surfaces commerciales. Il regroupe des immeubles récents dans des parcs d'activités.

Gentrification : anglicisme (« *gentry* » en anglais : petite noblesse) qui désigne le processus de transformation du profil économique et social d'un quartier urbain ancien au profit d'une classe sociale supérieure.

Mégalopole : « Super-métropole » correspondant aux *megacities* de la terminologie des Nations unies. Elles concentrent des populations égales ou supérieures à 10 millions d'habitants, qui disposent d'aires d'influence d'ordre international.

Ville mondiale : centre d'impulsion majeur de la mondialisation qui concentre des fonctions décisionnelles commerciales et financières planétaires.

3 La métropolisation du Brésil : dynamiques et contrastes

De quoi s'agit-il ? La métropolisation au Brésil s'est traduite par un dynamisme des métropoles littorales bien insérées dans la mondialisation et par des inégalités socio-spatiales très fortes.

1 Croissance de la population et métropolisation

- Depuis 1960, la population brésilienne a été multipliée par près de trois. C'est en 1964 que la population urbaine égale la population rurale et c'est en 1999 qu'elle atteint 80 % de la population totale. Cette croissance forte s'est ralentie depuis 2000 puisqu'en 2018, 87 % des Brésiliens sont urbains.
- Le processus de métropolisation est très important au Brésil puisqu'en 2018, 40 % des Brésiliens, soit 85 millions de personnes, vivent dans une agglomération de plus d'un million de résidents. La métropolisation est aussi majoritairement littorale puisque le peuplement du Brésil s'est effectué depuis le littoral vers l'intérieur du pays.

2 Dynamiques de métropolisation

- La métropolisation au Brésil est le reflet de la puissance du pays. São Paulo (plus de 12 millions d'habitants) est la capitale économique et financière du pays. Rio de Janeiro (6,5 millions d'habitants), ancienne capitale, et Brasilia, capitale administrative du pays (3 millions d'habitants) mais aussi Porto Alegre (1,4 million d'habitants), capitale de l'altermondialisme, constituent un vrai réseau de métropoles insérées dans la mondialisation.
- Ces métropoles ont des dynamiques différentes (**Doc.**). Les mégacités de São Paulo et Rio de Janeiro, dont les régions métropolitaines étendues comptent respectivement près de 30 et 14 millions d'habitants, voient leur croissance ralentir alors que les capitales d'États, dont les agglomérations atteignent entre 2,5 et 4 millions d'habitants, restent très dynamiques.

3 Contrastes socio-spatiaux

- Au sein des métropoles, et selon leur taille, les contrastes sont plus ou moins violents entre les quartiers aisés et les *favelas*. Dans ces quartiers aux habitations construites illégalement à partir de matériaux de récupération, les populations vivent en symbiose avec la ville en dur qui fournit du travail.
- De nouveaux quartiers intermédiaires habités par les classes moyennes et supérieures apparaissent, dans la logique des *gated communities* américaines, c'est-à-dire des quartiers fermés.

Doc. **La métropolisation au Brésil**

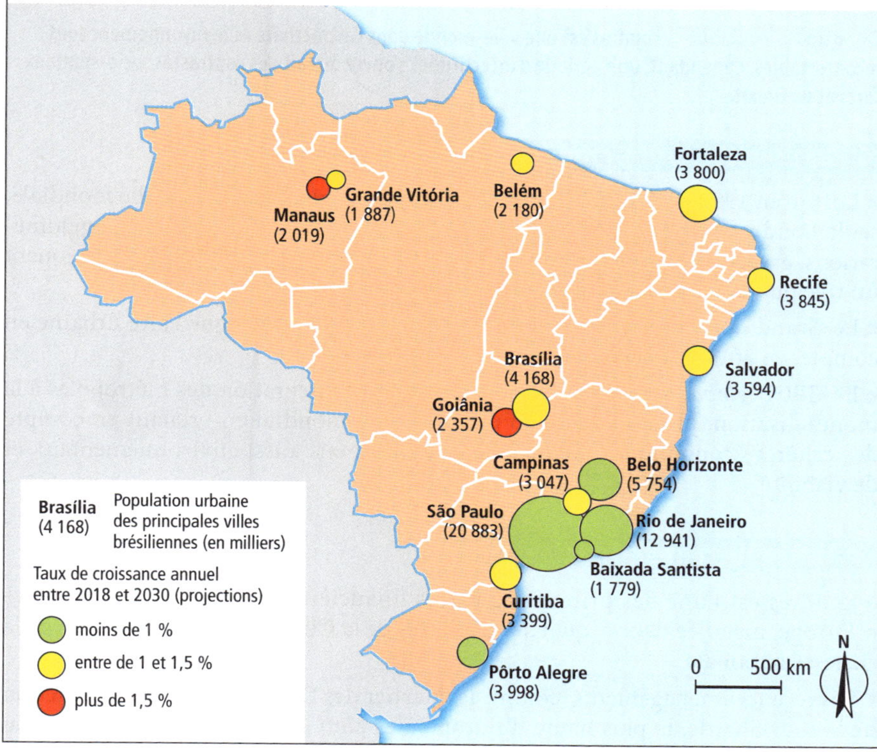

Vocabulaire

Altermondialisme : mouvement politique aux moyens d'actions variés (pétition, action violente) qui vise à montrer qu'un autre monde est souhaitable, sinon possible, en dénonçant la recherche effrénée du profit et la montée des inégalités.

***Favelas* :** nom donné aux bidonvilles au Brésil. Quartier pauvre d'une agglomération où les maisons sont construites avec des matériaux de récupération et illégalement. C'est de l'habitat spontané.

***Gated communities* :** quartier homogène socialement, généralement habité par des populations aisées, clos, et accessible par un nombre minimal d'entrées gardées.

4 Londres, métropole de rang mondial

De quoi s'agit-il ? Londres est une ville-monde dont l'attractivité et le rayonnement sont incontestables. Cependant, une période d'incertitudes s'ouvre du fait des contrastes socio-spatiaux forts et du Brexit.

1 La première ville-monde du continent européen

- Lorsqu'en 1991, S. Sassen théorise le concept de « *global city* » ou ville mondiale, seule Londres en Europe correspond à la définition. En effet, ces vastes agglomérations, grâce à leurs fonctions économiques et financières de premier plan, jouent un rôle pilote dans l'économie mondiale (**Doc.**).
- Le Grand Londres compte 8,6 millions d'habitants tandis que l'aire urbaine en compte, en 2018, près de 15 millions.
- Le GPCI (*global power city index*), indicateur d'intégration des métropoles à la mondialisation, place Londres au premier rang mondial en prenant en compte des critères économiques, financiers, culturels mais aussi environnementaux et de viabilité.

2 Une ville mondiale attractive

- Londres est l'une des principales places financières du monde et la première d'Europe, installée dans le quartier d'affaires de la City. Londres réalise 23 % de la richesse nationale.
- Les récents aménagements (comme le quartier des Docklands ou la construction de la tour Shards, la plus haute d'Europe), les cinq aéroports internationaux ou la ligne à grande vitesse du tunnel sous la Manche rendent cette métropole très attractive. Elle gagne ainsi 100 000 habitants chaque année.
- Au cœur de la mondialisation, Londres participe pleinement à l'« archipel mégalopolitain mondial » (AMM).

3 Une ville mondiale contrastée

- L'attractivité londonienne a son revers : une forte ségrégation socio-spatiale. Londres fait partie des villes les plus chères au monde et les classes moyennes, les familles et même les populations qualifiées la désertent. Seuls les très hauts revenus peuvent se loger, tout comme les populations pauvres qui logent dans les 25 % de logements sociaux que compte la métropole.

• Le vote en faveur du Brexit en 2016 menace également la place financière britannique, puisque nombre de firmes et de banques envisagent de déménager leurs antennes sur le continent. En avril 2019, la City a déjà perdu plus de 1 000 milliards d'actifs bancaires au profit de Paris, Luxembourg, Francfort ou Amsterdam.

Doc. L'organisation d'une ville mondiale : Londres

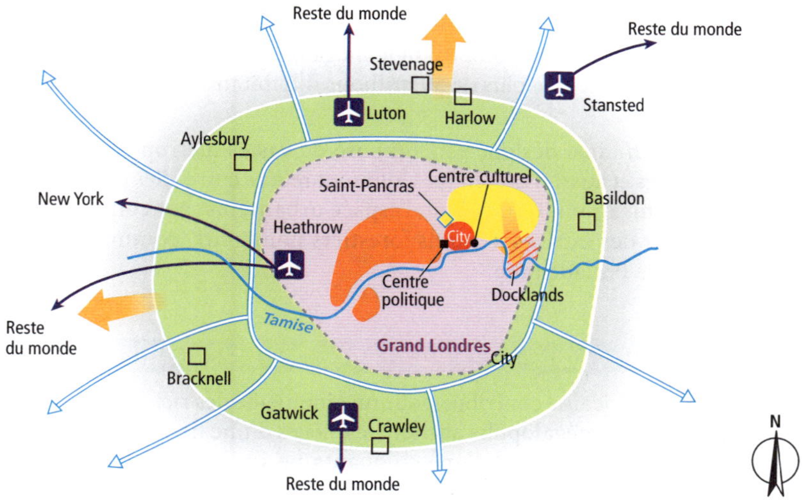

1. Une ville mondiale
- City
- Docklands
- Centre culturel
- Centre politique
- Limites du Grand Londres

2. Une attractivité et une accessibilité mondiales
- Gare Eurostar Saint-Pancras
- Aéroports internationaux
- Autoroutes
- Poussée urbaine

3. Une forte ségrégation sociospatiale
- Quartiers les plus riches
- Quartiers les plus pauvres

Vocabulaire

Archipel mégalopolitain mondial (AMM) : désigne l'ensemble des villes qui contribuent à la direction du monde. Connectés en réseau et concentrant l'essentiel des flux mondiaux, ces pôles urbains fonctionnent en système, d'où l'image d'un archipel constitué d'îles.

Brexit : sortie de la Grande-Bretagne de l'Union européenne.

City : à la fois cœur historique et centre géographique de Londres, c'est le plus grand quartier d'affaires européen.

Global City : voir « Ville mondiale » p. 123.

So high in the sky
I can read your mind looking at you

5 La mégalopole du nord-est des États-Unis : des synergies métropolitaines

De quoi s'agit-il ? À l'échelon mondial, dans certaines régions, la concentration des métropoles interconnectées aboutit à la formation de mégalopoles qui reflètent la hiérarchie des États et leur domination économique.

1 La mégalopolis, une mégalopole

- Le nord-est des États Unis – la mégalopolis américaine – de Boston à Washington (BosWash) et son arrière-pays composent la mégalopole atlantique (**Doc.**). Sur près de 800 km, celle-ci concentre plus de 50 millions d'habitants, soit 15 % de la population des États Unis.
- L'ensemble urbain ainsi désigné est composé de vastes métropoles à la gestion autonome, peuplées et aussi très étendues, qui sont reliées entre elles par un puissant réseau de communications. Cependant, l'espace urbain n'est pas continu puisqu'il est entrecoupé par des espaces naturels forestiers nombreux, comme la Wharton State Forest près de Philadelphie.

2 La mégalopolis, cœur de la puissance des États-Unis

- La mégalopole américaine contribue pour un cinquième des richesses du pays. Les centres d'affaires de la mégalopolis abritent les sièges d'une firme sur trois des 500 premières firmes américaines et d'une cinquantaine sur les 500 premières firmes mondiales. Ses bourses de valeur réalisent plus des deux tiers des transactions mondiales.
- Elle concentre une bonne part de la puissance économique et culturelle des États-Unis mais aussi son pouvoir politique, ce qui lui assure un rayonnement mondial.

3 Des métropoles complémentaires

- New York est le cœur de la mégalopolis. Sa puissance économique et financière en fait une ville globale. La mégapole opère un processus de concentration d'activités prestigieuses et internationalisées. La ville est à la fois siège du pouvoir politique international (l'ONU), point focal de la finance, des flux aériens mais aussi du commerce international (trafic portuaire).
- Les autres métropoles sont complémentaires de New York et les importants réseaux de communications qui les relient renforcent cette synergie. L'Acela Express, ou Acela, est ainsi un train pendulaire à grande vitesse qui relie Boston à Washington.

• Washington est la capitale politique et militaire ; Boston accueille l'université prestigieuse de Harvard et le MIT ; Baltimore, ancienne métropole industrielle en déclin, a su opérer une mutation radicale notamment grâce à une rénovation urbaine et culturelle.

Doc. La mégalopole nord-américaine

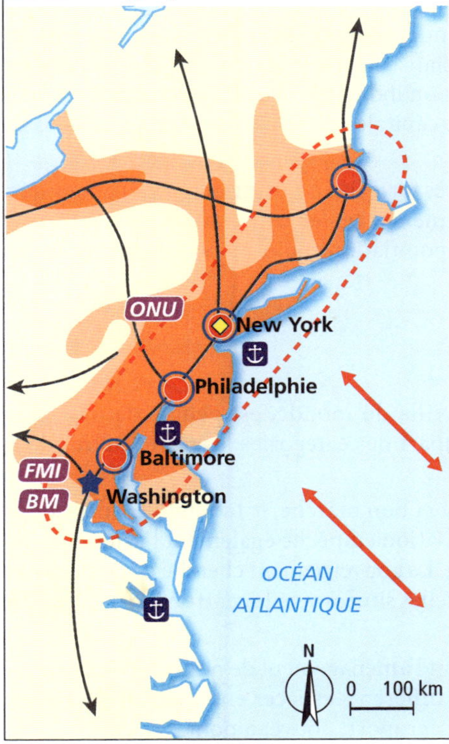

1. La métropolisation
- Principales métropoles
- Densités de population (en habitants par km²)
  - Plus de 100
  - Entre 50 et 100
  - Moins de 50
- Limites de la Mégalopolis

2. L'interface avec le monde
- Siège du pouvoir politique et militaire
- Wall Street, première Bourse mondiale
- FMI Siège d'intructions internationales
- Flux humains, de marchandises de capitaux, d'informations

3. Les infrastructures
- Aéroports internationaux
- Ports
- Principaux axes de communication

Vocabulaire

Bourse de valeur : lieu où s'échangent les valeurs mobilières, c'est-à-dire des titres financiers négociables.

MIT (*Massachusetts Institut of Technology*) : institut de recherche et université mondialement renommés, spécialisés dans les sciences et les technologies.

6 Mumbaï : une métropole fragmentée

De quoi s'agit-il ? **Mumbaï est la métropole la plus dynamique de l'Union indienne. Son essor rapide traduit l'émergence économique du pays ainsi que tous ses paradoxes.**

1 Mumbaï, une métropole puissante

• Mumbaï, capitale économique de l'Inde, compte 24 millions d'habitants en 2018. Autrefois capitale industrielle spécialisée dans le textile et la chimie, elle est aujourd'hui le centre économique de l'Union indienne. Elle est également le premier port du pays, la capitale financière et la capitale des services (avec les studios de production de Bollywood) (**Doc.**).

• La métropole connaît une croissance très forte liée à son attractivité économique. Des migrants venus de toute l'Inde viennent y tenter leur chance mais le site de la ville ne permet pas d'absorber cette population toujours plus nombreuse qui s'entasse dans les nombreux *slums*.

2 Un espace urbain très fragmenté

• Dharavi, deuxième plus grand bidonville du monde, est peuplé de plus d'un million de personnes, issues pour la plupart des catégories les plus pauvres de la population.

• Grâce à cette main-d'œuvre abondante et bon marché, le bidonville a développé son potentiel économique, mais sa localisation empêche également l'extension des quartiers d'affaires vers le nord de la ville. Le gouvernement cherche donc à chasser ces habitations, et plus particulièrement celles situées vers le centre-ville où la valeur des terrains est la plus importante.

• Les pouvoirs publics engagent également l'aménagement de nouvelles infrastructures de transport pour mieux relier les différents espaces entre eux et décongestionner le centre-ville : nouveaux port et aéroport, nouveau pont…

3 Une ségrégation sociale très forte

• Mumbaï est sans doute la métropole aux plus fortes inégalités au monde : les projets de modernisation visent à réduire ces inégalités et construire des logements décents car la question de la surdensité reste un problème.

• Les bidonvilles occupent le moindre interstice d'espace dans le centre-ville, jouxtant littéralement les quartiers riches, d'où les nombreuses tentatives d'expropriation de ces terrains au cœur de la ville.

• Les populations aisées toujours plus riches logent dans des tours toujours plus hautes dans les quartiers préservés comme le CBD (Nariman Point).

Doc. Mumbaï, un territoire fragmenté

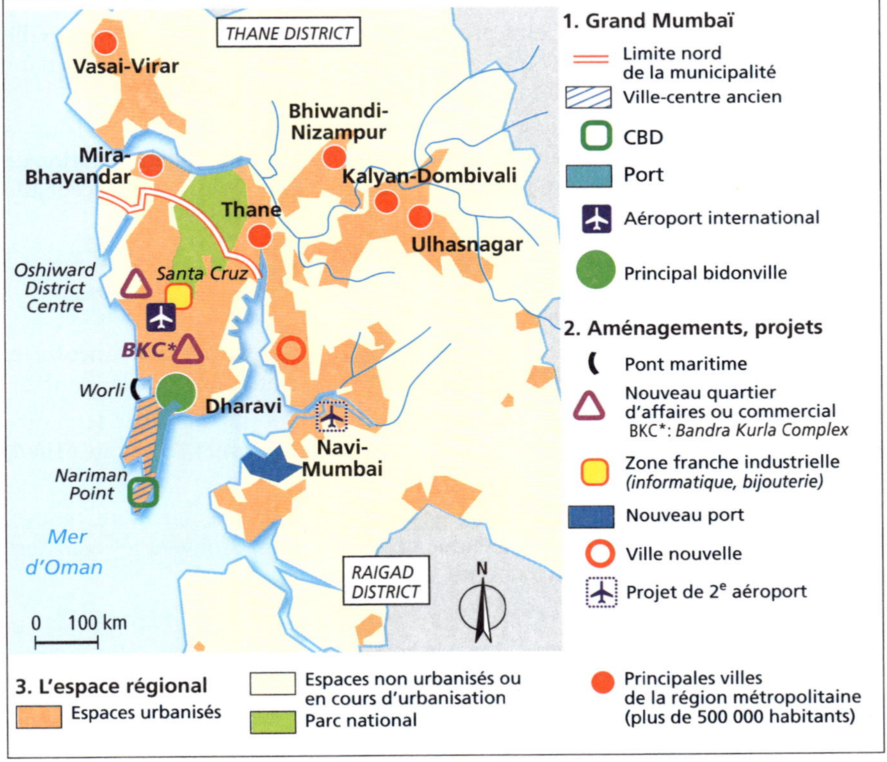

Vocabulaire

CBD (Central business district) : désigne à l'origine le centre des affaires dans les grandes villes américaines, mais aujourd'hui le quartier d'affaires d'une métropole.

Slums : voir « *Favelas* », p. 125.

Union indienne : nom officiel de l'Inde qui est composée de 29 États et 7 territoires.

7 La métropolisation de la France

De quoi s'agit-il ? **En France, la métropolisation a contribué à accentuer la primauté de Paris et a restructuré l'armature du réseau urbain.**

1 Le poids de Paris

- Paris, dont l'aire urbaine atteint près de 13 millions d'habitants, est une ville mondiale qui exerce des fonctions de commandement à l'échelle planétaire dans les domaines économique, politique, diplomatique et touristique.
- À l'échelle du pays, le processus de métropolisation a renforcé le poids de la capitale. Aujourd'hui, son aire urbaine regroupe 19 % de la population nationale sur 2,4 % du territoire et réalise 32 % du PIB national. On parle de macrocéphalie du réseau urbain (**Doc.**).

2 Les grandes métropoles qui profitent de la métropolisation

- Les autres grandes métropoles françaises sont dynamiques et en croissance forte, surtout les métropoles du croissant périphérique au sud et à l'ouest de la France.
- Cependant, si le poids de ces métropoles régionales s'affirme sur le territoire national, il reste encore très limité face aux rivales européennes telles que Milan, Barcelone ou Francfort.
- Forte de leur nouveau statut juridique de métropole, chacune réhabilite, rénove, requalifie une part plus ou moins étendue de son territoire, souvent les quartiers centraux, pour renforcer son attractivité.

3 Les spécificités de la métropolisation ultramarine dans les DROM

- Le taux d'urbanisation atteint entre 89 et 98 % dans les DROM. Cette forte urbanisation de la population se double d'une forte métropolisation. À Mayotte, l'aire urbaine de Mamoudzou regroupe 95 % de la population du territoire mahorais.
- Dans ces aires métropolitaines des DROM, les fonctions administratives et tertiaires sont surreprésentées. Elles connaissent des difficultés spécifiques : fort taux de chômage, immigration clandestine forte à Mayotte et en Guyane d'où la présence de quartiers spontanés dans les villes.
- Plus qu'en métropole, l'extension des aires urbaines pose des problèmes d'environnement (destruction des zones humides protégées).

Doc. La métropolisation en France

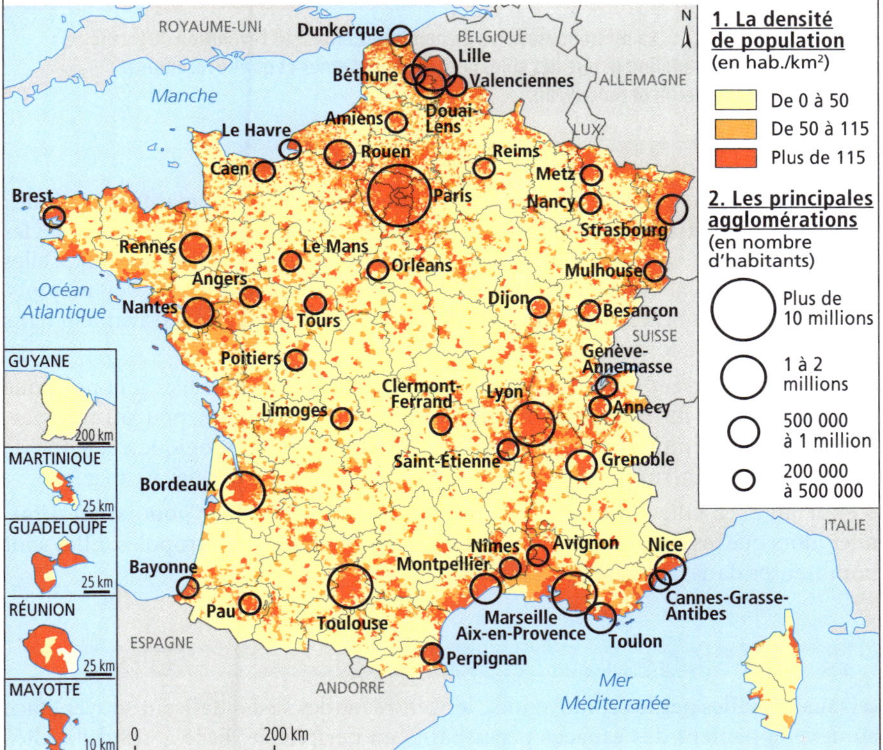

Le territoire français est inégalement peuplé et urbanisé mais la métropolisation est forte et l'aire urbaine de la capitale domine très largement l'armature urbaine du pays.

Vocabulaire

Croissant périphérique : large espace à la périphérie du territoire qui se distingue par son dynamisme économique.

DROM (Département et région d'outre-mer) : les cinq territoires qui bénéficient de ce statut administratif sont la Guadeloupe, la Guyane, la Martinique, Mayotte et la Réunion.

Macrocéphalie urbaine : hypertrophie d'une ville située à la tête d'un réseau urbain et laissant peu de place aux villes de rang inférieur.

Statut juridique de métropole : depuis les lois de 2010 modifiées en 2014 et 2015, la métropole en France est un EPCI (établissement public de coopération Intercommunale) à fiscalité propre qui regroupe plusieurs communes d'un seul tenant et sans enclave.

8 Les effets de la métropolisation

De quoi s'agit-il ? La métropolisation a de nombreux effets sur l'évolution du territoire français, puisqu'elle redéfinit le rôle des villes petites et moyennes et qu'elle recompose les territoires entre déclin et renouveau.

1 Les dynamiques des villes petites et moyennes

- En France, l'existence de villes petites et moyennes n'a pas de réalité statistique : ces catégories n'existent pas officiellement. En effet, l'État considère aujourd'hui les villes par rapport au nombre d'emplois qu'elles accueillent et à l'attraction qu'elles exercent sur leur territoire environnant. Un pôle urbain regroupe 5 000 emplois. Associé aux communes alentour dont au moins 40 % des habitants travaillent dans le pôle, l'ensemble forme une aire urbaine.
- Les villes petites et moyennes sont donc rendues assez invisibles à la politique d'aménagement du territoire menée par le CGET. Elles ont peu d'influence, comptent peu d'emplois et se trouvent marginalisées dans la logique ancienne de distinction urbain/rural, n'appartenant vraiment à aucune des deux catégories.
- Pourtant, ces villes souffrent particulièrement et voient leur population diminuer alors que les activités économiques se rapprochent des métropoles. Elles sont nombreuses dans la diagonale du vide.

2 Entre déclin et renouveau, la recomposition de ces espaces

- Dans ces villes petites et moyennes, les centres-villes se dévitalisent souvent face au développement des espaces périurbains en périphérie. Face à ces difficultés (**Doc. 2**), l'État a lancé en mars 2018 un plan d'« action cœur de ville » de 5 milliards d'euros destiné à 222 villes moyennes (**Doc. 1**).
- Mais pour ces villes petites et moyennes, le cadre de vie est la carte maîtresse pour se maintenir dans l'armature urbaine. La qualité de vie est aussi un argument avancé dans leur promotion : lien social plus fort que dans la métropole anonyme, coût de la vie moins élevé…
- La thématique culturelle et touristique est aussi essentielle (rôle joué par des festivals comme celui d'Avignon ou de Vienne…), et malgré les contraintes financières liées à la taille de la commune, elle est un élément attractif pour les villes petites et moyennes.

Doc. 1 Extrait du plan d'« action cœur de ville » de Rodez (Aveyron)

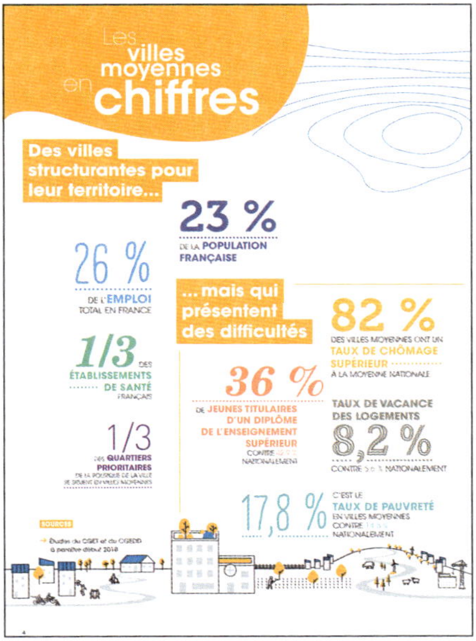

Les villes moyennes structurent le territoire mais certaines connaissent des difficultés contre lesquelles le plan d'« action cœur de ville » lancé par l'État doit lutter. Ce plan s'adresse aux villes de rayonnement régional qui ont un rôle de centralité dans leur bassin de vie.

Doc. 2 Les difficultés des villes moyennes en France

Délaissées au profit des métropoles, les villes moyennes comptent leurs plaies : isolement, faibles ressources, exil des jeunes et des diplômés, chômage, pauvreté. [...] Selon une note du Commissariat général à l'égalité des territoires (CGET), une trentaine de villes moyennes en France, dont Montluçon, sont « particulièrement fragiles » parce qu'elles concentrent plusieurs des difficultés observées parmi les 203 villes de taille et rôle semblables répertoriées, principalement des villes de 20 000 à 100 000 habitants. On compte, dans ces « maillons fondamentaux de l'armature urbaine française », selon le CGET : une spécialisation industrielle et administrative, une population plus âgée que dans les métropoles, une plus faible proportion de cadres et de diplômés de l'enseignement supérieur, des jeunes moins bien insérés. Et, bien sûr, un chômage plus sensible à la crise de 2008 et un fort taux de pauvreté.

J.-M. Dumay, « La France abandonne ses villes moyennes », *Le Monde diplomatique*, mai 2018.

Vocabulaire

CGET (Commissariat général à l'égalité des territoires) : service public d'aménagement du territoire.

Diagonale du vide : large bande parcourant le territoire du Nord-Est au Sud-Ouest marquée par des densités de population assez faibles.

RÉVISION EXPRESS

LES CHIFFRES IMPORTANTS

- Dans le monde en 2018, on compte 4,2 milliards d'urbains contre 751 millions en 1950.
- À l'échelle mondiale, le taux d'urbanisation est de 55 %.
- Un citadin sur huit vit dans une mégapole.
- On dénombre33 mégapoles de plus de 10 millions d'habitants en 2018 (43 prévues en 2030).
- En France en 2018 : 80 % de la population vit dans une aire urbaine.
- Aujourd'hui, les 33 000 communes françaises peu densément peuplées (64 habitants au km^2) rassemblent un tiers de la population.
- 23 % de la population française vit dans une agglomération de plus d'un million d'habitants.

LES MOTS IMPORTANTS

- Aire urbaine
- Bidonville
- Centralités périphériques (*edges cities*)
- Gentrification
- Mégalopole
- Mégapole ou mégacité
- Métropole
- Métropolisation
- Réseau urbain
- Ville globale

LES ACTEURS IMPORTANTS

Les aménageurs : États, collectivités, entreprises…

Les entreprises du BTP mais aussi toutes **les FTN** qui installent leurs sièges sociaux, etc.

Les individus qui s'installent dans l'espace urbain.

LE SCHÉMA IMPORTANT

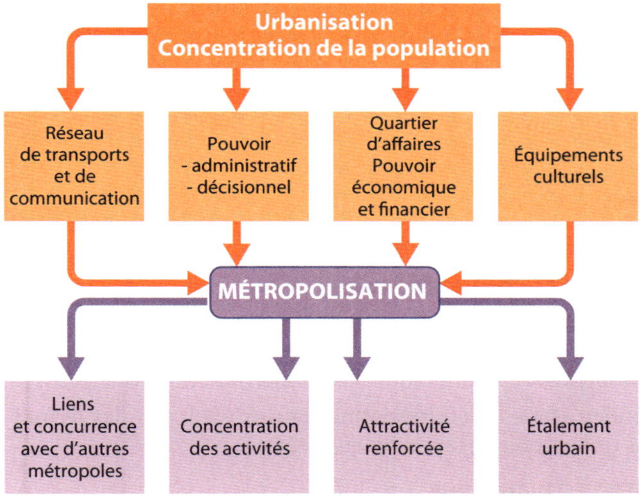

Quiz

1. La part de la population mondiale qui est urbaine est d'environ 55 %.

a. ☐ Vrai **b.** ☐ Faux

2. Le processus de métropolisation consiste en un étalement urbain.

a. ☐ Vrai **b.** ☐ Faux

3. Une métropole qui concentre des fonctions de commandement à l'échelle mondiale se nomme une ville générale.

a. ☐ Vrai **b.** ☐ Faux

4. Une mégalopole est une ville géante, une « méga city » peuplée de plus de 10 millions d'habitants.

a. ☐ Vrai **b.** ☐ Faux

5. La gentrification désigne le processus de transformation du profil économique et social d'un quartier urbain ancien au profit d'une classe sociale supérieure.

a. ☐ Vrai **b.** ☐ Faux

6. Le terme de *favela* utilisé au Brésil a son équivalent de *slum* dans le monde anglo-saxon.

a. ☐ Vrai **b.** ☐ Faux

7. Une *gated community* est synonyme de ghetto.

a. ☐ Vrai **b.** ☐ Faux

8. Le réseau urbain français est macrocéphale.

a. ☐ Vrai **b.** ☐ Faux

→ **Réponses p. 147**

Rédiger un paragraphe d'une composition

MÉTHODE

▶ Le paragraphe est la plus petite division de la composition. Pour la clarté de l'ensemble, chaque paragraphe doit ne correspondre qu'à une seule idée qu'il faut développer.

1. Rassembler les connaissances

▶ Au brouillon, rassemblez tout d'abord les connaissances et tous les éléments qui ont pour objet le thème à traiter.

2. Organiser les connaissances

▶ Toujours au brouillon, organisez ensuite les connaissances en procédant à des regroupements en sous-thèmes destinés à structurer le paragraphe. N'hésitez pas à numéroter l'ordre dans lequel les connaissances seront exposées.

▶ Cette première étape doit aussi permettre de définir tous les termes et toutes les notions géographiques spécifiques listées.

3. Rédiger le paragraphe

▶ Dans une composition, l'étape de rédaction se fait directement sur la copie, d'où l'importance de l'étape précédente de classement, car vous n'aurez pas le temps de tout rédiger au brouillon. Il faut bien sûr utiliser des conjonctions de coordination et des connecteurs logiques.

APPLICATION : EXERCICE CORRIGÉ

Rédigez un paragraphe sur le thème suivant : « La ségrégation socio-spatiale. »

> **L'astuce du prof**
> Il faut aussi noter des exemples précis pouvant illustrer le propos. Ici cela pourrait être Londres, New York, Mumbaï, Rio de Janeiro, Paris, Lyon, etc.

CORRIGÉ

1. Rassembler les connaissances

• Voici une série non exhaustive de mots-clés ou de connaissances qu'il est possible de mobiliser pour traiter le sujet : richesse ; pauvreté ; réseau d'eau potable ; gratte-ciel ; définition de la ségrégation socio-spatiale ; travail clandestin ; quartier d'affaires – CBD ; bidonvilles ; slums ; réseau de transport ; quartier informel ou spontané ; gentrification ; bidonvilisation ; problème des déchets ; *edge cities* ; nouvelles centralités ; quartiers de grands ensembles ; habitat pavillonnaire ; écoquartiers ; ghettoïsation des centres-villes ; périphérie ; couronne périurbaine ; habitat pavillonnaire ; zone résidentielle ; zone industrielle ; friche industrielle ; rénovation ; reconversion urbaine ; *gated community.*

- Une fois listés, les termes géographiques spécifiques doivent être expliqués :
– Le CBD, ou Central Business District, représente le quartier d'affaires.
– Les *gated communities* sont des quartiers résidentiels fermés, homogènes socialement et habités par des populations aisées.
– Les nouvelles centralités ou centralités périphériques : l'expression renvoie aux notions de centre et de périphérie qui ont une signification spatiale (le centre est au milieu et la périphérie autour) mais surtout hiérarchique (le centre domine la périphérie). Presque tous les centres sont aussi des périphéries, et vice versa : tout dépend de l'échelle utilisée (mondiale, nationale, régionale, locale). Lorsqu'on évoque les nouvelles centralités ou des centralités périphériques, cela signifie qu'un territoire situé spatialement à la périphérie est un espace central au plan du commandement. Les *edges cities* sont des exemples de centralités périphériques.
– Un écoquartier est un quartier qui a des objectifs de durabilité. Il sous-entend la mixité sociale, la participation des citoyens à la vie du quartier, des mobilités douces et surtout des normes HQE (Haute Qualité Environnementale) pour la construction des bâtiments (bâtiments à énergie passive, utilisant l'eau de pluie…) et le respect d'une certaine biodiversité.

2. Organiser les connaissances

- Il s'agit tout d'abord à cette étape de définir ce qu'est la ségrégation socio-spatiale puis, à l'aide des mots listés au brouillon, de décrire les quartiers marqués par la richesse ou la pauvreté. Il faut enfin distinguer entre elles les métropoles des différents pays en complétant avec des exemples choisis comme la City, la Défense, Dharavi, Lyon Confluence, Manhattan, etc.
– Thème qui évoque la richesse : richesse ; gratte ciel ; CBD – quartier d'affaires ; gentrification ; *edge cities* ; nouvelles centralités ; habitat pavillonnaire ; zone résidentielle (aisée) ; *gated communities* ; écoquartier, etc.
– Thème qui évoque la pauvreté : pauvreté ; réseau d'eau potable (défaillant) ; problèmes de déchets ; travail clandestin ; bidonville ; *slums* ; réseau de transport (peu dense) ; quartiers de grands ensembles ; zone industrielle ; friche industrielle ; ghettoïsation ; « bidonvilisation » ; quartier informel ou spontané, etc.

• Certains éléments peuvent alimenter les deux groupes en fonction de la phrase (ex. la rénovation ou la reconversion urbaine). Par ailleurs, il faut associer les exemples précis à une notion dont ils seront l'illustration : Dharavi à Mumbaï et *slum* ou bidonville, Manhattan ou encore la City avec CBD ou gratte-ciel, Lyon Confluence et écoquartier.

> **L'astuce du prof**
> Ne confondez pas *rénovation* et *réhabilitation* : le premier terme implique une destruction des bâtiments qui sont remplacés par du neuf, alors que dans le second cas, le bâtiment est conservé mais il n'a plus la même fonction.

3. Rédiger le paragraphe

La ségrégation socio-spatiale est un phénomène marquant dans les métropoles d'aujourd'hui. Les groupes sociaux sont séparés dans l'espace urbain et la richesse comme la pauvreté se marquent dans le paysage.

Les quartiers défavorisés se caractérisent par une architecture de grands ensembles (en périphérie des métropoles européennes) souvent proches des zones industrielles. Dans les métropoles américaines, ces quartiers ghettoïsés sont des quartiers centraux qui ont connu parfois des opérations de rénovation et de reconversion (c'est le cas de Harlem, l'ancien ghetto de Manhattan).

> **L'astuce du prof**
> Selon la place du développement dans la composition et pour faciliter l'enchaînement avec la suite, on peut inverser la partie sur la richesse ou la pauvreté.

Dans les métropoles du Sud, les quartiers pauvres sont des quartiers d'habitat spontané, des bidonvilles ou *slums* comme Dharavi à Mumbaï. Le travail y est souvent clandestin et les infrastructures urbaines défaillantes (problèmes sur le réseau d'eau potable, sur la gestion des déchets, saturation du réseau de transport…).

À l'inverse, les quartiers marqués par la richesse présentent une architecture verticale, faite de gratte-ciel lorsqu'il s'agit de quartiers d'affaires dans le centre des métropoles (comme la City à Londres). Les centres-villes dans les pays du Nord se « gentrifient » et parfois même subissent des transformations (anciennes friches industrielles transformées en écoquartier à Lyon Confluence). Lorsque les quartiers riches ne sont pas les quartiers centraux (comme souvent aux États Unis), la ségrégation prend la forme de *gated communities* et de zones résidentielles pavillonnaires aisées. De nouvelles centralités peuvent même apparaître dans ces périphéries, ce sont les *edges cities*.

Transposer un texte en croquis (1)

MÉTHODE

▶ L'exercice consiste à passer d'un document en langage écrit à un document cartographique. Cela nécessite d'analyser le texte pour trouver les éléments clés qui constitueront les points essentiels de la légende.

1. Lire le texte de façon à pouvoir l'analyser

▶ On attend un **effort d'identification des différents termes du sujet et des notions du cours** à travers le document. Ceux-ci n'apparaissent pas toujours sous une forme claire, ce sont parfois des synonymes.

▶ Il ne faut pas hésiter à fluorer le texte et à utiliser des couleurs différentes pour faire ressortir les différents axes. Un texte préparé trop rapidement ne pourra pas donner une bonne légende ni un bon croquis.

2. Construire la légende

▶ La légende doit être **structurée en différentes parties**, éventuellement selon le plan du document. Plus la légende est précise et détaillée avec des parties et des sous-parties, plus elle sera valorisée.

▶ Relevez tous les éléments/notions importants du texte qu'il faut cartographier. Regroupez-les par thème (par type d'activité, types d'espace, etc.) en hiérarchisant un phénomène par infrastructure. Classez entre eux les différents groupes en respectant les articulations du texte.

▶ L'étape de **la localisation des éléments** et de **la rédaction de la nomenclature** de ces informations sur le fond de carte doit être effectuée avec soin. Faites donc très attention au **vocabulaire de localisation** mobilisé dans le texte : nord, sud, est, ouest, centre, périphérie, littoral, vallée des fleuves, amont, aval…

▶ De manière générale, munissez-vous d'un matériel adapté (crayons de couleurs, feutres, etc.) et faites preuve d'un grand soin lors du dessin.

▶ Commencez par colorier les plages de couleurs au crayon de couleurs.

▶ Viennent ensuite les hachures et les figurés linéaires (lignes, fleuves, frontières) et ponctuels (carrés, étoiles, triangles, points…).

▶ Finissez enfin avec la nomenclature : les noms des villes, régions, pays en noir, et les fleuves, mers, océan en bleu. La taille des caractères varie en fonction de leur importance.

▶ Associez un thème/élément à cartographier à un type de figuré. En cartographie, trois types de figurés sont utilisés :

– le figuré de surface sur tout l'espace touché par un phénomène (une aire urbaine, une surface agricole, etc.) : on utilise généralement une couleur ou des hachures ;

– le figuré ponctuel qui représente une localisation précise (une ville, une gare, un aéroport) : il peut s'agir d'un point, d'un carré, d'un triangle, etc. auquel on peut ajouter une couleur et/ou dont on peut faire varier la taille, l'épaisseur, etc. ;

– le figuré linéaire pour représenter des informations en continu. On utilise soit des traits (pour figurer des limites, des fleuves, des axes de communication) soit des flèches pour marquer des dynamiques.

3. Réaliser le croquis

▶ Pour cette étape du travail, voir la méthode proposée p. 208.

APPLICATION : EXERCICE CORRIGÉ

Transposez le texte suivant sur le fond de carte fourni.

Doc. Les mobilités organisées par l'aire urbaine de Lyon

L'aire urbaine de Lyon est, avec 2 237 700 habitants, la deuxième aire urbaine française en population. Elle exerce une double influence, économique et résidentielle, sur les territoires qui l'environnent. L'aire urbaine de Lyon enregistre des flux d'échanges annuels très importants avec le reste de la France, notamment avec l'aire urbaine de Paris (9 100 arrivées, 8 800 départs). Les flux au sein du territoire régional sont également importants, principalement avec les aires urbaines de Grenoble, qui compte 700 000 personnes (autour de 3 500 déplacements), et de Saint-Étienne, peuplée de 517 000 habitants (2 500 déplacements), mais aussi avec celles de Vienne, qui compte 115 000 habitants (environ 2 000 départs pour 1 600 arrivées), et celle de Bourg-en-Bresse, qui compte 127 000 habitants. La capitale régionale reste la porte d'entrée privilégiée des personnes venant de l'étranger. Avec 11 890 arrivants sur un an, elle concentre un tiers des arrivées de l'étranger dans la région. […]

Les données les plus récentes confirment une dynamique de flux quotidiens à une échelle plus large que celle de l'aire urbaine. […] 14 200 personnes travaillant dans l'aire urbaine de Lyon vivent dans l'aire urbaine de Saint-Étienne, 14 000 dans l'aire urbaine de Vienne, 3 700 dans celle de Bourg-en-Bresse, 2 800 dans celle de Tarare et 800 dans celle de Roanne qui compte 110 000 habitants. La dynamique de flux s'exerce également de l'aire urbaine de Lyon vers ces mêmes territoires. Ainsi, 5 800 habitants de l'aire urbaine de Lyon travaillent dans celle de Vienne, 5 100 dans celle de Saint-Étienne, et 4 300 dans celle de Bourg-en-Bresse, 1 900 dans celle de Tarare et 440 dans celle de Roanne. L'ensemble de ces territoires compose l'aire métropolitaine lyonnaise.

À noter que les échanges domicile/travail avec l'aire urbaine de Grenoble sont équilibrés avec autant d'entrants que de sortants (environ 5 000 dans chaque sens). […] Lyon rayonne et constitue la seconde place économique en France.

Dossier Insee Auvergne-Rhône-Alpes, *Nouvel espace régional et dynamiques métropolitaines*, tome 3 : « Géographie des déplacements, flux et mobilités », octobre 2018.

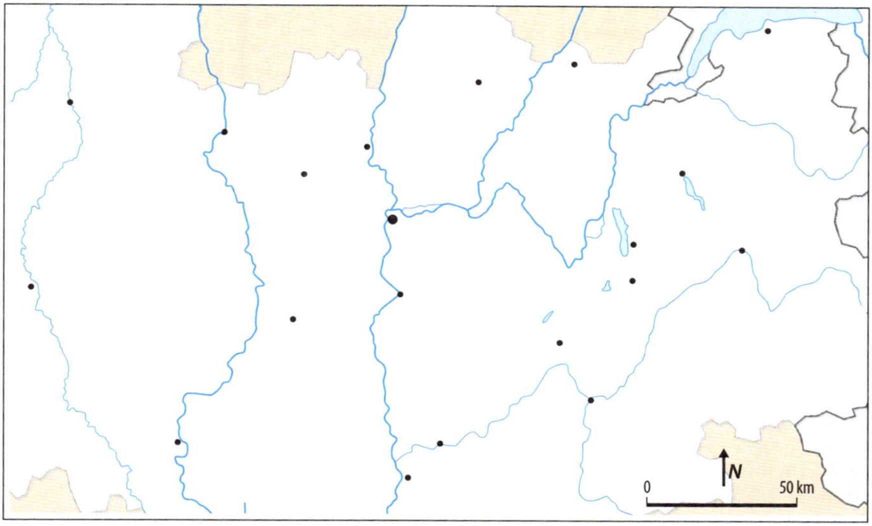

CORRIGÉ

1. Lire le texte de façon à pouvoir l'analyser

La notion centrale ici est celle de « mobilité », qui signifie déplacement d'un point vers un autre. Le premier paragraphe évoque les mobilités définitives, autrement dit les déménagements, et le deuxième paragraphe évoque les mobilités quotidiennes, c'est-à-dire les déplacements domicile-travail effectués tous les jours.

> **L'astuce du prof**
> Soulignez d'une couleur les chiffres qui concernent les mobilités définitives, puis utilisez une autre couleur pour les mobilités quotidiennes.

Le deuxième élément important, ce sont les « aires urbaines » qui, d'après l'Insee, désignent en France un ensemble de communes, d'un seul tenant et sans enclave, constitué par un pôle urbain de plus de 10 000 emplois, et par des communes rurales ou unités urbaines (couronne périurbaine) dont au moins 40 % de la population résidente ayant un emploi travaille dans le pôle ou dans des communes attirées par celui-ci. Dans le texte, de nombreuses aires urbaines sont évoquées : celles de Lyon bien sûr mais aussi Grenoble, Saint-Étienne, Bourg-en-Bresse, Roanne, Vienne, Paris… Sur le texte, surlignez-les ainsi que les données chiffrées qui sont associées.

Doc. **Les mobilités organisées par l'aire urbaine de Lyon**

L'aire urbaine de Lyon est, avec 2 237 700 habitants, la deuxième aire urbaine française en population. Elle exerce une double influence, économique et résidentielle, sur les territoires qui l'environnent. L'aire urbaine de Lyon enregistre des flux d'échanges annuels très importants avec le reste de la France, notamment avec l'aire urbaine de Paris (9 100 arrivées, 8 800 départs). Les flux au sein du territoire régional sont également importants, principalement avec les aires urbaines de Grenoble, qui compte 700 000 personnes (autour de 3 500 déplacements), et de Saint-Étienne, peuplée de 517 000 habitants (2 500 déplacements), mais aussi avec celles de Vienne, qui compte 115 000 habitants (environ 2 000 départs pour 1 600 arrivées), et celle de Bourg-en-Bresse, qui compte 127 000 habitants. La capitale régionale reste la porte d'entrée privilégiée des personnes venant de l'étranger. Avec 11 890 arrivants sur un an, elle concentre un tiers des arrivées de l'étranger dans la région. [...]

Les données les plus récentes confirment une dynamique de flux quotidiens à une échelle plus large que celle de l'aire urbaine. [...] 14 200 personnes travaillant dans l'aire urbaine de Lyon vivent dans l'aire urbaine de Saint-Étienne, 14 000 dans l'aire urbaine de Vienne, 3 700 dans celle de Bourg-en-Bresse, 2 800 dans celle de Tarare et 800 dans celle de Roanne qui compte 110 000 habitants. La dynamique de flux s'exerce également de l'aire urbaine de Lyon vers ces mêmes territoires. Ainsi,5 800 habitants de l'aire urbaine de Lyon travaillent dans celle de Vienne, 5 100 dans celle de Saint-Étienne, et 4 300 dans celle de Bourg-en-Bresse, 1 900 dans celle de Tarare qui compte 19 000 habitants et 440 dans celle de Roanne. L'ensemble de ces territoires compose l'aire métropolitaine lyonnaise.

À noter que les échanges domicile/travail avec l'aire urbaine de Grenoble sont équilibrés avec autant d'entrants que de sortants (environ 5 000 dans chaque sens). [...] Lyon rayonne et constitue la seconde place économique en France.

Dossier Insee Auvergne-Rhône-Alpes, *Nouvel espace régional et dynamiques métropolitaines*, tome 3 : « Géographie des déplacements, flux et mobilités », octobre 2018.

2. Construire la légende

Les éléments à cartographier correspondent aux deux thèmes du document : les aires urbaines et les mobilités. Il faut classer les deux types de mobilités et, surtout, hiérarchiser les mobilités et les aires urbaines pour rendre compte des indications chiffrées que nous donne le texte.

> **L'astuce du prof**
> Évitez d'indiquer des chiffres sur le croquis, cela le rend illisible. Il vous suffit de les indiquer dans la légende.

Les aires urbaines peuvent être représentées par un figuré ponctuel, le plus souvent un cercle, dont la variation de taille rendra compte de l'importance.

Les mobilités peuvent quant à elles être représentées par un figuré linéaire et, plus précisément, une flèche pour indiquer le sens du déplacement. Comme le texte indique deux types de mobilités, il faut dessiner deux types de flèches (de couleur différente par exemple). Comme les chiffres des déplacements sont indiqués, il faut aussi faire varier la taille de la flèche.

3. Réaliser le croquis

Indiquez le titre du croquis et encadrez-le proprement à la règle. Relisez bien le texte afin de ne pas commettre d'erreur sur le sens des mobilités et donc des flèches. Assurez-vous enfin que les figurés de légende sont bien les mêmes que ceux du croquis.

Les mobilités organisées par l'aire urbaine de Lyon en 2017

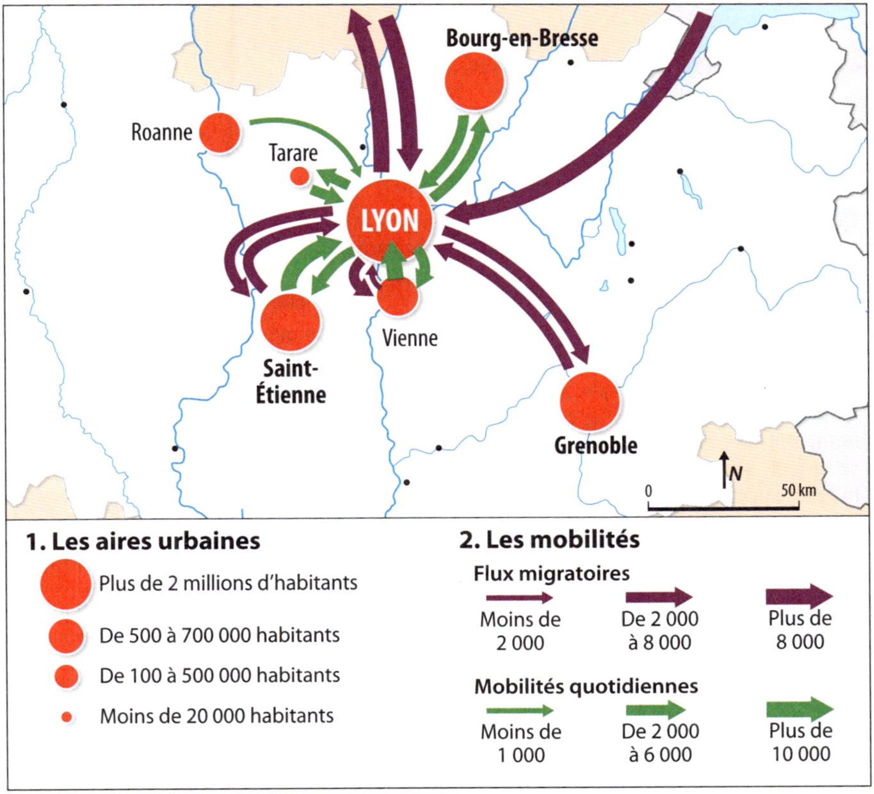

Vérification des connaissances

1 Expliquez le processus de métropolisation.

2 Quels sont les critères qui définissent une ville mondiale ?

3 Comment se recomposent les territoires intra-métropolitains ?

4 Quelles sont les spécificités du réseau urbain Français ?

Application de la méthode

5 Transposez le texte suivant en croquis.

Doc. **Les transformations urbaines de Bangalore**

De l'implantation britannique, Bangalore hérite d'une vaste garnison (*cantonment*) et d'une ville blanche (la City). Les différentes parties de la ville prennent le tournant industriel selon des modalités différentes : dans la City, le pôle textile ancien se modernise, tandis que dans la garnison coloniale s'implantent dès 1914 des usines d'armement.

Après l'Indépendance, Bangalore, grâce à sa situation très éloignée des frontières, devient l'un des pôles du complexe militaro-industriel.

Sur la frange ouest de la ville, une ceinture industrielle, vers l'est la présence militaire se maintient et s'étend avec le développement des activités liées au complexe militaro-industriel (aéronautique, électronique) ; et dans la périphérie nord de la ville notamment, se créent des « townships » industriels, c'est-à-dire des complexes associant activité industrielle et offre de logements et de services.

Le glissement de l'économie locale du secondaire vers le tertiaire s'est opéré grâce à un contexte politique régional favorable aux activités innovantes et potentiellement exportatrices. En effet, dès 1976, le gouvernement du Karnataka leur attribue un nouveau township de 136 hectares, situé à 25 km au sud du centre de Bangalore et dédié à des entreprises d'électronique tournées vers l'exportation : c'est Electronics City. Cette nouvelle facette de l'économie bangaloréenne, après s'être inscrite d'abord dans les immeubles de bureaux du centre colonial et des quartiers péricentraux comme Koramangala, suscite le développement de zones d'activités spécifiques situées de plus en plus loin en périphérie. Le phénomène de diffusion des activités tertiaires en grande périphérie a coïncidé avec le départ d'une partie des activités industrielles. Par ailleurs, se développent de nouvelles centralités, situées en dehors du centre historique : c'est le cas de la *edge city* de Whitefield, parc d'activités aux grands immeubles de bureaux (technoparks), aux complexes résidentiels fermés (*gated communities*), aux centres commerciaux (*shopping malls*).

D'après H. Rouanet et A. Varrel, « De Bangalore à Whitefield : trajectoire et paysages d'une région urbaine en Inde », *http://geoconfluences.ens-lyon.fr*, 24 mars 2015.

Quiz

1 **a. Vrai.** La population mondiale citadine s'élève à plus de 4 milliards de personnes, soit 55 % de la population mondiale.

2 **b. Faux.** L'étalement urbain consiste en une extension spatiale du fait urbain alors que la métropolisation désigne le mouvement de concentration de populations, d'activités de valeur dans des ensembles urbains de grande taille.

3 **b. Faux.** Il s'agit d'une ville globale ou d'une ville mondiale.

4 **b. Faux.** Une mégapole est une mégacité ou cité géante de plus de 10 millions d'habitants alors qu'une mégalopole désigne des ensembles urbains reliés fonctionnellement (réseaux de transports, communications) sur plusieurs centaines de kilomètres.

5 **a. Vrai.** La gentrification désigne le processus de transformation du profil économique et social d'un quartier urbain ancien au profit d'une classe sociale supérieure.

6 **a. Vrai.** Le terme de *favela* utilisé au Brésil a son équivalent de *slum* dans le monde anglo-saxon. C'est un synonyme de bidonville.

7 **a. Vrai.** Une *gated community* est un quartier homogène socialement, généralement habité par des populations aisées, clos, et accessible par un nombre minimal d'entrées gardées par un personnel privé. C'est donc un ghetto doré !

8 **a. Vrai.** Le réseau urbain français est macrocéphale puisque l'aire urbaine de Paris est plus de six fois supérieure à la deuxième aire urbaine française, celle de Lyon.

Vérification des connaissances

1 Le processus de métropolisation désigne le mouvement de concentration de populations, d'activités de valeur dans des ensembles urbains de grande taille. Les facteurs de la métropolisation sont divers : avantages comparatifs, besoins d'accessibilités aux réseaux (aux échelles nationales et mondiales), etc.

2 La ville globale, ou ville mondiale, a été théorisée par la sociologue S. Sassen et l'expression désigne les métropoles se situant au niveau supérieur de la hiérarchie urbaine à l'échelle mondiale : lieux et milieux où se concentrent les pouvoirs centraux des entreprises et de l'économie mondiale avec le siège de grandes institutions politiques, financières, etc. Historiquement, le modèle distinguait trois villes-mondes (Londres, New York et Tokyo) à laquelle Paris s'est ajoutée. Mais aujourd'hui, de nombreuses mégacités du Sud peuvent prétendre à ce statut de ville mondiale au regard de leur poids dans l'économie mondiale.

3 La mondialisation contribue à transformer les paysages à l'échelon intra-métropolitain. Le modèle d'organisation de la ville n'est plus radio-concentrique et les centralités comme les périphéries peuvent se présenter partout. La spécialisation des centres-villes existe bien mais on observe, depuis les années 1980, le développement d'opérations de gentrification ou de réhabilitation des îlots de pauvreté, créées par la désindustrialisation des quartiers centraux des centres-villes, pour y loger des populations aisées. Partout, la reconquête des espaces centraux est engagée et des opérations de rénovation (démolition-reconstruction) et de réhabilitation sont mises en œuvre comme à Londres, Baltimore, San Diego, Berlin, Barcelone mais aussi Shanghai, Pékin et Moscou. Les centres-villes se spécialisent et sont l'objet d'opérations de gentrification. Parallèlement, dans les pays développés, de nouvelles « centralités périphériques » apparaissent, comme les « *edges cities* », ou technopôles.

4 À l'échelle de la France, le processus de métropolisation a renforcé le poids de la capitale. Aujourd'hui, son aire urbaine regroupe 19 % de la population nationale sur 2,4 % du territoire. L'indice de primatie est de 6 : la première aire urbaine en France est six fois plus peuplée que la seconde, Lyon. Les autres grandes métropoles françaises (Lyon, Marseille, Toulouse, Bordeaux, Lille, Nantes) sont en croissance. La dynamique est marquée au sud et à l'ouest de la France. Cependant, si le poids de ces métropoles régionales s'affirme sur le territoire national, il reste encore très limité face aux rivales européennes telles que Milan, Barcelone, ou Francfort.

Application de la méthode

5 Les transformations urbaines de Bangalore

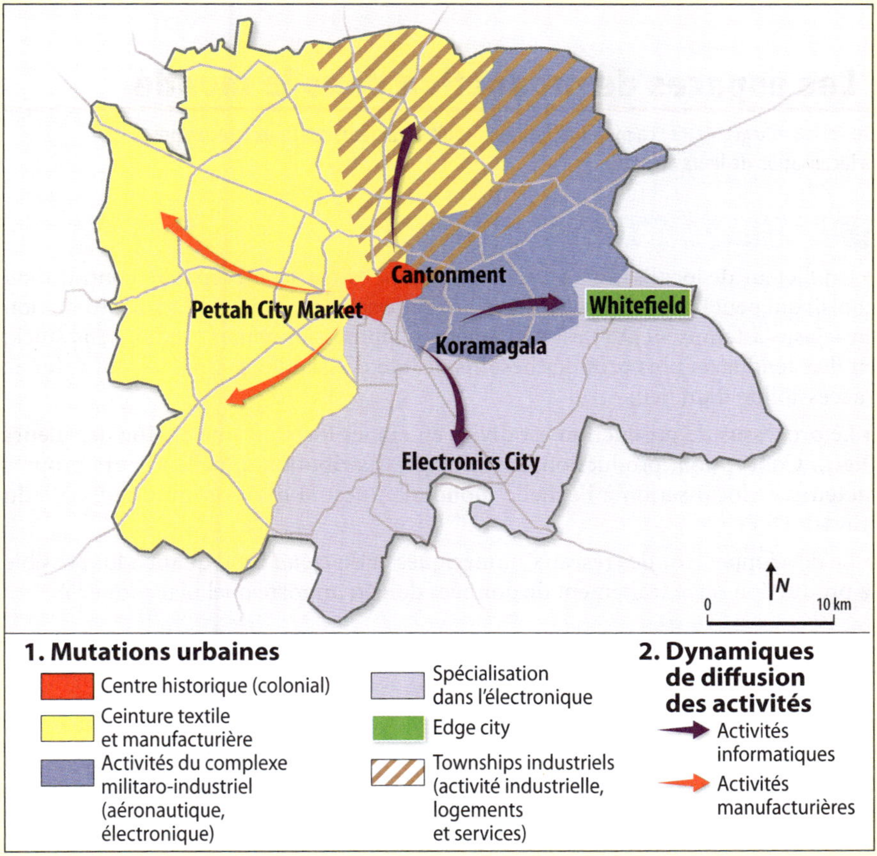

CHAPITRE

6 Une diversification des espaces et des acteurs de la production

1 Les espaces de production dans le monde

De quoi s'agit-il ? **La mondialisation conduit les acteurs spatiaux à recomposer la localisation de leurs activités.**

1 Des facteurs de localisation variés

- Un facteur de localisation est un phénomène (attractif ou répulsif, contraint ou choisi) qui peut influencer la localisation d'une activité. Aujourd'hui, la production en « juste-à-temps » (JAT) est essentielle. L'approvisionnement se fait sans stock, en flux tendus au plus près des besoins du site d'assemblage final, ce qui valorise l'accessibilité d'un lieu.
- Le processus de production est divisé en étapes formant une chaîne de valeurs (**Doc.**). Conception, production, assemblage, distribution appellent leurs propres facteurs de localisation à l'échelle mondiale : c'est la division internationale du travail (DIT).
- Le développement des réseaux numériques et du *cloud* rend quant à lui possible la production ou le traitement de données dans n'importe quel lieu connecté.

2 La mise en concurrence des territoires

- Grâce à l'effacement des frontières, les firmes transnationales (FTN) fragmentent les chaînes de valeur et encouragent les délocalisations. Souvent, elles délèguent une partie de leur activité à une entreprise tierce, pour une durée ponctuelle (sous-traitance) ou plus durable (externalisation). Une cascade de sous-traitants dissimule alors la responsabilité depuis la FTN donneuse d'ordre. Les FTN privilégient de plus en plus l'exploitation d'aires à l'échelle régionale pour organiser leur chaîne de valeur.
- La concurrence entre les territoires – États, régions, métropoles – est de plus en plus forte pour attirer ou conserver les activités productives. Les territoires jouent alors sur leurs avantages comparatifs : construction d'infrastructures, d'équipements publics ou réduction de la fiscalité – zones franches ou paradis fiscaux, législation favorable aux entreprises…

Doc. **Airbus, une entreprise européenne**

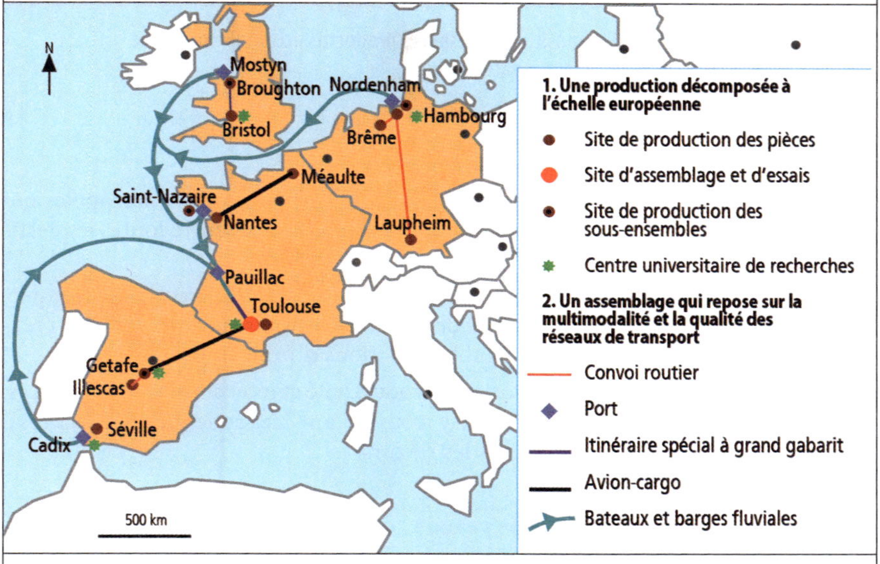

Airbus est né en 1970 d'une alliance entre les branches de différentes firmes allemandes, françaises, britanniques et espagnoles, afin de produire des avions de lignes. Airbus orchestre une production en réseau : les sites européens exploitent leurs complémentarités.

Toulouse demeure la tête de pont d'Airbus. Le site s'étend sur 700 ha à proximité de la plupart des équipementiers. 23 000 salariés y assurent à la fois les fonctions de direction, commercialisation, étude, assemblage et test des avions avant leur livraison aux compagnies aériennes.

Vocabulaire

Avantages comparatifs : avantages par lesquels un territoire attire une activité.

Chaîne de valeur : ensemble des étapes, réparties sur des territoires différents, par lesquelles une entreprise conduit son activité.

FTN (Firmes transnationales) : Grandes entreprises qui interviennent sur le marché mondial et utilisent les disparités entre les territoires à leur profit.

JAT (« juste-à-temps ») : Modalité de production industrielle reposant sur le flux tendu, et donc la qualité de la chaîne logistique.

Zones franches : zones bénéficiant d'avantages fiscaux et/ou réglementaires.

2 Métropolisation, littoralisation des espaces productifs et accroissement des flux

De quoi s'agit-il ? **La recomposition des espaces productifs accroît l'importance des métropoles et des littoraux, et augmente les flux.**

1 Le renforcement des métropoles

- La mise en œuvre de la DIT et le principe du JAT favorisent les métropoles qui disposent de hubs, plateformes opérant des correspondances entre toutes les destinations (**Doc.**).
- Les métropoles concentrent les fonctions de conception, de direction et d'expertise. Elles profitent aussi de la présence de services culturels spécialisés. Les « créatifs » dynamisent les villes en assurant les fonctions d'innovation.
- L'interaction entre les acteurs favorise la productivité et intensifie les compétences. Universités et laboratoires de recherche y trouvent ainsi les synergies nécessaires à la production et à la diffusion de tous les savoirs.

2 Le rôle croissant des interfaces

- La mondialisation favorise la littoralisation des activités, les acteurs productifs bénéficiant de l'amélioration croissante des transports mondialisés. À l'échelle locale, le JAT et la mise en place des chaînes de valeur avantagent les zones industrialo-portuaires (ZIP). La littoralisation repose en effet sur le développement des espaces portuaires et l'aménagement d'infrastructures dédiées devient un levier majeur d'intégration à la mondialisation. Les ports sont en concurrence.
- Les interfaces transfrontalières naissent de la complémentarité entre les territoires et de l'ouverture des frontières. Lorsque les échanges s'intensifient, on parle d'espace transfrontalier.

3 L'augmentation des échanges à toutes les échelles

- Les échanges de marchandise représentent un quart du PIB mondial. Un tiers de la production de biens et de services est échangé, majoritairement entre les trois aires de puissance – Amérique du Nord, Europe de l'Ouest, Asie de l'Est.
- Flux financiers et flux d'informations empruntent un vaste réseau de câbles sous-marins, par lesquels circulent 99 % des communications intercontinentales. Les flux de capitaux licites ou illicites circulent en permanence. Les IDE atteignent 1 800 milliards de dollars par an.

Doc. Les flux aériens du Brésil

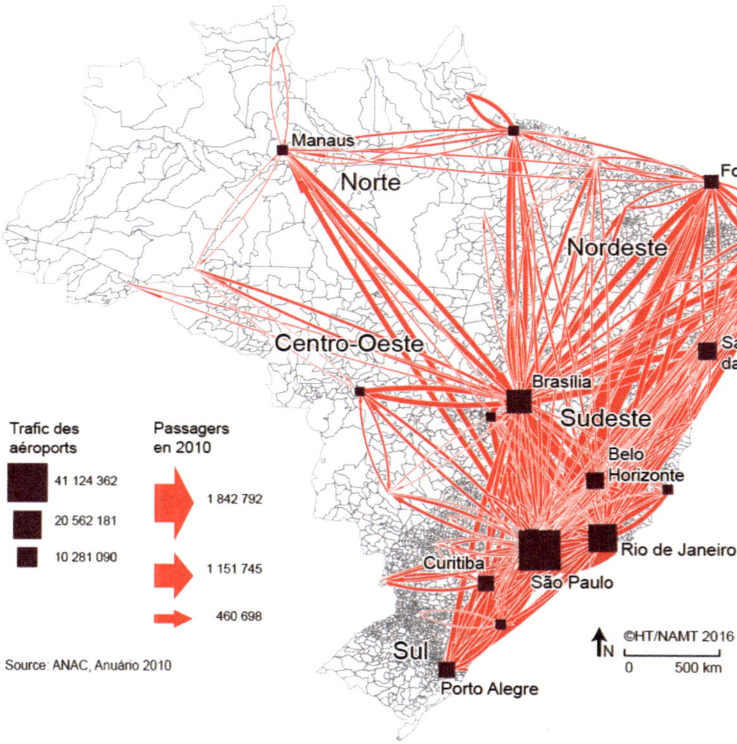

© Hervé Théry, « Portrait de São Paulo : une capitale du Brésil ? », *Géoconfluences*, nov.2016.

Cette carte montre un réseau organisé par le hub de Brasilia mais polarisé par São Paulo.

Vocabulaire

Flux : déplacement d'hommes, de biens ou d'informations.

Hub : point central pour la collecte, le tri, le transbordement et la redistribution des marchandises dans une zone géographique donnée.

Interface : zone de contact entre deux territoires.

Littoralisation : processus de concentration des hommes et des activités sur les littoraux.

Réseau : ensemble des relations connectant des acteurs et/ou des territoires.

ZIP : zone industrialo-portuaire combinant infrastructures portuaires et activités de production industrielle.

3 Singapour : l'articulation de la finance, de la production et des flux

De quoi s'agit-il ? Singapour fait reposer son efficacité économique sur sa situation géographique, en produisant et redistribuant des flux de toutes natures.

1 Une cité-État entre Asie, Moyen-Orient, Afrique et Europe

- Singapour, cité-État indépendante depuis 1965, est une île de 700 km² et 5 millions d'habitants – dont un tiers d'étrangers – située à la pointe sud de la Malaisie. Elle marque l'entrée du détroit de Malacca, l'un des principaux points de passage stratégique des navires mondiaux.
- Les autorités, très encadrantes, font reposer le développement de Singapour sur sa situation géographique et une politique fiscale à l'avantage des entreprises.

2 Un lieu de production industrielle en mutation

- Singapour s'est spécialisée dans le raffinage pétrolier, important du pétrole pour le transformer à destination de l'Asie et de l'Afrique. À Jurong par exemple, des polders accueillent d'énormes capacités de stockage et de production pétrochimique (**Doc.**).
- L'activité de construction et de réparation navale répond à la forte présence de navires. Le gouvernement a aussi misé sur l'électronique qui représente encore un cinquième de ses exportations.
- Aujourd'hui, Singapour se tourne vers le secteur biomédical, notamment la pharmacie, grâce au technopôle de Biopolis et à des universités performantes. L'aéronautique s'impose grâce à des entreprises de défense et l'appui de sa plateforme de Changi.

3 Un pivot des échanges mondialisés

- L'autre spécialité de Singapour est le transbordement de conteneurs, que des aménagements successifs permettent de stocker. Le port est ainsi devenu un gigantesque hub maritime, avec 32 millions d'EVP par an. Les armateurs mondiaux y disposent de terminaux dédiés. D'autres polders sont en projet.
- Singapour est également un centre de service et de finance. Troisième place financière d'Asie, elle rassure par sa stabilité politique et sociale. Le gouvernement y gère un fonds souverain, Temasek. Enfin, Singapour s'est lancée dans le tourisme du jeu sur l'île de Sentosa.

Doc. Singapour : l'articulation de la finance, de la production et des flux

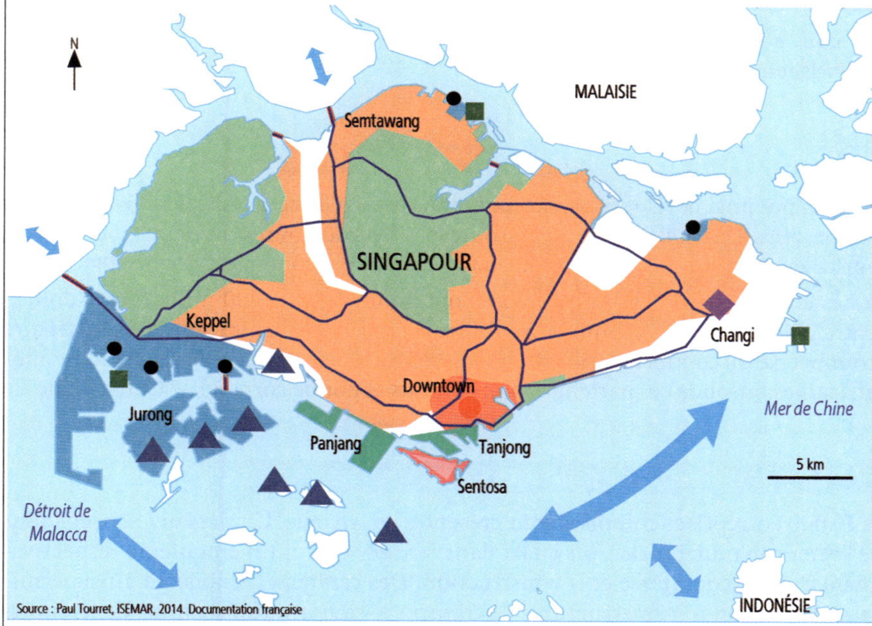

1. Une cité-état entre Asie, Moyen-Orient, Afrique et Europe
- Territoires urbanisés
- Forêts et plantations
- Ponts reliant l'île au continent
- Réseau autoroutier
- Aéroport international
- Base navale
- Centre urbain

2. Un lieu de production industrielle
- Zone industrielles
- Raffineries et pétrochimie

3. Le developpement des activités de service
- Activités portuaires de transbordement : terminaux à conteneurs
- Construction et réparation navale
- Centre d'affaires
- Espace récréatif
- Flux de marchandises et de travailleurs

Vocabulaire

EVP : Équivalent vingt pieds. Unité de mesure du trafic portuaire. Un EVP correspond à un petit conteneur.

Polder : terre-plein artificiel permettant de gagner de la surface sur la mer.

4 Les investissements chinois en Afrique

De quoi s'agit-il ? **La Chine s'appuie sur l'Afrique pour consolider sa puissance, sans garantir le développement africain.**

1 L'Afrique, objet de convoitise pour la Chine

- L'exceptionnel développement économique de la Chine a considérablement accru ses besoins. L'Afrique, riche en ressources – hydrocarbures, minerais, bois, terres agricoles – est donc devenue un enjeu majeur pour l'économie chinoise (**Doc.**).
- Les échanges entre les deux espaces ont bondi de 10 à 200 milliards de dollars entre 2000 et 2013. Ce commerce profite davantage à la Chine, premier partenaire commercial du continent africain. Depuis 2000, un forum annuel de coopération sino-africaine consolide ces partenariats et contrats et donne corps à la « Chinafrique ».

2 Une présence chinoise dans tous les secteurs

- 10 000 entreprises chinoises sont présentes en Afrique. Un tiers investissent dans le secteur manufacturier, un quart dans les services, et un cinquième respectivement dans le commerce et la construction. Des capitaux chinois ont ainsi permis la construction d'infrastructures de transport – autoroutes, chemins de fer, ports et aéroports – indispensables à l'insertion dans l'espace mondialisé.
- Des entreprises chinoises délocalisent également en Afrique l'assemblage de biens manufacturés pour économiser davantage sur les coûts de main-d'œuvre. Un million de Chinois vit désormais en Afrique, dont la moitié en Afrique du Sud.

3 Des effets contrastés et discutés

- Les investissements chinois ont accentué les déséquilibres territoriaux locaux, certains États en crise décrochant davantage (RDC, Centrafrique). À l'échelle des États, les nouveaux réseaux de transport accentuent l'influence des métropoles et des littoraux.
- La maîtrise des procédés et la gestion des projets restent majoritairement entre des mains chinoises : il n'y a pas de transfert de technologie. Par ailleurs, certains États africains ne sont pas en mesure de rembourser les prêts accordés par les banques chinoises pour des projets parfois inutiles. Des autoroutes et des ponts déserts grèvent ainsi les finances d'États fragiles au détriment d'investissements dans la santé ou l'éducation.

Doc. **La Chine en Afrique : une présence multiple**

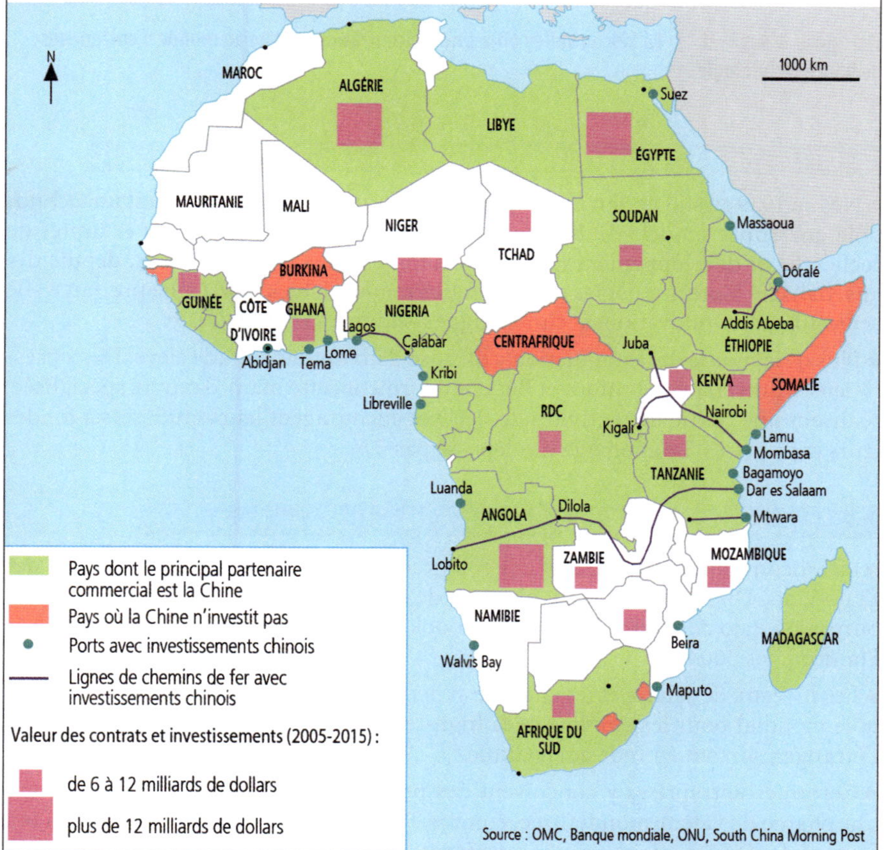

La Chine est le principal partenaire commercial d'une majorité de pays africains. Les investissements y dépassent souvent 12 milliards de dollars. Seuls quelques pays, instables et très pauvres, restent à l'écart de la frénésie de matières premières provoquée par la fulgurante croissance économique chinoise.

Vocabulaire

Chinafrique : néologisme inspiré de la « Françafrique » destiné à dénoncer des liens considérés comme néo-coloniaux entre la Chine et le continent africain.

5 La Silicon Valley : un espace productif intégré

De quoi s'agit-il ? **La Silicon Valley offre une concentration unique au monde d'entreprises de haute technologie.**

1 Un technopôle spécialisé dans les nouvelles technologies

- Née en 1939 au sud de San Francisco, en Californie, la Silicon Valley est un technopôle qui, sur le modèle du cluster, regroupe plus de 700 entreprises et unités de recherche et développement (R&D) spécialisées dans le high-tech et, depuis dix ans, dans les biotechnologies et les énergies renouvelables (**Doc.**). Elle produit à elle seule 40 % des innovations technologiques annuelles mondiales.
- Plus de la moitié de la population y dispose d'un niveau d'étude élevé. Deux prestigieuses universités, Stanford et Berkeley, forment cette main-d'œuvre spécialisée, réalisent une partie des activités de R&D et encouragent leurs étudiants à fonder leurs entreprises. Le chômage n'y dépasse pas 5 %.

2 Un espace intégré aux échelles nationale et mondiale

- La Silicon Valley regroupe 39 des 100 premières entreprises de la high-tech des États-Unis. Digital Equipment, pionnier de l'informatique né à Boston, ouvre des bureaux à Palo Alto en 1993, puis Facebook, conçu à Harvard, s'installe à côté de Stanford dès 2004.
- Les niveaux de salaire et les effets de synergie font de la Silicon Valley le premier pôle mondial pour les emplois de la high-tech. 55 % de ses ingénieurs sont nés à l'étranger, surtout en Inde et en Chine.
- Certaines entreprises y conçoivent des produits dont la réalisation repose sur une chaîne de valeur mondialisée, comme Tesla ou Hewlett-Packard. D'autres ont inventé des services dont les usages sont mondialisés, comme Facebook ou Google.

3 Un territoire confronté à des défis majeurs

- Toutefois, en 2017, les départs ont dépassé les arrivées. Les conflits au travail se multiplient et la présence syndicale se renforce. La Virginie et le Texas attirent les investisseurs, tout comme Tokyo, Singapour ou Bangalore.
- Ce cluster souffre de très fortes inégalités internes. On y trouve à la fois une concentration extrême de très hauts salaires et un nombre record de sans-abri. Enfin, l'environnement est durablement pollué par l'usage massif du silicium, nécessaire à la production informatique.

Doc. La Silicon Valley, territoire de l'innovation

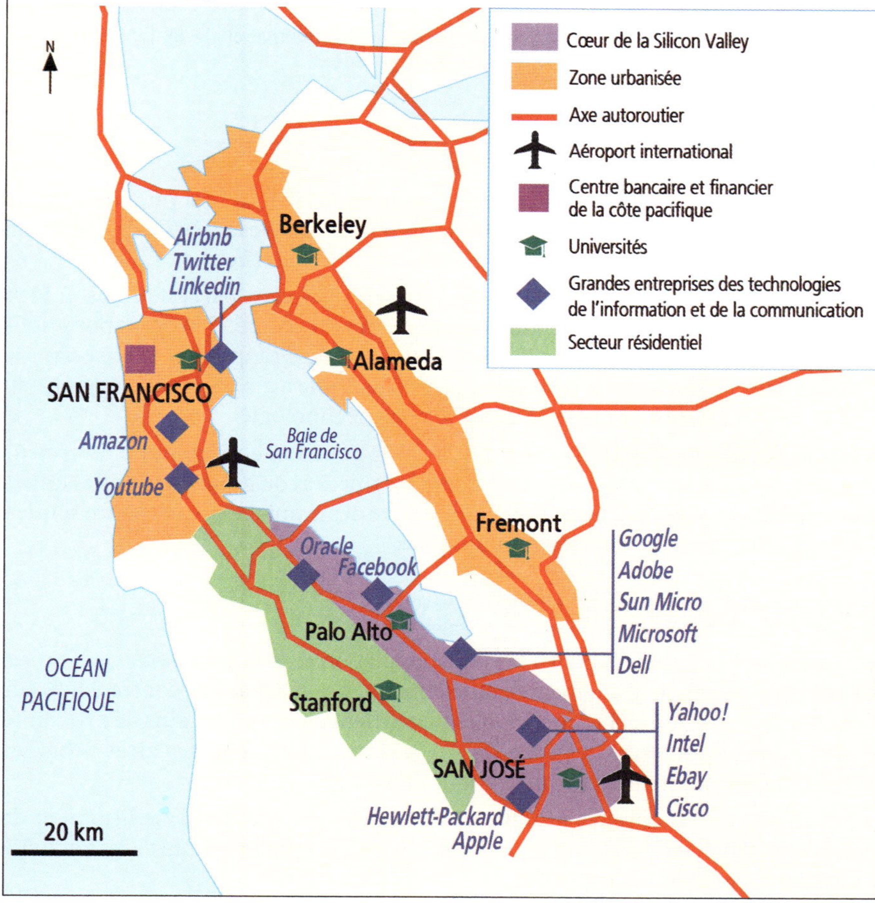

Vocabulaire

Cluster : territoire innovant grâce aux synergies entre entreprises et universités.

Technopôle : territoire concentrant des activités de haute technologie (industries de pointe, laboratoires de recherche et universités).

6 Les systèmes productifs français

De quoi s'agit-il ? **Entre valorisation locale et intégration internationale, les territoires productifs français se recomposent avec la mondialisation.**

1 La recomposition des systèmes productifs français

- Qu'il s'agisse d'industrie ou de service, les activités de commandement se concentrent dans les espaces métropolitains, tandis que les tâches de production ou d'exécution se déplacent dans les périphéries urbaines (**Doc.**).
- Alors que l'industrie occupait 40 % des actifs en 1968, cette part est tombée à 13 % en 2015. Pourtant, les produits industriels représentent encore 75 % des exportations françaises : l'industrie s'est transformée et spécialisée. Frappée par la crise dans le Nord et dans l'Est, l'activité de production industrielle a ainsi gagné les régions du Sud et de l'Ouest, notamment à travers la haute technologie.
- Des « pôles de compétitivité » sont nés en 2004 pour soutenir, autour d'un secteur et d'un territoire, la mise en réseau d'entreprises, petites ou grandes, avec des unités d'enseignement supérieur et de R&D. L'État offre des avantages fiscaux et un soutien à l'emploi aux entreprises rejoignant un pôle.

2 Métropolisation et littoralisation

- Les aires urbaines regroupent 43 % de la population et 46 % des emplois en France. Le nombre d'emplois y augmente actuellement de 1,4 % par an, contre 0,8 % sur l'ensemble du territoire. Les métropoles bénéficient en effet des gains de proximité et de connexion à toutes les échelles. 70 % des emplois dans les aires urbaines correspondent à des fonctions métropolitaines.
- Les contraintes naturelles restent déterminantes pour le tourisme littoral et de montagne. Quant au tourisme patrimonial, il est essentiellement urbain. L'activité touristique est en forte croissance.

3 Une connexion à toutes les échelles

- Les clusters reposent sur la complémentarité entre les acteurs. Les liens entre R&D et université favorisent le dynamisme des technopôles. Les interactions entre les cadres métropolitains accélèrent l'innovation.
- La France est l'un des principaux émetteurs et récepteurs d'IDE (2e récepteur mondial), commandés depuis les sièges des FTN : le commerce intra-firmes représente 40 % des échanges français. Le rôle des hubs est ainsi renforcé.

Doc. Les systèmes productifs industriels et de service en France

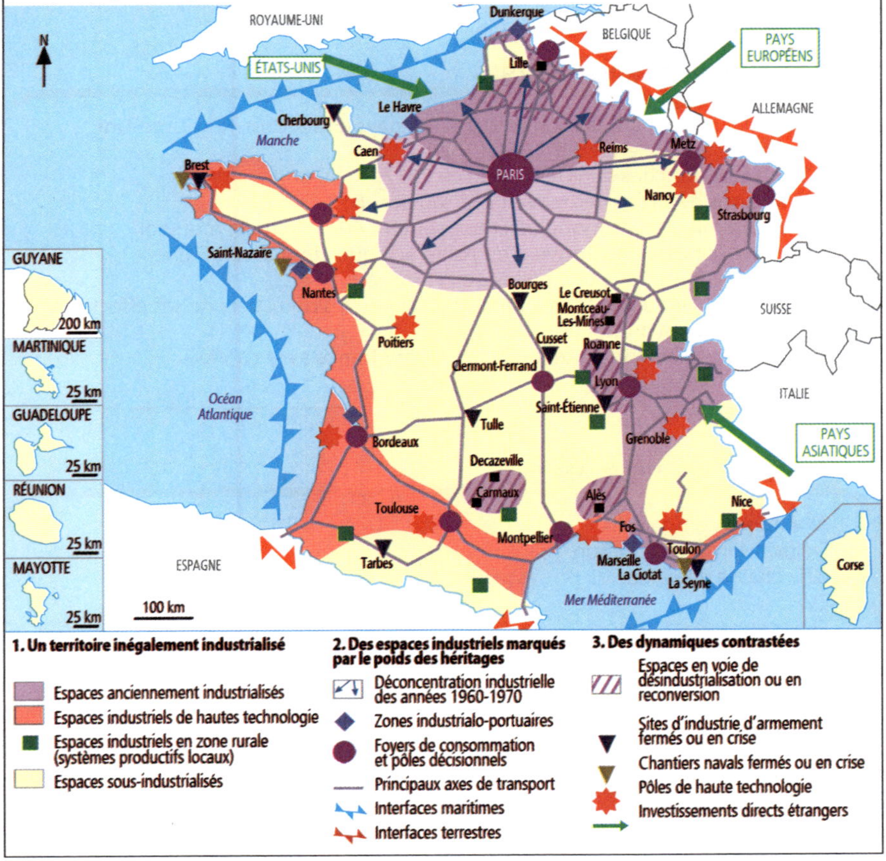

Vocabulaire

IDE (investissement direct à l'étranger) : investissement réalisé par une entreprise dans un autre pays, pour y racheter une entreprise ou développer une filiale.

Pôles de compétitivité : regroupement et mise en relation, sur un territoire donné, d'entreprises et d'unités de recherche autour d'un projet commun subventionné par l'État.

RÉVISION EXPRESS

LES CHIFFRES IMPORTANTS

- 4 000 *data center* dans le monde, dans 118 pays (États-Unis, Royaume-Uni, Allemagne, France en tête).
- 2 260 zones franches dans le monde en 2017.
- 182 millions de sites Internet actifs en janvier 2019.
- Les dix premiers ports mondiaux représentent 40 % du trafic mondial de conteneurs. Huit se trouvent en Asie-Pacifique, dont six en Chine.
- 56 pôles de compétitivité labellisés en France.
- En vingt ans, l'industrie textile française a perdu les deux tiers de ses effectifs et la moitié de sa production.
- 75 % de la production de textile-habillement français est confiée à un sous-traitant.

LES MOTS IMPORTANTS

- Avantages comparatifs
- Délocaliser/délocalisation
- DIT/ chaîne de valeur
- EVP
- Flux
- Hub
- IDE
- Interface
- Littoralisation
- Réseau
- Sous-traitance/externalisation
- Technopole
- ZIP
- Zones franches

LES ACTEURS IMPORTANTS

Les firmes transnationales : elles fragmentent les chaînes de valeur et encouragent les délocalisations et la sous-traitance.

Les États, régions, métropoles : jouent de leurs avantages comparatifs pour entretenir une forte concurrence destinée à attirer ou conserver les activités productives.

LE SCHÉMA IMPORTANT

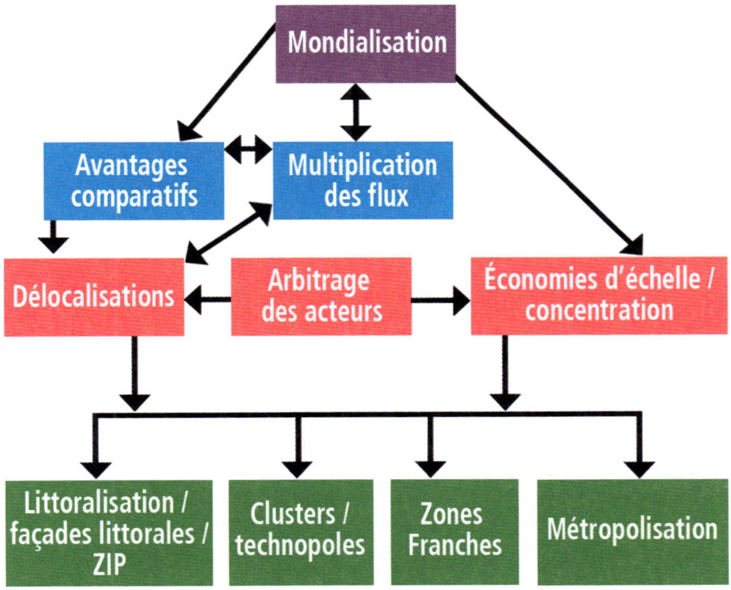

Quiz

1. Il y a de plus en plus de zones franches dans le monde.
a. ☐ Vrai **b.** ☐ Faux

2. La mondialisation ne favorise pas la littoralisation des activités.
a. ☐ Vrai **b.** ☐ Faux

3. Singapour est le premier port du monde pour les conteneurs.
a. ☐ Vrai **b.** ☐ Faux

4. La France encourage le développement de pôles de compétitivité.
a. ☐ Vrai **b.** ☐ Faux

5. Le principe du JAT favorise essentiellement les ports.
a. ☐ Vrai **b.** ☐ Faux

6. L'Afrique est devenue un enjeu majeur pour l'économie chinoise.
a. ☐ Vrai **b.** ☐ Faux

→ Réponses p. 170

Insérer un schéma dans une composition

MÉTHODE

1. Choisir l'information à schématiser

- Partez d'un exemple que vous maîtrisez bien et que vous êtes capable de situer dans l'espace.
- Mettez en valeur le lien entre votre exemple et la problématique générale du sujet.

2. Rassembler et classer les connaissances pour former la légende

- Indiquez au brouillon les connaissances que vous ferez figurer sur votre schéma. Montrez-vous aussi précis que possible. Il n'est pas nécessaire de faire un plan de légende pour un schéma.

3. Choisir les figurés

- Affectez à chaque connaissance un figuré graphique en respectant les règles de la cartographie :

  – les phénomènes « en surface » apparaissent par des plages colorées ; les flux, les échanges, les interactions par des flèches ; les axes et les limites par des traits ; les phénomènes localisés par des figurés ponctuels (point, carré…) ;

  – la taille des figurés et l'intensité de la couleur sont proportionnelles à l'importance de l'information représentée. L'ordre visuel reflète l'ordre des données.

4. Procéder à la réalisation graphique

- Réalisez votre production graphique avec application. Les figurés de surface doivent être faits au crayon de couleur ; n'utilisez ni votre crayon à papier ni vos surligneurs.
- Indiquez précisément une nomenclature correspondant au sujet (noms de villes, pays, lieux…) en écrivant droit, en noir (ou en bleu pour les fleuves, mers et océans).
- Mettez votre légende immédiatement à côté de votre schéma, sur la copie.
- Donnez un titre à votre schéma, en le reliant à votre problématique générale par l'utilisation de notions clés.

APPLICATION : EXERCICE CORRIGÉ

Réalisez un schéma pouvant illustrer le sujet suivant : « Les espaces productifs majeurs dans la mondialisation. »

• **Problématique :** En quoi la mondialisation renforce-t-elle le rôle de certains espaces dans le processus de production ?
• **Plan proposé** :
I. Le rôle majeur des métropoles, centres décisionnels et créatifs
II. Les littoraux, interfaces actives
III. Les régions transfrontalières, qui bénéficient des complémentarités entre les territoires de part et d'autre de la frontière

CORRIGÉ

Proposition de schéma : La région transfrontalière entre le Mexique et les États-Unis, une région productive majeure grâce aux complémentarités entre les deux territoires.

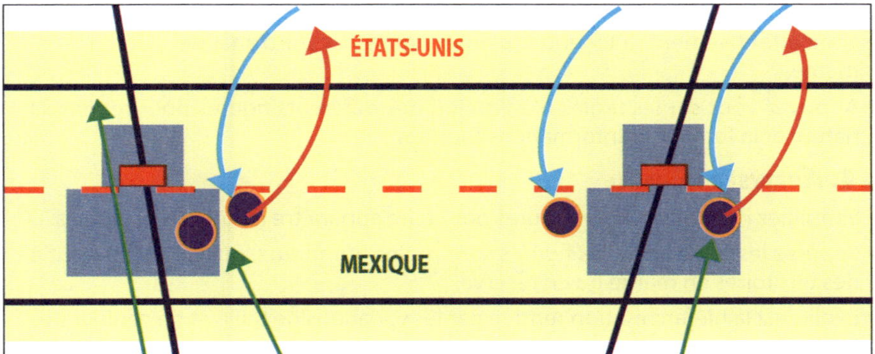

- Frontière entre les deux pays
- Axe de communication
- Poste de surveillance des axes transfrontaliers
- « Villes-jumelles » s'étendant de part et d'autre de la frontière
- Maquiladoras, usines d'assemblage en «point franc»
- Flux de capitaux investissant dans les maquiladoras
- Flux de produits industriels destinés au marché étatsunien
- Flux de travailleurs mexicains et sud-américains attirés par l'emploi dans les maquiladoras
- ÉTATS-UNIS Pays au niveau de vie élevé
- MEXIQUE Pays au niveau de vie moyen, marqué par de fortes disparités
- Région transfrontalière où l'on parle un mélange d'anglais et d'espagnol, le spanglish

Astuces du prof

• Donnez des exemples précis dans la légende pour montrer que vous êtes capable de passer d'un schéma général à une situation particulière.
• Développez vos connaissances dans les intitulés de la légende pour montrer que vous maîtrisez le sujet.

Analyser et lire une carte

MÉTHODE

1. Analyser la consigne

- Repérez et isolez les mots-clés de la consigne ou de la question.
- Définissez-les ou associez-les à des notions.

2. Lire le titre de la carte et repérer son échelle

- Situez le territoire représenté en vous appuyant sur l'échelle de la carte.
- Reliez le titre de la carte à vos connaissances et résumez-les par des mots-clés.

3. Comprendre la légende de la carte

- Lisez attentivement la légende (plan et figurés) avant d'analyser la carte elle-même.
- Appuyez-vous sur les règles d'utilisation des différents figurés pour repérer la nature et la forme des informations fournies.

4. Analyser la carte

- Simplifiez mentalement les figurés pour faire apparaître les idées principales.
- Repérez les espaces où les figurés sont moins nombreux, qui correspondent à des territoires en marge ou en réserve.
- Expliquez la hiérarchisation rendue par les variations de taille et de couleur des figurés.
- Appuyez-vous sur cette hiérarchisation pour repérer des ordres de grandeur, établir des comparaisons simples. S'il y a des données chiffrées, comparez-les.
- Confrontez les figurés de la carte aux connaissances de votre cours. Vous devez éclairer l'usage de tous les figurés.
- Interrogez-vous sur le choix des couleurs, les découpages, les hiérarchisations opérées par le cartographe. Ils sont porteurs de sens.
- Demandez-vous si la projection et/ou l'échelle de la carte n'orientent pas votre lecture.

L'astuce du prof

Faites très attention aux unités portées éventuellement dans la légende, pour un dégradé de couleurs, des cercles ou des flèches. Des pourcentages ne doivent pas être traités comme des valeurs absolues.

APPLICATION : EXERCICE CORRIGÉ

Montrez que le document suivant rend compte des différentes formes de recomposition des espaces productifs industriels sur le territoire français : métropolisation, littoralisation, essor des pôles de compétitivité et technopôles.

Les dynamiques des espaces industriels français

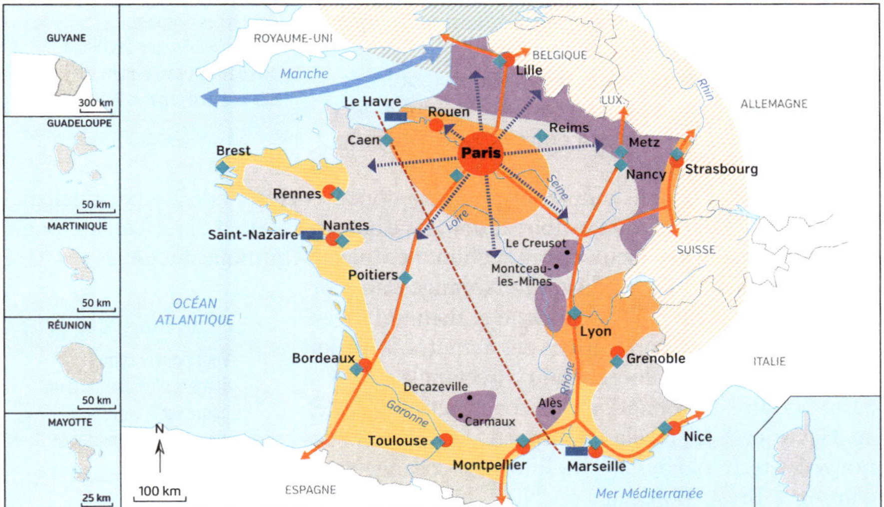

Des activités industrielles inégalement réparties
- Plus de 2/3 des emplois industriels à l'est de cette ligne
- Espaces anciennement industrialisés et dynamiques
- Espaces industriels dynamiques de hautes technologies
- Espaces en voie de désindustrialisation ou en reconversion
- Espaces sous-industrialisés

Des facteurs de dynamisme et de localisation
- Déconcentration industrielle des années 1960-1970
- Proximité de la mégalopole européenne
- Métropoles attractives innovantes
- Principaux technopôles

Des espaces reliés au monde
- Axe maritime majeur
- Zones industrialo-portuaires
- Axes autoroutiers majeurs

CORRIGÉ

La mondialisation provoque une recomposition des espaces productifs : leur localisation change pour mieux répondre aux enjeux provoqués par cette interdépendance croissante des hommes et des territoires. La France n'échappe pas à ce processus, comme le montre cette carte. Comment l'espace productif industriel français se transforme-t-il sous l'effet de la mondialisation ?

Nous verrons que le territoire français est désormais marqué par la concentration des hommes et des activités dans les métropoles (métropolisation) ou sur les littoraux (littoralisation), puis nous examinerons la localisation et l'impact des pôles de compétitivité et des technopôles, lieux où se noue la coopération entre laboratoires de recherche, entreprises et universités.

> **L'astuce du prof**
> Repérez d'abord les axes de la légende, qui fournissent un ordre de lecture.
> Identifiez ensuite les familles de couleur, qui aident à distinguer deux types d'espace.
> Enfin, n'oubliez pas les DROM, précisément parce qu'ils sont dépourvus d'espaces industriels.

I. Un territoire marqué par la concentration des hommes et des activités dans les métropoles et sur les littoraux

– Les activités industrielles sont inégalement réparties (première partie de la légende et ligne pointillée rouge) : des régions dynamiques (couleurs orangées), plutôt au nord et à l'est, s'opposent à des régions moins productives (couleurs violet et gris), plutôt au sud et à l'ouest.

– Les anciennes régions industrielles (orange foncé) correspondent aux principales métropoles attractives du territoire : Lyon, Strasbourg et surtout Paris (cercles rouges de différentes tailles). Lieux de production mécanique, chimique, textile.

– Les nouvelles régions industrielles (orange clair) correspondent aux littoraux atlantique et méditerranéen, ce qui marque la littoralisation des activités. Mention des zones industrialo-portuaire (rectangle bleu) à Saint-Nazaire (aéronautique et construction navale), au Havre et à Marseille (transport). Importance des nouvelles technologies sur les littoraux (losange vert), comme à Brest, Bordeaux ou Nice (biotechnologies, informatique, aéronautique).

> **L'astuce du prof**
> Vous pouvez compter le nombre d'utilisation d'un figuré sur la carte pour mesurer son importance.

– Des régions industrielles sont en crise (violet). Elles correspondent aux régions frontalières avec la Belgique, le Luxembourg et l'Allemagne (Nord, Lorraine) et aux foyers sidérurgiques et miniers (Alès, Carmaux, le Creusot).

– Le reste du territoire (dont les DROM) est sous-industrialisé malgré la politique de déconcentration industrielle des années 1960-1970 (flèches pointillées bleues).

II. Un territoire où les lieux de l'innovation coïncident avec les métropoles

– Importance des technopôles (18 losanges verts) équitablement répartis sur tout le territoire, de Lille à Metz, de Grenoble à Caen.

– Y compris dans des régions faiblement industrialisées comme l'Ouest (Poitiers) ou en crise (Lille, Metz, Nancy). Redynamisation des territoires passe par l'innovation.

– Coïncidence fréquente entre localisation des technopôles et métropoles : lien avec les avantages comparatifs des métropoles (main-d'œuvre, réseaux de communication, mise en relation des acteurs). Exemple de Toulouse (aéronautique), Montpellier (informatique), Bordeaux (biotechnologies).

– Importance des axes de communication (lignes orange et bleues) le long desquels se trouvent la plupart des technopôles (Poitiers, Lyon, Metz, Nancy, Lille, Caen).

Vérification des connaissances

1 En quoi les stratégies de localisation des FTN s'opposent-elles aux intérêts des États ?

2 Pourquoi les métropoles sont-elles des espaces productifs dynamiques, en France comme dans le monde ?

3 L'Afrique bénéficie-t-elle de la présence croissante des Chinois ?

4 Pourquoi la Silicon Valley est-elle un espace productif majeur à l'échelle mondiale ?

Application de la méthode

5 Vous réaliserez le schéma de Singapour, interface active, pour illustrer le sujet suivant : « Les espaces productifs majeurs dans la mondialisation. »

• **Problématique** : En quoi la mondialisation renforce-t-elle le rôle de certains espaces dans le processus de production ?

• **Plan proposé**

I. Le rôle majeur des métropoles, centres décisionnels et créatifs
II. Les littoraux, interfaces actives
III. Les régions transfrontalières, qui bénéficient des complémentarités entre les territoires de part et d'autre de la frontière

6 Montrez que la carte p. 157 rend compte de l'importance et des difficultés soulevées par la présence croissante des Chinois en Afrique.

Quiz

1 **a. Vrai.** Il y a de plus en plus de zones franches dans le monde à mesure que les États cherchent à attirer les investissements et réduisent pour cela leur fiscalité.

2 **b. Faux.** La mondialisation favorise la littoralisation des activités, qui mettent en contact avec le reste du monde.

3 **b. Faux.** Singapour est le deuxième port du monde pour les conteneurs, derrière Shanghai.

4 **a. Vrai.** La France encourage le développement de pôles de compétitivité depuis 2004, et espère ainsi maintenir la compétitivité du territoire et des espaces productifs français.

5 **b. Faux.** Le principe du JAT favorise toutes les métropoles qui disposent de hubs, plateformes opérant des correspondances entre toutes les destinations

6 **a. Vrai.** L'exceptionnel développement économique de la Chine a considérablement accru ses besoins. L'Afrique, riche en ressources, est donc devenue un enjeu majeur pour l'économie chinoise. Les échanges entre les deux espaces ont ainsi bondi de 10 à 200 milliards de dollars entre 2000 et 2013.

Vérification des connaissances

1 Les FTN décomposent leur processus productif de manière à tirer profit des avantages comparatifs des territoires. Elles font ainsi naître des chaînes de valeur qui se déploient à l'échelle mondiale, en particulier grâce à la sous-traitance et à l'externalisation d'une partie des activités. Les États dépendent de plus en plus des FTN pour maintenir l'emploi et l'activité. C'est pourquoi un nombre croissant d'entre eux compte sur le développement de zones franches, à la fiscalité très avantageuse. Cela accroît la concurrence entre les territoires à toutes les échelles.

2 Les métropoles sont des espaces productifs dynamiques car elles conjuguent les atouts dans la mondialisation. Elles disposent de hub, plateformes de correspondance les connectant au monde, de laboratoires et d'universités. Elles concentrent aussi les fonctions de conception, de direction et d'expertise grâce à la présence conjointe d'acteurs économiques complémentaires. Enfin, elles sont les lieux de la création, assurant des fonctions d'innovation.

3 L'Afrique ne bénéficie que partiellement de la présence croissante des Chinois. Les matières premières du continent africain répondent aux besoins de la Chine qui, en s'industrialisant massivement, a accru sa demande en pétrole, minerais et bois. Les investissements chinois ont ainsi considérablement augmenté : 10 000 entreprises chinoises sont présentes en Afrique. Mais les effets économiques de cette présence croissante sont peu favorables aux Africains. La Chine encourage en effet les dépenses d'infrastructure, augmentant la dette d'États fragiles pour des projets à l'efficacité incertaine, et qui restent sous le contrôle d'entreprises chinoises.

4 La Silicon Valley est un espace productif majeur à l'échelle mondiale car elle concentre à un niveau exceptionnel les activités et les grandes entreprises des nouvelles technologies. La présence conjointe d'universités d'envergure mondiale (Stanford et Berkeley) et l'installation, dès les années 1970, d'acteurs devenus des géants du secteur (Apple, HP, Google) ont favorisé son développement. Aujourd'hui, le high-tech y attire des ingénieurs du monde entier, même si les activités commencent à se redéployer à l'échelle américaine et mondiale, en raison du coût du foncier et des fortes inégalités dans la région de San Francisco.

Application de la méthode

5

Singapour, interface active combinant les activités productives

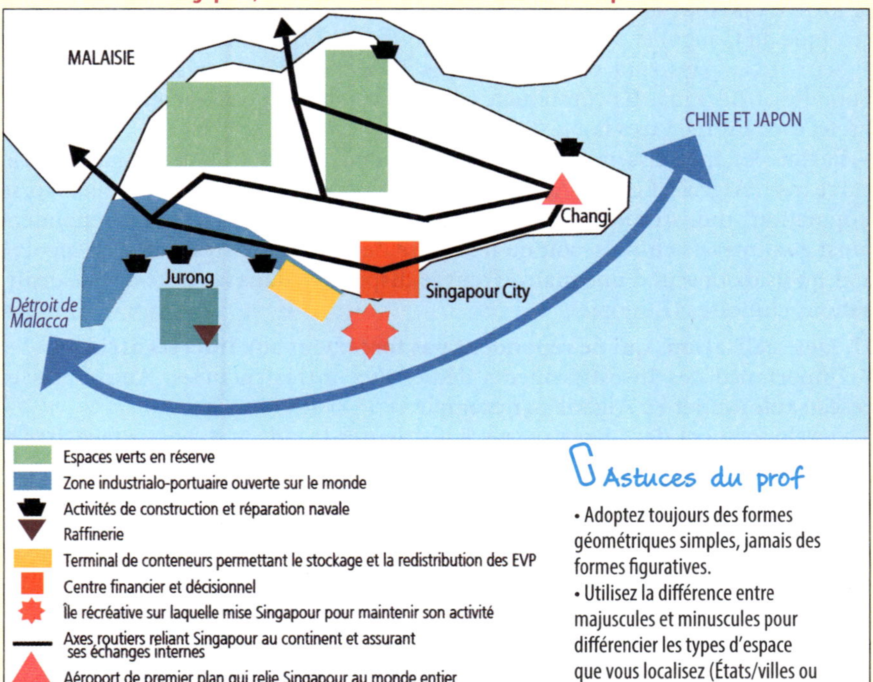

Astuces du prof

- Adoptez toujours des formes géométriques simples, jamais des formes figuratives.
- Utilisez la différence entre majuscules et minuscules pour différencier les types d'espace que vous localisez (États/villes ou quartiers).

6

Au cours des années 2000, l'Afrique est devenue un territoire convoité par une économie chinoise en forte croissance, en quête de matières premières à transformer dans ses usines. L'Afrique est également apparue comme un espace en retard de développement, à qui les entreprises chinoises pouvaient proposer la réalisation d'équipements structurants. Aujourd'hui, quel est l'effet de la présence chinoise en Afrique ?
Pour répondre à cette question, nous observerons d'abord l'ampleur de la présence chinoise en Afrique, avant de nous intéresser à ses formes.

L'astuce du prof

Cadrez rapidement les enjeux dans votre introduction en vous appuyant sur le contenu du chapitre.

I. Un continent où les investissements chinois sont devenus majoritaires

– La Chine est le principal partenaire commercial d'une majorité de pays africains (figurés de surface verts dans plus de vingt États). Ce phénomène est lié à la forte croissance de la Chine et à la présence de minerais (République démocratique du Congo) et pétrole dans certains États (Cameroun, Nigeria, Angola).

– Seuls trois pays sont délaissés par les investisseurs chinois : Centrafrique, Somalie et Burkina. Ils combinent en effet instabilité politique et grande pauvreté, avec un IDH très faible (0,4).

– Parfois les investissements dépassent les douze milliards de dollars (grand carré rose : Algérie, Égypte, Angola, Nigeria, Éthiopie). Ces pays conjuguent forte population, industrialisation active et/ou ressource pétrolière. Ils répondent ainsi aux intérêts chinois, soit qu'il s'agisse de trouver des ressources (Angola), soit qu'ils disposent d'une main-d'œuvre disponible dans le cadre des délocalisations chinoises (Éthiopie).

II. Des réalisations qui ne répondent pas forcément aux intérêts africains

– Importance des investissements dédiés aux infrastructures. Autoroutes et réseau autoroutier en Algérie par exemple.

– Développement des infrastructures portuaires (ronds verts) pour favoriser le commerce avec la Chine et la pénétration des produits chinois en Afrique, où la production industrielle demeure faible. Nombre très important sur la côte est (Kenya, Tanzanie), au contact de la Chine à travers l'océan Indien et dans le golfe de Guinée, attractif pour ses ressources pétrolières (Abidjan, Lomé, Lagos, Kribi).

– Réseau ferré (ligne violette) qui traverse le continent entre Angola et Tanzanie. Franchissement de l'isthme africain qui évite le passage par le cap de Bonne-Espérance.

– Réseau très coûteux et parfois peu pertinent (Kenya), ce qui endette des États déjà fragiles.

– Dimension politique et géostratégique de cette présence économique. Exemple de Doraleh (Djibouti) où les investissements visent aussi à accueillir des navires de guerre. « Collier de perle » qui consolide la puissance chinoise.
– Risque d'une Chinafrique qui remplacerait la Françafrique sans construire l'émancipation de ce continent.

CHAPITRE 7

Les espaces ruraux : multifonctionnalité ou fragmentation ?

1 La fragmentation des espaces ruraux dans le monde

De quoi s'agit-il ? **La fragmentation des espaces ruraux s'explique par la mutation des activités agricoles, du peuplement et de l'environnement.**

1 Un monde rural, des mondes ruraux

- La population rurale est devenue récemment minoritaire dans le monde. L'exode rural induit en effet une augmentation plus rapide du nombre de citadins. Néanmoins, il n'y a jamais eu autant de ruraux sur la planète (3,5 milliards selon la Banque mondiale).
- Le peuplement des campagnes, très inégal, dépend du type de pratiques agricoles. L'agriculture productiviste très mécanisée des pays industrialisés ne nécessite pas une main-d'œuvre importante. Inversement, les mises en valeur agricoles plus traditionnelles (agriculture vivrière et sur brûlis) s'accompagnent du maintien de fortes densités de population dans les pays en voie de développement.
- La ruralité ne se réduit pas aux seules activités agricoles. La mondialisation amplifie la diversification économique de certains espaces ruraux (essor du tourisme et des loisirs, des industries agroalimentaires…). Les trajectoires d'évolution des campagnes sont donc complexes et variées (**Doc.**).

2 Des espaces ruraux au cœur des défis du XXIe siècle

- Les campagnes sont au cœur du défi alimentaire mondial : nourrir dix milliards d'êtres humains en 2050. Mais localement, malnutrition et famine sont déjà une réalité.
- De plus, les inégalités de développement s'accentuent. Dans les pays du Nord comme dans les pays en voie de développement, certaines campagnes sont dynamiques. D'autres, en revanche, s'enfoncent dans les difficultés : pauvreté, isolement, vieillissement, déprise agricole, etc.
- Les enjeux environnementaux accentuent ces clivages. La déforestation, l'artificialisation des sols liée à l'étalement urbain, les conséquences de l'utilisation des engrais chimiques, etc. sont au cœur de vifs débats de société.
- La question de l'accaparement des terres, parfois considérée comme une nouvelle forme de colonisation, est également de plus en plus préoccupante.

Doc. **La fragmentation des espaces ruraux dans le monde**

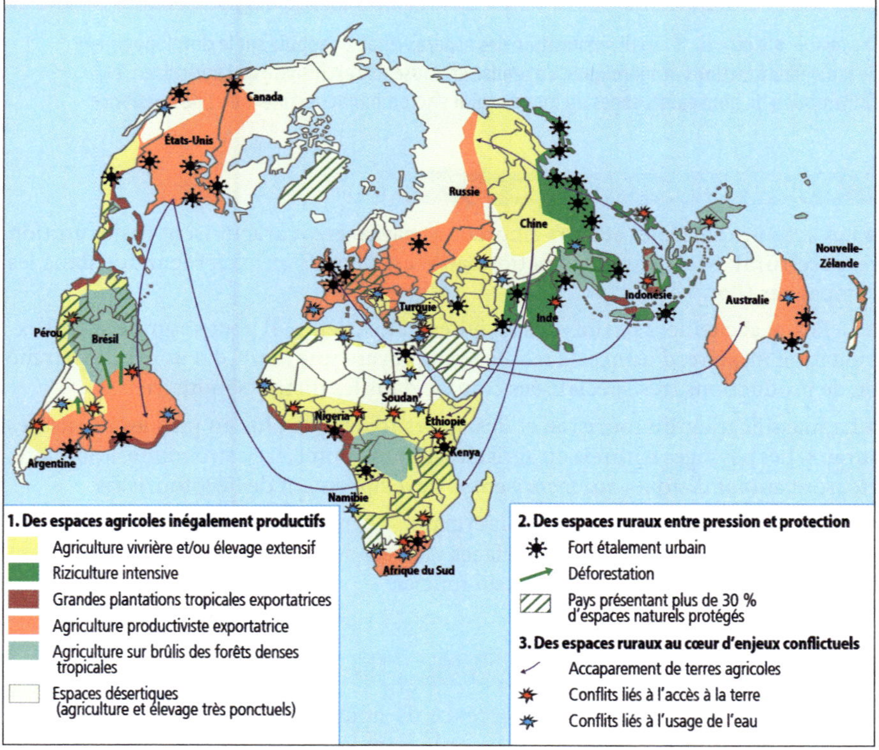

Vocabulaire

Accaparement des terres : acquisition de grandes surfaces agricoles, principalement en Afrique (50 %), pour le compte d'États dont les ressources agricoles ne sont pas suffisantes, ou pour celui de multinationales qui cherchent à accroître le volume de leurs productions.

Agriculture productiviste : agriculture moderne qui produit en masse pour le commerce et l'exportation.

Agriculture sur brûlis : système agraire où les terres agricoles sont défrichées par le feu pour les rendre fertiles.

Agriculture vivrière : système agraire, dominant dans les pays du Sud, où de petites exploitations sont travaillées chacune par une famille consommant tout ou partie de sa production.

Déprise agricole : abandon durable des cultures ou de l'élevage qui provoque le recul des surfaces agricoles.

Exode rural : flux de population de la campagne vers la ville.

2 Affirmation des fonctions non agricoles et conflits d'usages

De quoi s'agit-il ? La diversification des espaces ruraux s'appuie sur le développement de nouvelles fonctions économiques. La remise en cause de l'exclusivité de l'agriculture et l'affirmation de nouveaux usages du monde rural s'accompagnent d'inertie et de résistance.

1 L'essor des fonctions non agricoles

- Les activités agricoles et leurs empreintes paysagères caractérisent par définition l'espace rural. Mais la multifonctionnalité est de plus en plus répandue dans les campagnes (**Doc. 1** et **2**).
- Celles-ci accueillent parfois des activités industrielles. Il peut s'agir de sites d'exploitation minière, d'usines de montage employant une main-d'œuvre bon marché ou de productions très spécialisées comme dans les districts industriels.
- La massification du tourisme et des loisirs touche de plus en plus les territoires ruraux. Les paysages naturels ou agricoles, le patrimoine, la gastronomie, le folklore, etc. sont autant d'atouts qui favorisent le développement de l'écotourisme.
- Certains services (centres commerciaux, entrepôts, sites de traitement des déchets…) ont besoin de vastes surfaces : il n'est donc pas rare qu'ils s'implantent à la campagne pour réduire le coût du foncier.

2 Le rural entre multifonctionnalité et conflictualité

- L'arrivée des néoruraux et l'émergence de nouvelles fonctions peuvent être à l'origine de conflits. Les agriculteurs et la population vivant traditionnellement à la campagne ne perçoivent pas toujours positivement la transformation de leur cadre de vie.
- Les ressources locales (la terre, l'eau, la forêt…) sont au cœur de ces « conflits d'usage ». Cette conflictualité oppose des acteurs individuels ou collectifs (chasseurs, touristes, élus, exploitants agricoles…) qui n'ont pas le même rapport à l'espace et à son utilisation.
- La protection de l'environnement est une préoccupation de plus en plus présente dans le monde rural. Entre la nécessité de préserver la qualité des sols, de l'eau, des paysages, etc. et les impératifs de croissance économique, la voie est étroite et également conflictuelle.
- En France, les parcs nationaux tentent de concilier ces deux objectifs. Ils associent un « cœur de parc » où la nature est sanctuarisée et une « aire périphérique » où le développement des activités est réglementé.

Doc. 1 Viticulture et tourisme au Chili

Situé au centre du Chili, le vignoble de Colchagua est l'un des plus réputés d'Amérique du Sud. Il suscite une forme de tourisme spécifique : l'« œnotourisme », tourisme du vin et des vignobles. Ici, un téléphérique assure le déplacement des visiteurs d'un site de production et de dégustation à l'autre.

Doc. 2 Centre logistique du groupe « Lidl » à Baziège (Haute-Garonne)

Inauguré en 2018 au cœur de la campagne toulousaine, le siège régional du groupe européen de grande distribution illustre un conflit d'usage de l'espace entre activités agricoles (les champs) et de services (stockage, administrations, transports).

Vocabulaire

Conflit d'usage : opposition entre différents acteurs (agriculteurs, élus, chasseurs, touristes…) au sujet de la manière d'occuper ou d'exploiter un espace.

District industriel : groupe d'entreprises à la fois concurrentes et complémentaires spécialisées dans un secteur d'activité et implantées en milieu rural.

Écotourisme : activités touristiques fondées sur les ressources environnementales et les spécificités culturelles des territoires ruraux.

Multifonctionnalité : coexistence sur un même territoire d'activités de nature distincte.

Néoruraux : habitants récemment installés à la campagne.

3 Les mutations des espaces ruraux de Toscane

De quoi s'agit-il ? La Toscane est une région de tradition agricole du centre-ouest de l'Italie. Elle connaît depuis plusieurs années des transformations économiques et sociales de grande ampleur qui y bouleversent l'organisation et les dynamiques spatiales.

1 La Toscane, berceau de la « *dolce vita* »

- La Toscane s'étend sur 23 000 km² entre l'Adriatique et les montagnes du centre de l'Italie. Ses quatre millions d'habitants bénéficient d'un cadre de vie exceptionnel.
- Un climat doux et ventilé, un relief dominé par des courbes harmonieuses, une présence en eau suffisante pour éviter la sécheresse et une luminosité intense dessinent en effet des paysages dont les qualités esthétiques ont inspiré de nombreux artistes depuis la Renaissance (**Doc. 2**).
- L'agriculture toscane s'est développée autour de la trilogie présente traditionnellement dans l'ensemble du bassin méditerranéen : le blé, le vin, les olives. Les caractéristiques du milieu naturel et les savoir-faire locaux ont donné naissance à des terroirs de réputation mondiale.
- Mais une succession de crises agricoles, la croissance urbaine, l'orientation des politiques d'aménagement et de développement ont considérablement transformé les équilibres régionaux traditionnels.

2 De nouvelles logiques spatiales

- Les transformations à l'œuvre depuis les années 1960-1970 ont accentué les contrastes entre espaces dynamiques et territoires en crise à l'échelle régionale.
- La campagne qui s'étend autour des villes comme Sienne, Florence et Pise bénéficie de l'essor de l'agriculture périurbaine et accueille de plus en plus de fermes biologiques.
- Le tourisme est un levier majeur de développement. En dehors de la frange littorale, son développement profite surtout aux plaines et aux collines intérieures. L'économie résidentielle prospère grâce au succès de l'agritourisme (**Doc. 1**).
- En revanche, les espaces de montagne sont en difficulté. Les pentes et l'instabilité des versants n'ont pas permis la mécanisation de l'agriculture. Un tiers des exploitations a disparu en dix ans. Le vieillissement et la dépopulation accélèrent leur marginalisation. Malgré la modernisation des réseaux de transport, ils restent difficiles d'accès. La faune sauvage y reprend ses droits : plus de 600 loups peuplent les forêts d'altitude et suscitent la colère des derniers éleveurs locaux.

Doc. 1 Paysage de l'agritourisme en Toscane

Doc. 2 Toscane, la « campagne des peintres »

Beaucoup d'amateurs d'art connaissent les collines siennoises sans jamais y avoir mis les pieds. Primitifs italiens et peintres de la Renaissance n'ont cessé de les représenter en fond de leurs tableaux. Leurs lignes arrondies, leurs pentes aux couleurs changeant selon les saisons et les villages fortifiés posés sur leur faîte ont enchanté les artistes. En les intégrant à leur œuvre, ils célébraient le mélange harmonieux d'activités pastorales et agricoles à de puissantes abbayes et d'audacieux édifices militaires.

D'après J.-M. Gonin et L. Haloche, *Le Figaro magazine*, n° 22967, 15 juin 2018.

Vocabulaire

Agriculture périurbaine : activités agricoles visant à répondre aux besoins alimentaires des villes autour desquelles elles se maintiennent de manière plus ou moins discontinue.

Agritourisme : forme de tourisme qui regroupe les activités d'hébergement, de découverte des métiers agricoles (visites, ateliers, etc.) et la vente directe de produits du terroir.

Économie résidentielle : ensemble des activités qui répondent aux besoins de la population permanente d'un territoire (commerce, services publics…) et à ceux des touristes (hôtels, guides…).

Terroir : région définie par des productions agricoles spécifiques (miel, fromages, fruits, vin…).

4 Mutations agricoles et recomposition des espaces ruraux en Inde

De quoi s'agit-il ? Près de 900 millions d'Indiens, soit deux tiers des habitants, sont des ruraux. La modernisation de l'agriculture permet de répondre à la croissance des besoins alimentaires de la population, mais ses effets sociaux et spatiaux sont inégaux et les contrastes s'accentuent.

1 L'Inde, un « géant agricole » ?

- 43 % des Indiens occupent un emploi agricole. Le pays compte 600 millions de paysans ; l'agriculture ne représente cependant que 16 % du produit intérieur brut.
- La révolution verte a permis de multiplier par 5 la production de céréales en soixante ans. Mais les rendements figurent parmi les plus faibles des pays émergents.
- L'Inde est le premier producteur mondial de légumineuses (haricots secs, pois chiches…). L'autosuffisance alimentaire est assurée. Cependant, les difficultés de stockage et de distribution, la variabilité des prix et la fréquence des maladies parasitaires freinent l'expansion du marché.
- La faiblesse de la productivité agricole s'explique également par l'incertitude climatique. Plus de la moitié des fermes n'ont pas de système d'irrigation et sont donc dépendantes de la mousson. Nombreux sont les agriculteurs qui ne savent pas quoi ni quand semer pour améliorer leurs récoltes.

2 Des transformations aux effets inégaux

- Les progrès de l'agriculture indienne reposent sur l'endettement, parfois excessif, des familles. Entre 1995 et 2015, au moins 310 000 paysans se sont donné la mort.
- Les ruraux forment la majorité des dix millions d'Indiens qui, chaque année, tombent sous le seuil d'extrême pauvreté dès lors qu'ils doivent se soigner. La croissance économique du pays ne parvient pas à fournir un emploi au surplus de main-d'œuvre dans les campagnes ; ce déficit est la source principale de l'exode rural.
- Les espaces ruraux situés près des littoraux, dans le sud du pays ou qui sont bien reliés aux métropoles, poursuivent leur modernisation. Inversement, l'intérieur s'enfonce dans les difficultés : le manque d'équipements et d'infrastructures est particulièrement criant (**Doc.**).
- Face à la colère des campagnes, l'État promet de construire 50 000 km de routes pour désenclaver les villages isolés, et de raccorder 40 millions de foyers à l'électricité pour éviter le décès prématuré de millions de femmes intoxiquées par la fumée de cuisson au charbon de bois.

Doc. **La diversité des campagnes indiennes**

F. Landy (dir.), « *Dictionnaire de l'Inde contemporaine* », A. Colin, 2015.

L'expression « Ventre creux » fait référence aux territoires ruraux parmi les moins productifs du pays.

Les Naxalites sont des groupes révolutionnaires qui revendiquent une redistribution des terres agricoles.

Vocabulaire

Exode rural : déplacement d'une partie de la population des campagnes vers les villes.

Mousson : phénomène climatique saisonnier qui détermine le régime des précipitations dans les régions intertropicales.

Paysans : exploitants agricoles à faible productivité de travail.

Rendement : volume de la production agricole rapportée à la surface cultivée.

Révolution verte : politique de développement agricole mise en œuvre par l'État à partir des années 1960. La mécanisation et la sélection des espèces cultivées ont permis à l'Inde d'atteindre l'autosuffisance alimentaire mais son impact écologique et sanitaire est négatif : épuisement des nappes phréatiques, augmentation du nombre de cancers…

5 Les espaces ruraux canadiens : une multifonctionnalité marquée

De quoi s'agit-il ? **Aujourd'hui, la population des territoires ruraux canadiens représente moins d'un habitant sur cinq. À l'échelle de cet immense pays, les campagnes sont de plus en plus polyvalentes : c'est le triomphe de la multifonctionnalité.**

1 Une ruralité plurielle

- Le Canada, deuxième pays le plus vaste au monde après la Russie, se caractérise par la très grande diversité de ses territoires ruraux. Les paysages et les modes de mise en valeur dépendent étroitement des conditions naturelles (climat, relief, sols) et de l'histoire du peuplement du pays.
- La ruralité canadienne n'est pas principalement agricole. Les surfaces cultivées ne couvrent que 7 % de la superficie totale ; le poids économique de l'agriculture est faible (1,6 % du PIB).
- La multifonctionnalité des campagnes suit le principe des « 4P » (**Doc.**). Ce sont en effet des lieux de résidence, des espaces récréatifs et touristiques, des régions de production (notamment des matières premières et des sources d'énergie) et des territoires de sauvegarde de la nature et du patrimoine.
- La polyvalence du rural s'affirme de plus en plus grâce au développement du télétravail et à une plus grande mobilité des personnes et des biens. La recherche d'une meilleure qualité de vie est un facteur de l'exode urbain qui y contribue également.

2 Une campagne très convoitée : avantages et inconvénients

- La multifonctionnalité des espaces ruraux canadiens se lit à toutes les échelles, des chambres d'hôtes à la ferme à toute une région où se combinent activités agricoles, industrielles et de services. Cette polyvalence, qui contribue à l'occupation dynamique du territoire, atténue le déclin des espaces agricoles qui ne sont pas parvenus à se moderniser et à s'adapter à la mondialisation.
- Il est aussi une réponse aux attentes des citadins de plus en plus sensibles au charme et aux mystères de la « *wilderness* ». La clientèle des agences de tourisme qui proposent des expériences en pleine nature (safaris arctiques, circuits de canot-camping…) est en plein essor.
- Conflits d'usages et risques de dégradation de l'environnement sont le revers de la médaille. Ils peuvent susciter de vives tensions entre les différentes catégories d'acteurs locaux.

Doc. La multifonctionnalité des espaces ruraux canadiens

❶ Périurbanisation
❷ Fleuve Nicomekl
❸ Autoroute vers Vancouver
❹ Exploitation agricole
❺ Cultures céréalières
❻ Golf
❼ Industries et commerces

Vocabulaire

Exode urbain : déplacement d'une partie de la population des villes vers les campagnes.

Multifonctionnalité : voir p. 177.

Principe des « 4P » : la multifonctionnalité repose sur quatre pieds (en anglais : *place*, *play*, *production*, *protection*).

Wilderness : la notion désigne au sens propre du terme la « nature sauvage ». Elle fait aussi référence à une forme d'état d'esprit, voire de spiritualité, de l'individu confronté aux grands espaces. Elle est à l'origine de nombreuses pratiques touristiques et récréatives au Canada.

6 France : des espaces ruraux multifonctionnels entre initiatives locales et politiques européennes

De quoi s'agit-il ? **Les espaces ruraux français occupent 70 % de la surface du pays. Les campagnes de métropole et d'outre-mer offrent des profils socio-économiques très contrastés.**

1 Des espaces ruraux en recomposition

- Selon le dernier recensement, les ruraux représentent 22,7 % de la population dans 80 % des communes françaises. La dépopulation des territoires ruraux s'est inversée : leur solde migratoire est redevenu légèrement positif.
- L'arrivée de nouveaux habitants, liée en partie à la pression urbaine et au coût des logements en ville, est loin d'être homogène. Socialement, elle est parfois clivante : la gentrification rurale dans le Luberon ou en Dordogne en est l'illustration. Territorialement, elle fragmente les campagnes : la désertification des territoires de faible densité, enclavés, à population âgée, éloignés des équipements et des services (Ariège, Creuse, Ardennes, Haute-Marne…) a tendance à s'accentuer.
- Le dynamisme des campagnes situées à la périphérie des métropoles, le long du littoral atlantique, en Occitanie, dans la vallée du Rhône renforce leur multifonctionnalité. Les activités non agricoles (tourisme, loisirs, industries high-tech, commerce…) s'y développent.

2 Le rural au cœur des débats d'aménagement

- L'accentuation des disparités dans et entre les territoires ruraux pousse l'État et les collectivités territoriales à intervenir (**Doc.**).
- Les zones de revitalisation rurale (ZRR, 1995) et la loi sur le développement des territoires ruraux (2005) ont été progressivement complétées par d'autres mesures d'aménagement rural : maisons de services au public, centres de santé pluriprofessionnels, réduction de la fracture numérique, plan de désenclavement routier, etc.
- L'Union européenne (UE) se mobilise également en faveur des territoires ruraux et de leurs habitants. Les fonds européens structurels et d'investissement y financent, en France comme dans les autres États membres, des projets innovants au service de l'emploi, de la recherche, de la formation ou de l'environnement. Pour l'Outre-mer, ils s'ajoutent aux mesures spécifiques appliquées en faveur des « régions ultrapériphériques ».

Doc. La recomposition des espaces ruraux français

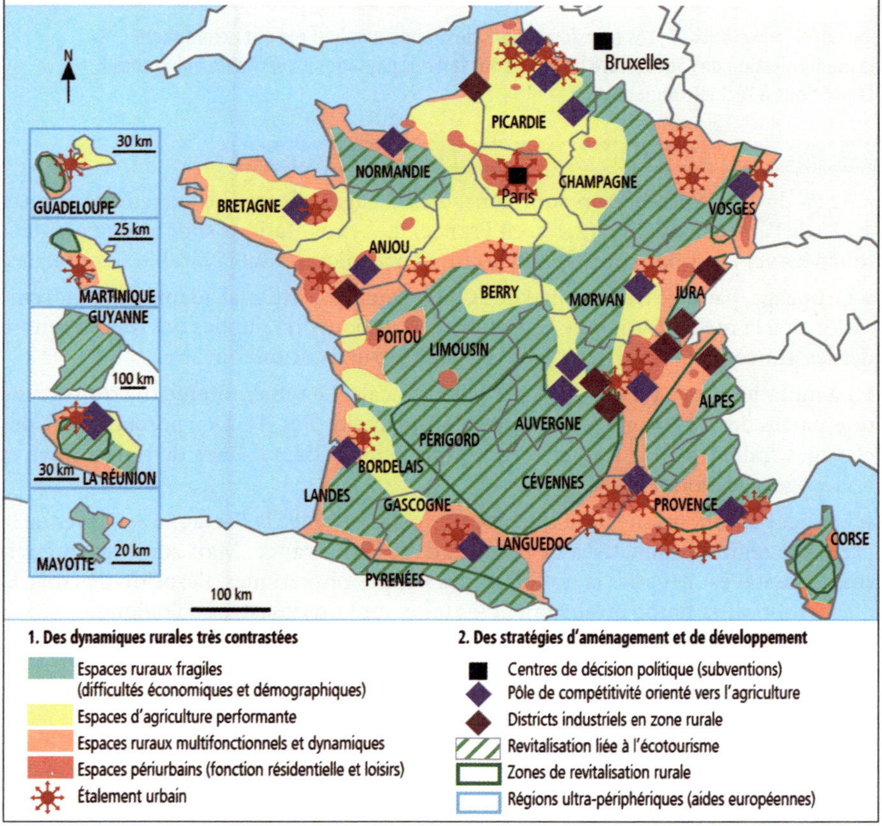

Vocabulaire

Dépopulation : diminution absolue ou relative du nombre d'habitants.

Désertification : perte de vitalité d'un territoire liée à la dépopulation et au déclin des activités traditionnelles.

Gentrification rurale : transformations socio-économiques et culturelles liées à l'installation d'une population aisée parmi des ruraux plus modestes.

Région ultrapériphérique : territoire de l'UE situé hors du continent européen bénéficiant d'aides particulières pour compenser les conséquences de son éloignement et de son isolement.

Zone de revitalisation rurale : territoire de faible densité dont le niveau de revenu est inférieur à la médiane et pour lequel l'État accorde des avantages fiscaux à toute entreprise qui s'installe.

7 Les transformations paysagères des espaces ruraux bretons

De quoi s'agit-il ? **Les transformations de grande ampleur qui ont accompagné la modernisation de l'agriculture bretonne ont fait des paysages un véritable enjeu social et politique à l'échelle régionale.**

1 La grande mutation des campagnes bretonnes

- 62 % du territoire breton sont consacrés à l'agriculture. Le secteur concentre 4,1 % de l'emploi régional (2,4 % en France). Les exploitations sont principalement tournées vers la production de lait, le climat océanique étant favorable aux prairies.
- Le bocage, paysage traditionnel de l'Ouest français, était mal adapté à la modernisation et à la mécanisation de l'agriculture. Les pouvoirs publics ont mis en œuvre dès les années 1960 une vaste politique de restructuration foncière.
- La mutation des paysages agraires a été radicale. Le remembrement a transformé une partie des campagnes bretonnes en openfield (**Doc. 1**). Des porcheries et des élevages industriels de poulets ont remplacé les petites fermes de polyculture et d'élevage traditionnelles.
- Le succès économique de la réforme est incontestable : la Bretagne est devenue la première région productrice de porcs et d'œufs en France. Mais son impact environnemental est négatif : la pollution des nappes phréatiques, l'érosion des sols, la disparition de la faune qu'abritaient les talus sont un désastre écologique.

2 De nouveaux enjeux paysagers

- Depuis une cinquantaine d'années, l'urbanisation est un autre facteur de mutation des paysages ruraux. À la périphérie des villes, l'artificialisation des sols a progressé au rythme de la construction de lotissements, de centres commerciaux et d'infrastructures variées. Depuis 2006, la surface agricole a diminué de 32 000 hectares tandis que les sols artificialisés ont augmenté de 38 000 hectares.
- Les Bretons ont peu à peu pris conscience de l'importance des paysages ruraux dans la mémoire et la culture locales. Ils les perçoivent désormais comme un élément de l'identité régionale (**Doc. 2**). À ce titre, ils les protègent : les collectivités territoriales s'opposent de plus en plus fermement au mitage et deux parcs naturels régionaux ont été créés.
- Les paysages ruraux sont également des supports de développement de l'écotourisme. Les campagnes de promotion de la région les mobilisent systématiquement depuis quelques années.

Doc. 1 L'impact du remembrement à Domagné (Ille-et-Vilaine) en 1950 (à gauche) et 2015 (droite)

Doc. 2 La promotion touristique des territoires ruraux

Vocabulaire

Artificialisation : sols bâtis ou revêtus par des routes, des voies ferrées, des parkings, etc.

Bocage : paysage agraire constitué de petites parcelles irrégulières fermées par des haies et des talus, symbole de l'identité paysagère de l'Ouest français.

Mitage : construction isolée de logements, de zones d'activités, d'équipements qui rompt l'harmonie paysagère des espaces ruraux.

Openfield : paysage agraire formé de vastes champs ouverts et géométriques.

Remembrement : politique d'aménagement foncier initiée par l'État consistant à regrouper les parcelles des exploitations, à faire disparaître les obstacles à la mécanisation (bosquets, haies, talus) et à repenser le tracé des voies afin d'améliorer les rendements agricoles.

RÉVISION EXPRESS

LES CHIFFRES IMPORTANTS

- Il y a actuellement 3,5 milliards de ruraux dans le monde.
- Le secteur agricole concentre 43 % de la population active indienne.
- En Inde, la Révolution verte a permis de multiplier par cinq la production de céréales depuis soixante ans.
- L'agriculture indienne ne représente que 16 % du produit intérieur brut du pays.
- Seuls 7 % de la superficie totale du Canada sont des surfaces cultivées.
- La Bretagne est une grande région agricole française : 4,1 % des actifs relèvent de ce secteur contre 2,4 % en moyenne nationale.

LES MOTS IMPORTANTS

- Accaparement des terres
- Agriculture périurbaine
- Agriculture productiviste
- Agriculture sur brûlis
- Agriculture vivrière
- Agritourisme
- Artificialisation
- Bocage
- Conflit d'usage
- Dépopulation
- Déprise agricole
- Désertification
- District industriel
- Écotourisme
- Économie résidentielle
- Exode rural
- Exode urbain
- Gentrification rurale
- Mitage
- Mousson
- Multifonctionnalité
- Néoruraux
- Openfield
- Paysans
- Principe des « 4P »
- Région ultra-périphérique
- Remembrement
- Rendement
- Révolution verte
- Terroir
- *Wilderness*
- Zone de revitalisation rurale

LE SCHÉMA IMPORTANT

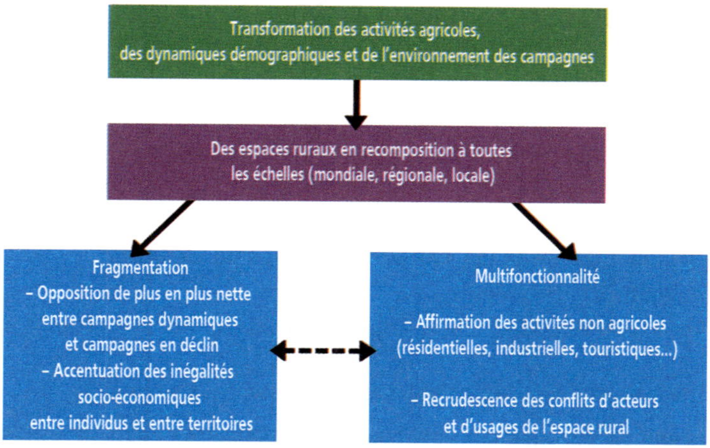

Quiz

1. Sur quel continent se situent principalement les « terres accaparées » ?

a. ☐ L'Europe
b. ☐ L'Asie de l'Est
c. ☐ L'Afrique

2. Quel est, avec le blé et la vigne, le troisième pilier de l'agriculture toscane ?

a. ☐ La tomate
b. ☐ L'olive
c. ☐ Le riz

3. Combien compte-t-on de petits agriculteurs (« paysans ») en Inde ?

a. ☐ 300 millions
b. ☐ 600 millions
c. ☐ 900 millions

4. Quelle est la part du territoire français qu'occupent les espaces ruraux ?

a. ☐ 30 %
b. ☐ 50 %
c. ☐ 70 %

5. Quel est le sens du second « R » dans l'acronyme « ZRR ». « Zone de… » :

a. ☐ restructuration rurale
b. ☐ réhabilitation rurale
c. ☐ revitalisation rurale

6. Quelle est la part du territoire breton consacrée aux activités agricoles ?

a. ☐ 52 %
b. ☐ 62 %
c. ☐ 72 %

→ **Réponses p.196**

Rédiger une analyse structurée et argumentée d'une carte

MÉTHODE

Une carte est une représentation qui permet de saisir d'un seul coup d'œil l'organisation et les dynamiques d'un espace. Fondée sur l'utilisation d'un langage spécifique (le langage cartographique), elle doit être interprétée en suivant une méthodologie adaptée.

1. Identifier l'objet et les caractéristiques de la carte

- Analysez le titre du document.
- Identifiez les attributs de la carte (l'orientation, la légende, l'échelle, la projection).
- Relevez les autres informations utiles (auteur, date, source, etc.).

2. Repérer la distribution spatiale des éléments cartographiés

- Localisez et situez les informations représentées en associant chaque figuré de la légende aux lieux ou territoires correspondants sur la carte.
- Caractérisez les phénomènes spatiaux correspondants : nature de l'information, valeur relative, valeur absolue, évolution, concentration, dispersion, éloignement…
- Hiérarchisez ensuite les informations en distinguant les informations capitales des informations secondaires

3. Interpréter la carte par un texte structuré et argumenté

- Introduisez votre analyse :

  – Présentez la carte en précisant sa nature (car on trouve une multitude de types de carte) éventuellement l'auteur et, absolument, l'idée générale ainsi que l'intérêt du document.

  – Définissez-le ou les termes du sujet.

  – Identifiez une problématique.
- Organisez votre développement en deux ou trois parties (selon les informations repérées à l'étape précédente).
- Prévoyez enfin une conclusion, par exemple sur les avantages ou les limites de la carte par rapport à d'autres types de langage.

APPLICATION : EXERCICE CORRIGÉ

À partir du document, présentez la diversité des espaces ruraux en France.

Doc. Les zones de revitalisation rurale en France métropolitaine (2018)

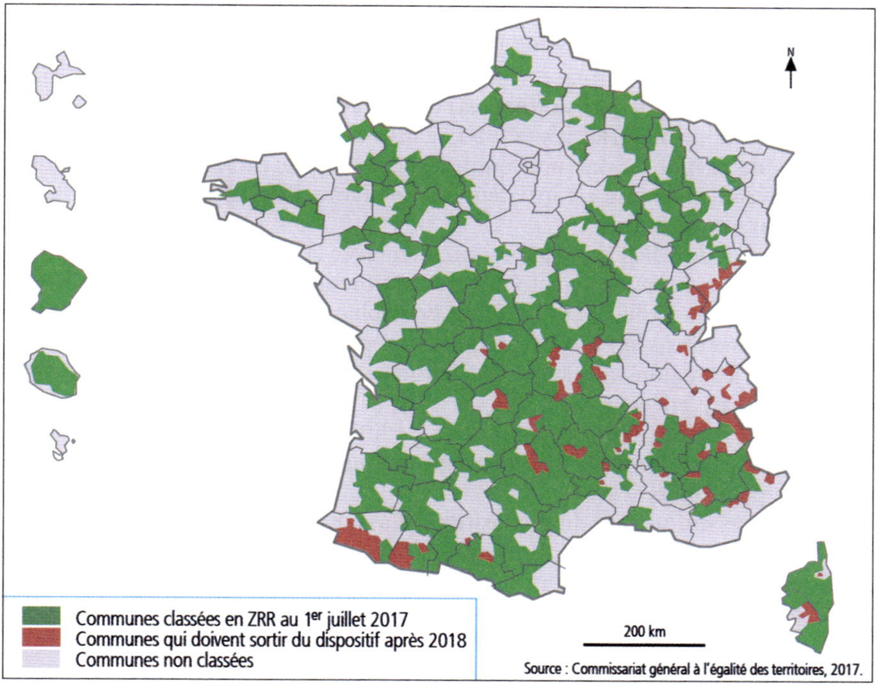

Source : Commissariat général à l'égalité des territoires, 2017.

CORRIGÉ

1. Identifier l'objet et les caractéristiques de la carte

La carte représente la répartition et l'évolution du périmètre des zones de revitalisation rurale à l'échelle du territoire national en 2018. La source du document est fiable. Le Commissariat général à l'égalité des territoires est une institution gouvernementale.

La légende permet de distinguer trois catégories de territoire : ceux qui sont classés en ZRR, ceux qui le sont encore provisoirement, ceux qui ne sont pas classés en ZRR.

2. Repérer la distribution spatiale des éléments cartographiés

Les ZRR sont présentes dans l'ensemble des régions françaises à quelques exceptions près (comme en Île-de-France ou en Alsace), mais leur répartition est très inégale. Elles sont particulièrement développées sur l'axe qui joint la frontière belge aux Pyrénées. Elles n'évoluent qu'à la marge, de manière relativement dispersée. Les espaces situés le long des littoraux sont en revanche peu concernés par ce dispositif.

3. Interpréter la carte par un texte structuré et argumenté

La carte du Commissariat général à l'égalité des territoires porte sur les ZRR, les zones de revitalisation rurale qui désignent les territoires de faible densité dont le niveau de revenu est inférieur à la médiane. Elle montre la disparité des espaces ruraux en France.

La répartition des ZRR coïncide étroitement avec la « diagonale du vide », où la dépopulation et la crise des activités traditionnelles rendent nécessaires le soutien des pouvoirs publics. Les ZRR ont pour objectif d'encourager l'installation des entreprises dans la perspective de relancer l'économie. Elles sont aussi présentes dans les régions montagneuses et/ou isolées telles que la Corse, les Alpes du Sud et les Pyrénées.

Les grandes régions métropolitaines et les littoraux, dont les campagnes sont dynamiques d'un point de vue démographique et socio-économique, sont en revanche peu concernées.

Les territoires qui sortent du dispositif sont assez peu nombreux. Ils sont répartis de manière irrégulière sur l'ensemble du territoire national. L'évolution de la situation des territoires ruraux qui se trouvent dans une situation critique est donc indépendante de l'espace régional considéré.

La carte met bien en évidence les enjeux d'aménagement des campagnes françaises soumises à leur fragmentation.

Rédiger une composition en géographie

MÉTHODE

1. Analyser le sujet et formuler la problématique

- Interrogez de manière rigoureuse le sens des termes ou expressions utilisés.
- Identifiez clairement l'échelle (mondiale, régionale ou locale) et les limites spatiales du sujet (exemples : la France, la France métropolitaine, la France ultramarine).
- Dégagez le sens général du sujet : quel est le fil conducteur de la démonstration ?
- Reformulez ensuite le sujet en posant une question si ce n'est pas déjà le cas.

2. Mobiliser et organiser ses connaissances

- Dressez tout d'abord la liste de vos connaissances personnelles sur le sujet : notions ; acteurs géographiques (habitants, élus, entreprises, États…) ; noms de lieux, de territoires, de repères spatiaux à mentionner ; données chiffrées ; etc.
- Vérifiez le caractère complet et rigoureux de votre sélection en éliminant de la liste tout ce qui n'est pas directement en rapport avec la problématique.
- Construisez enfin le plan détaillé de la composition en prévoyant une idée clé par partie, avec les arguments et les exemples correspondants. Il est conseillé de se limiter à trois parties au maximum.

3. Rédiger la composition

- Rédigez d'abord l'introduction : a) présentation du sujet ; b) énoncé de la problématique ; c) annonce du plan.
- Rédigez ensuite le développement : commencez chaque partie par l'idée-clé correspondante, puis formulez les arguments un à un (en n'oubliant pas de donner des exemples localisés ou situés dans l'espace traité). Vous veillerez également à sauter une ligne entre chaque partie.
- Terminez par la rédaction de la conclusion : résumez le développement en deux ou trois phrases, puis ouvrez le sujet vers un autre objet géographique ou sur une autre échelle de raisonnement.

APPLICATION : EXERCICE CORRIGÉ

Rédigez la première partie de la composition correspondant au sujet suivant : « La Toscane, un espace rural fragmenté. »
Vous pouvez prendre appui sur cette introduction :
Les territoires ruraux de Toscane, région du centre-ouest de l'Italie, connaissent une évolution contrastée. Une agriculture performante et le développement de l'agritourisme dynamisent une partie des campagnes alors que, dans les montagnes de l'intérieur en particulier, la dépopulation et le déclin agricole ont tendance à s'aggraver.
Quelles sont les causes, les modalités et les conséquences de la fragmentation de l'espace rural toscan ?
Examinons successivement le cas des campagnes dynamiques et celui des campagnes en crise.

CORRIGÉ

Internationalement connue pour l'harmonie de ses paysages, pour ses plaines et ses collines aux formes arrondies, la Toscane est également une terre de montagne : l'intérieur de la région connaît une spirale de déclin qui tranche avec la vitalité des autres campagnes.
Le relief très accidenté n'a pas empêché les hommes d'y développer de longue date des activités agricoles adaptées aux pentes et à l'altitude et à y élever des chèvres par exemple. Mais aujourd'hui, ces territoires souffrent de leur isolement et de leur inaccessibilité.
La modernisation de l'agriculture n'est pas envisageable : le terroir ne se prête pas à la mécanisation. Touchés par le vieillissement et par l'exode rural, certains villages se meurent.
L'abandon des cultures favorise le retour de la faune et de la flore sauvages. Le triomphe de la forêt n'est pas en soi un facteur permettant de redonner du dynamisme à l'économie et à la société locales.

Vérification des connaissances

1 La population rurale est-elle en augmentation ou en diminution à l'échelle mondiale ? Justifiez votre réponse.

2 Quels types d'activités se substituent ou complètent les fonctions agricoles traditionnellement présentes au sein des territoires ruraux ?

3 Quels sont les territoires qui, en Toscane, ne bénéficient pas ou peu du développement économique et social de la région ?

4 Pourquoi ne peut-on pas pleinement affirmer que l'« Inde est un géant agricole » ?

5 Dans quelle mesure la « *wilderness* » est-elle une dimension essentielle de la multifonctionnalité des espaces ruraux canadiens ?

6 Quelle place les campagnes françaises occupent-elles dans les politiques d'aménagement du territoire menées à l'échelle nationale ou européenne ?

7 Identifiez et caractérisez deux limites des mesures de remembrement mises en œuvre depuis les années 1960 en Bretagne.

Application de la méthode

8 Rédigez un texte d'une quinzaine de lignes pour interpréter la carte suivante.

Doc. Le peuplement des espaces ruraux dans le monde

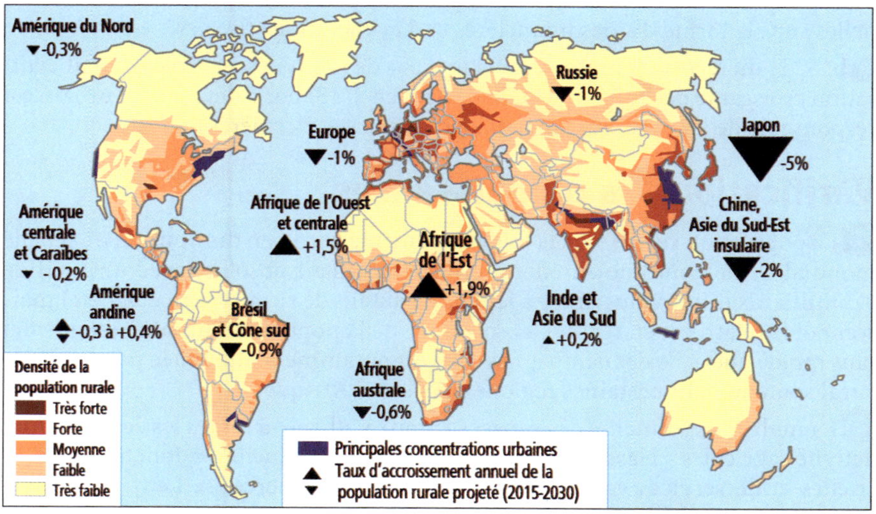

Source : A. Gonin et C. Queva, *Géographie des espaces ruraux*, Armand Colin, 2018.

Quiz

1 **c.** L'Afrique concentre la moitié des terres accaparées dans le monde. Les pays qui cherchent à accroître leurs productions agricoles y trouvent de vastes surfaces foncières qu'ils peuvent acquérir à bon prix.

2 **b.** Les conditions naturelles et plusieurs siècles de mise en valeur agricole ont fait de l'ensemble des campagnes du bassin méditerranéen des régions spécialisées dans la production de vin, d'olives et de blé.

3 **b.** L'Inde compte 600 millions de paysans. Ils représentent près de 45 % de la population totale du pays. Ce sont des exploitants agricoles dont les fermes sont de petite taille, tant du point de vue de la surface cultivée que des revenus dégagés.

4 **c.** L'espace français est constitué à 70 % de territoires ruraux, caractérisés par une densité de population toujours inférieure à la moyenne nationale, et parfois extrêmement faible.

5 **c.** Une « zone de revitalisation rurale » se compose d'ensembles de communes (les intercommunalités) dont la densité de population est inférieure ou égale à 63 hbts/km^2 et dont les habitants ont un revenu médian inférieur ou égal à 19 000 euros par an. Cette mesure phare de la politique d'aménagement du territoire vise à stimuler la renaissance économique des campagnes particulièrement touchées par le vieillissement, la dépopulation et la crise des activités traditionnelles sous la forme d'aides financières et d'exonérations fiscales.

6 **b.** 62 % du territoire breton est occupé par des activités agricoles. L'artificialisation croissante des sols (+ 38 000 hectares en 2018) liée à l'étalement urbain est responsable de leur recul progressif au cours de ces dernières années.

Vérification des connaissances

1 La population rurale est à la fois en augmentation et en diminution à l'échelle mondiale. Elle continue en effet à croître en valeur absolue (avec un total de 3,5 milliards d'individus, il n'y a jamais eu autant de ruraux sur la planète) mais son poids relatif est en recul. La croissance de la population urbaine est en effet plus rapide que celle des campagnes : elle est notamment alimentée par un exode rural soutenu dans certaines régions d'Asie et d'Afrique.

2 La multifonctionnalité des espaces ruraux s'affirme à toutes les échelles. Aux activités agricoles « classiques » s'ajoutent ou se substituent des fonctions industrielles et de services variés (tourisme, loisirs, commerce…). Leur développement est souvent lié à l'essor des fonctions résidentielles de la campagne. Poussés hors des villes par le coût du logement, le manque d'espace et des conditions de vie parfois dégradées, l'arrivée des « néoruraux » peut remettre en cause les équilibres sociaux et économiques traditionnels : les conflits d'usages sont alors particulièrement vifs dans les régions les plus concernées par ces recompositions démographiques et socio-économiques.

3 Le dynamisme économique de la Toscane, porté notamment par le développement de l'agriculture périurbaine et de l'agritourisme, ne profite guère aux régions de l'intérieur. Les territoires de montagne souffrent de leur inaccessibilité et de leur enclavement. Le déclin de l'agriculture y est particulièrement rapide compte tenu des contraintes du milieu naturel et de la concurrence des régions plus productives. Le vieillissement et la dépopulation accentuent la perte de vitalité de ces espaces où la place des friches agricoles et de la forêt progresse, permettant aux espèces sauvages telles que le loup de renforcer leur présence.

4 L'Inde est incontestablement un géant démographique (1,34 milliard d'habitants). 43 % des emplois concernent l'agriculture : avec 600 millions de paysans, le pays est donc aussi un géant du point de vue du nombre d'actifs employés dans ce secteur. Mais l'agriculture ne représente que 16 % du produit intérieur brut indien. Sa valeur ajoutée est plutôt faible : les rendements sont modestes, la taille des exploitations et leur niveau d'équipement ne permettant pas d'améliorer significativement la productivité. En outre, la pauvreté chronique et l'endettement abyssal de certains agriculteurs engendrent un nombre de suicides impressionnant (de l'ordre de 12 000 morts par an). Les campagnes sont par ailleurs menacées par des problèmes environnementaux majeurs : assèchement des nappes phréatiques, pollution des sols, épizooties (maladies frappant une espèce animale)… Si l'autosuffisance alimentaire est assurée, on ne peut donc pas dire que l'Inde est une grande puissance agricole.

5 La « *wilderness* » désigne, au sens strict, la nature sauvage. Elle occupe une place particulière dans les références culturelles des Canadiens et plus généralement des touristes, qu'ils soient Américains ou Européens. Dans ce pays immense (près de 10 millions de km^2), la place des « grands espaces », des paysages spectaculaires et vides d'hommes, des forêts parmi les plus vastes au monde ne se définit pas seulement en termes de surface. Elle est aussi sociale et « mentale » : la « *wilderness* » est un état d'esprit, une relation particulière au territoire, une expérience originale de son rapport personnel à la distance qui contribue à la multifonctionnalité des campagnes canadiennes. Autrefois réduite au « vide », au néant, et négligée par la population des villes et les pouvoirs publics, elle est désormais considérée comme une composante essentielle de l'identité du pays ; elle fait l'objet de mesures de protection particulières.

6 La presse publie régulièrement des articles sur le mécontentement d'une partie de la population rurale française. Les difficultés sociales, la fermeture des services publics (hôpitaux, tribunaux, écoles...), l'isolement y sont souvent interprétés comme le signe d'un « abandon » de l'État. Les campagnes bénéficient pourtant des mécanismes de redistribution des richesses qui fondent le système fiscal du pays. Ainsi, un emploi public a un coût par habitant plus élevé dans les régions de faible densité que dans les grandes métropoles. Les campagnes françaises de métropole et d'outre-mer font par ailleurs l'objet de politiques d'aménagement spécifiques à l'échelle nationale (les zones de revitalisation rurale en sont un exemple) ou européenne (comme la politique en faveur des régions ultrapériphériques et de leurs espaces ruraux).

7 Le remembrement a propulsé la Bretagne sur le podium des grandes régions agricoles françaises. En facilitant la modernisation des systèmes de production, il a incontestablement contribué à l'augmentation des rendements. Les résultats économiques de l'agriculture ont ainsi considérablement progressé depuis une cinquantaine d'années. Cependant, en faisant massivement disparaître le bocage des paysages locaux d'une part, et en bouleversant les équilibres écologiques des territoires concernés d'autre part, son bilan est aujourd'hui remis en cause. Afin de renouer avec l'identité culturelle traditionnelle de la région et d'améliorer le bilan environnemental de l'agriculture bretonne, les collectivités territoriales et le monde agricole redoublent d'efforts pour corriger les effets négatifs de cette réforme : des haies sont replantées, des parcs naturels sont créés, le développement de pratiques plus respectueuses de l'environnement est encouragé, etc.

Application de la méthode

Cette carte est un planisphère : elle représente la totalité de la surface de la Terre. Elle montre la manière dont la population rurale est répartie dans le monde (le « peuplement », qui ne doit pas être confondu avec la « population » : le nombre d'habitants) et ses perspectives d'évolution entre 2015 et 2030. Elle est extraite d'un ouvrage publié en 2018 par A. Gonin et C. Queva aux éditions A. Colin, *Géographie des espaces ruraux*.

La population rurale est très inégalement répartie d'un continent à l'autre comme entre les régions d'un même continent. La densité est parfois extrêmement forte (Asie du Sud, Asie de l'Est, Europe occidentale...) ; elle peut aussi être très faible quand les contraintes climatiques ou de relief sont importantes (Sahara, Grand Nord canadien, Australie...). À l'échelle régionale, les contrastes de peuplement sont tout aussi importants : le Brésil, où alternent campagnes densément peuplées des littoraux et espaces quasi inhabités de la forêt amazonienne, en est un exemple significatif.

Les trajectoires démographiques rurales opposent des territoires en croissance et des territoires en stagnation voire en déclin. Parmi les premiers, on compte l'Afrique occidentale et centrale (+ 1,5 % par an de 2015 à 2030) et l'Afrique orientale (+ 1,9 %). Le nombre de ruraux devrait donc poursuivre son augmentation dans ces régions du monde en voie de développement où l'accroissement naturel se situe toujours à un niveau élevé. La transition démographique est en cours et l'exode rural, pourtant massif dans certains cas, ne parvient pas à éviter ce surplus de population dans les campagnes. Ailleurs, l'augmentation est plus faible : en Inde et en Asie du sud, elle atteint tout juste + 0,2 % par an. La population des campagnes européennes (Russie comprise), nord-américaines ou japonaises devrait continuer à diminuer dans les prochaines années : l'agriculture y emploiera de moins en moins de bras, le vieillissement et la dépopulation vont s'accentuer.

Au total, les inégalités qui caractérisent le peuplement rural du monde ne vont pas disparaître. Elles vont de toute évidence perdurer mais en se recomposant selon de nouvelles logiques spatiales.

CHAPITRE

8 La Chine : des recompositions spatiales multiples

1 Les inégalités en Chine

De quoi s'agit-il ? **La Chine a connu une croissance économique rapide : le pays a su faire reculer la pauvreté. La Chine est pourtant le pays des paradoxes et des inégalités. Ces inégalités, sociales et spatiales, sont expliquées par une diversité de facteurs.**

1 Croissance économique et creusement des inégalités sociales

- La Chine, qui était encore un pays du tiers-monde dans les années 1960, a connu un processus de développement rapide et récent. Ce pays émergent a aujourd'hui un IDH moyen (0,75) (**Doc.**) mais affiche un revenu par habitant faible (8 000 $/an/hab.).
- Ce géant a su freiner sa natalité pour amortir le choc de la transition démographique mais surtout faire reculer la pauvreté (de 84 % de la population en 1981 à 20 % en 2005). Les inégalités sociales se sont pourtant creusées. Le coefficient de Gini s'est nettement dégradé, passant de 0,16 en 1970 à 0,46 de nos jours.

2 Les disparités spatiales en Chine

- La Chine présente de fortes disparités spatiales à l'échelle nationale : le littoral est plus densément peuplé, urbanisé et industrialisé. L'intérieur présente une situation intermédiaire, l'Ouest est faiblement peuplé et présente des indicateurs économiques et de développement très faibles.
- On retrouve ces inégalités à l'échelle locale, entre la ville et la campagne. Le revenu des urbains est trois fois supérieur à celui des ruraux, l'espérance de vie est respectivement de 75 et 70 ans.
- Ces inégalités sont le produit d'une combinaison de facteurs : ils sont naturels, humains et surtout liés à la mondialisation. La Chine de l'Ouest a des milieux plus contraignants moins propices aux activités humaines. Peu aménagé et moins relié à la mondialisation, ce territoire est également celui de minorités en position d'infériorité sociale.
- La Chine du littoral et de l'Est, aux fortes densités de population, a bénéficié de l'ouverture économique amorcée à la fin des années 1970, des investissements étrangers et de meilleurs aménagements (ports, autoroutes, aéroports).

Doc. **L'IDH de la Chine par province (2011)**

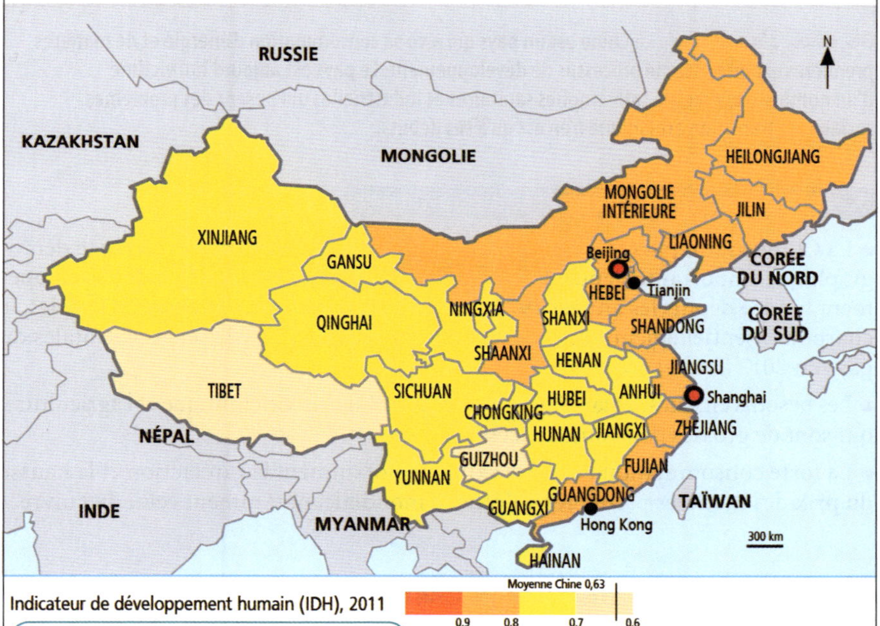

L'IDH sert à évaluer le niveau de développement, il combine en effet des données économiques et sociales.

Source : PNUD, 2012.

On retrouve sur cette carte la logique des « trois Chines ». Les provinces littorales, Shanghai, Pékin (Beijing) et le Guangdong ont un IDH comparable aux pays du Nord (supérieur à 0,8). Le Tibet est la lanterne rouge avec un indicateur comparable aux pays les moins avancés (0,5).

Vocabulaire

Coefficient de Gini : indicateur variant de 0 à 1 qui mesure le niveau d'inégalité d'une variable (par exemple les revenus) au sein d'une population, 0 signifiant l'égalité parfaite et 1 une inégalité parfaite.

Disparités spatiales : très forts écarts entre les espaces.

Émergent : pays du Sud à forte croissance économique.

Minorités : en Chine, peuples de culture différente de l'ethnie majoritaire, les Hans.

Transition démographique : passage d'un régime démographique ancien (forte natalité) à un régime démographique moderne (forte baisse de la natalité).

2 Des ressources et des environnements sous pression

De quoi s'agit-il ? **La Chine est un pays qui a vu sa consommation d'énergie et de matières premières exploser avec le processus de développement. Le pays est aujourd'hui victime d'un nombre croissant de catastrophes sanitaires et industrielles qui posent des problèmes sociaux. La transition écologique n'en est qu'à ses débuts.**

1 Des besoins en ressources et en énergie croissants

- La Chine est un pays très énergivore (**Doc. 1**). Elle a connu une croissance démographique importante depuis les années 1950, et suit une stratégie de développement fondée depuis les années 1970 sur l'industrialisation. Les énergies fossiles, le charbon essentiellement, représentent encore près de 71 % des énergies totales du pays en 2017 (**Doc. 2**).
- Les besoins en eau sont aussi importants pour l'industrie chimique et l'agriculture, qui sont de grosses consommatrices.
- La forte consommation chinoise explique notamment la raréfaction et la hausse du prix des matières premières à l'échelle mondiale, notamment celui du cuivre.

2 Un environnement sous pression

- L'augmentation des surfaces cultivées conduit à une pression sur l'espace. Celle-ci se manifeste par de la déforestation et une désertification au nord du pays qui, par ailleurs, souffre d'un problème de pollution importante des eaux.
- La Chine est le champion mondial de la pollution de l'air avec un quart des rejets de CO_2 de la planète. Les grandes métropoles sont très touchées par la pollution à l'ozone, le CO_2 et les particules fines. L'est du pays concentre les catastrophes industrielles qui se multiplient depuis les années 2000.

3 La société et les territoires face aux défis environnementaux

- La prise de conscience des problèmes d'environnement est tardive : le ministère de l'Environnement n'est créé qu'en 2008. L'opinion publique se mobilise souvent pour les questions environnementales après une catastrophe ou lors de l'installation d'une usine.
- L'enjeu essentiel est de réduire dans la consommation totale la part du charbon, principal responsable des épisodes d'airpocalypse.

Doc. 1 Consommation et production d'énergie en Chine

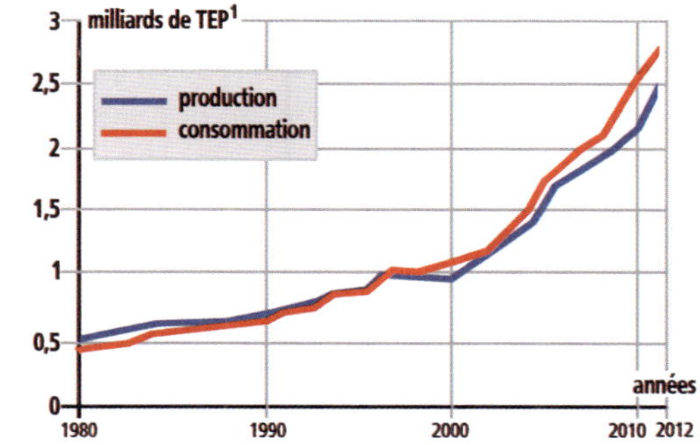

1. Tonne équivalent pétrole : unité de mesure permettant de comparer le pouvoir énergétique des sources d'énergie.

Source : AIE, 2014.

La consommation augmente plus vite que la consommation d'énergie à partir de 2005. Le pays n'arrive plus à couvrir les besoins énergétiques de sa population (à cause de la diffusion de l'automobile) et de ses industries.

Doc. 2 Évolution du mix énergétique chinois

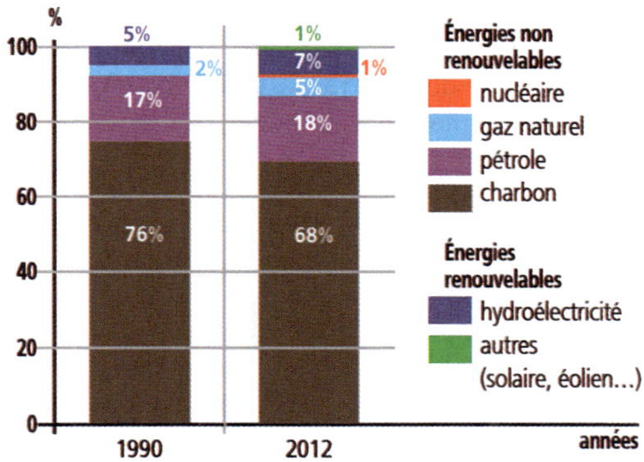

Source : BP, 2013.

Les énergies fossiles, surtout le charbon, ont un poids écrasant dans le mix énergétique chinois. L'éolien et le solaire représentent encore une part infime : la transition écologique n'est qu'amorcée.

Vocabulaire

Airpocalypse : niveau de pollution extrême observé en Chine à cause du recours massif au charbon pendant l'hiver.

Désertification : avancée du désert dû en réalité au recul de la végétation.

Énergie fossile : énergie produite par la combustion du gaz, du pétrole ou du charbon.

Mix énergétique : répartition des sources d'énergies primaires qui permettent de créer essentiellement de l'électricité. Il est aussi appelé bouquet énergétique.

Transition écologique : évolution d'une société vers de meilleurs comportements en termes de consommation d'énergie et de respect de l'environnement.

3 Les recompositions spatiales en Chine

De quoi s'agit-il ? **La Chine, pays le plus peuplé au monde, combine villes géantes mais aussi campagnes encore très peuplées. La nécessaire transition entraîne des mutations spatiales importantes.**

1 Les recompositions urbaines de la Chine

- La Chine a connu une transition urbaine brutale et récente. On peut parler d'une véritable explosion urbaine, la population des villes ayant été multipliée par huit depuis les années 1950. On y trouve un très grand nombre de villes millionnaires dont surtout Shanghai et Pékin, qui avoisinent les 20 millions d'habitants.
- Le pays subit, à l'image des autres pays du monde, un processus de métropolisation : les grandes villes concentrent les habitants et les fonctions économiques notamment tertiaires. Le territoire chinois est ainsi aujourd'hui polarisé par ses villes à l'échelle nationale et à celle des provinces. On voit même naître de vastes aires urbaines autour de Shanghai, Pékin, Chongqing ou Canton.
- Les villes sont marquées par un processus d'étalement urbain mais aussi de densification. Depuis les années 1990, le visage des centres villes change de manière brutale. En se modernisant, ils concentrent de plus en plus les classes les plus aisées : c'est la gentrification.

2 Les recompositions du monde rural

- Les campagnes chinoises (**Doc.**) demeurent des espaces dynamiques et encore relativement peuplés : elles hébergent 43 % de la population. La « Chine rurale » de l'intérieur est encore un espace aux densités importantes, elle compte plus de 200 habitants au km^2.
- Les inégalités spatiales y sont fortes. Les régions de l'Ouest (Xinjiang et Tibet) sont très pauvres. Les campagnes du centre et de l'est de la Chine sont le véritable grenier à céréales du pays et des régions plus prospères.
- Ces espaces sont souvent un lieu de tensions sociales avec des conflits d'usage. Les populations rurales se voient souvent expropriées au profit d'acteurs industriels ou de vastes équipements car les limites entre le rural et l'urbain deviennent floues.

Doc. **L'éclatement du monde rural**

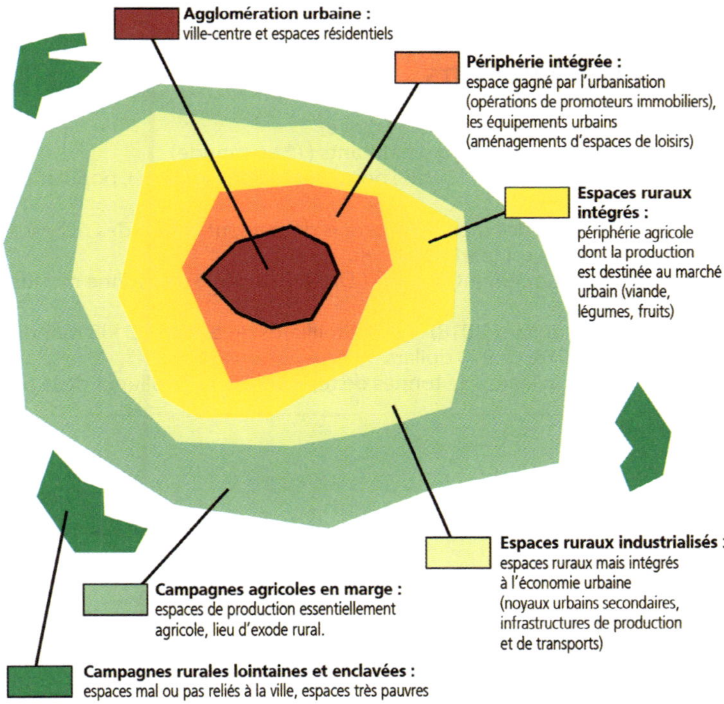

Source : Thierry Sanjuan, *Atlas de la Chine*, 2018.

Vocabulaire

Conflits d'usage : conflit entre acteurs géographiques pour un même espace ou une même ressource.

Étalement urbain : extension de la ville appelée aussi périurbanisation.

Gentrification : voir p. 123.

Transition urbaine : passage d'une population majoritairement rurale à une population majoritairement urbaine.

RÉVISION EXPRESS

LES CHIFFRES IMPORTANTS

- Superficie : 9 561 000 km² (17 fois la France)
- Population (2018) : 1,41 milliard d'habitants (1re au monde)
- Répartition de la population (2018) : population urbaine (57 %), population rurale (43 %)
- Inégalités (2018) : 1 % des ménages chinois détiennent le tiers des richesses, le revenu des urbains est le triple de celui des ruraux
- Indicateur de développement humain (IDH) (2018) : 0,75 (moyenne mondiale 0,73)
- PIB en milliards de dollars (2018) : 12 362 milliards de dollars (2e PIB mondial)
- PIB/an/habitant (2018) : 7 990 dollars
- Pollution (2016) : 9 milliards de tonnes de rejet de CO_2 (1er pollueur de la planète)

LES MOTS IMPORTANTS

- Coefficient de Gini
- Désertification
- Disparités spatiales
- Gentrification
- Métropolisation
- Mix énergétique
- Transition démographique
- Transition urbaine

LES ACTEURS IMPORTANTS

Le gouvernement central chinois : acteur omniprésent et autoritaire avec le contrôle des grandes décisions par un parti unique : le Parti communiste chinois. Les quatre grandes villes du pays (Pékin, Shanghai, Tianjing et Chongqin) sont directement administrées par le gouvernement central.

Les provinces : les 23 provinces jouent un rôle important dans l'aménagement du territoire et le développement des activités industrielles. Sept d'entre elles ont un statut particulier : deux villes à statut spécial (Hong Kong, ancienne colonie anglaise, et Macao, ancienne colonie portugaise), et cinq régions autonomes à l'ouest et au nord.

Les grandes entreprises (chinoises et étrangères) : depuis l'ouverture du pays au capitalisme à la fin des années 1970, elles jouent un rôle croissant dans l'économie et le territoire (investissements massifs et délocalisations).

LE SCHÉMA IMPORTANT

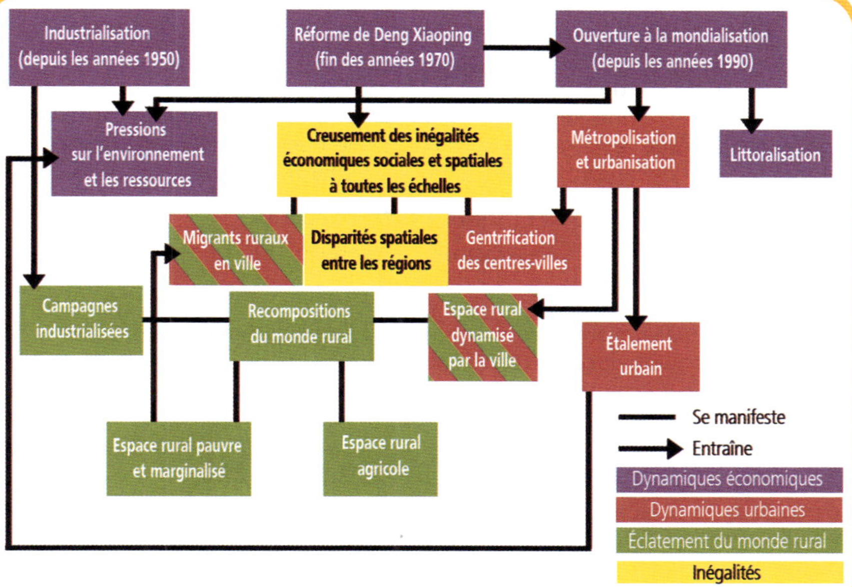

Quiz

1. Shanghai est la capitale économique de la Chine.
a. ☐ Vrai **b.** ☐ Faux

2. Qui a ouvert la Chine à la mondialisation pour la première fois ?
a. ☐ Mao Zedong en 1949
b. ☐ Deng Xiaoping en 1978

3. Quel est le rapport entre le revenu des ruraux et celui des urbains en Chine ?
a. ☐ de 1 à 2
b. ☐ de 1 à 3
c. ☐ de 1 à 5

4. Le ministère de l'Environnement chinois a été créé en :
a. ☐ 1978
b. ☐ 2001
c. ☐ 2008

5. En 2017, quelle est la part des énergies fossiles dans le mix énergétique chinois ?
a. ☐ 51 %
b. ☐ 71 %
c. ☐ 91 %

→ **Réponses p. 216**

Transposer un texte en croquis (2)

MÉTHODE

▶ Cet exercice demande de passer d'un langage (un texte) à une analyse organisée composée d'une légende et d'un croquis de synthèse (langage cartographique). Il faut veiller à lire plusieurs fois le texte ; l'analyse (la capacité à comprendre et décomposer le texte) va en être facilitée.

1. Identifier les notions et organiser la légende

▶ Pour cette étape du travail, voir la méthode proposée p. 141.

2. Réaliser le croquis

▶ Pour ne rien oublier, avant de commencer votre croquis, vérifiez votre TOLÉ :
T = titre du croquis (celui du texte le plus souvent) ;
O = orientation du croquis (mettez une petite flèche indiquant le Nord à l'endroit nécessaire) ;
L = légende ;
É = échelle (en général elle est déjà indiquée sur le fond de carte).

▶ Cartographiez ensuite vos éléments de légende sur votre carte en utilisant notamment toutes les données du texte : indications de ville, de directions, de pays ou régions voisines, etc.

▶ L'étape de **la localisation des éléments** et de **la rédaction de la nomenclature** de ces informations sur le fond de carte doit être effectuée avec soin. Faites donc très attention au **vocabulaire de localisation** mobilisé dans le texte : nord, sud, est, ouest, centre, périphérie, littoral, vallée des fleuves, amont, aval…

▶ De manière générale, munissez-vous d'un matériel adapté (crayons de couleurs, feutres, etc.) et faites preuve d'un grand soin lors du dessin.

▶ Veillez à toujours commencer par les figurés de surface aux crayons de couleur. Si vous n'en avez pas, utilisez des dégradés de gris avec votre crayon à papier ou utilisez des hachures. Mais attention à bien les tracer proprement à la règle. Évitez de multiplier le sens et les couleurs des hachures, qui peuvent troubler la lecture.

▶ Représentez ensuite les figurés linéaires et les figurés ponctuels. Pour une meilleure netteté du croquis, tracez les d'abord au crayon de couleur avant de repasser définitivement au feutre.

> **L'astuce du prof**
> N'utilisez jamais de surligneurs ou feutres fluorescents pour réaliser un croquis.

▶ Terminez par la nomenclature, c'est-à-dire les noms nécessaires à la compréhension du croquis. Il faut les hiérarchiser ou utiliser une nomenclature commune pour un type identique de figuré :

par exemple, les noms de fleuves peuvent s'écrire en minuscules attachées, alors que les noms de mers ou océans peuvent être en majuscules. La nomenclature doit elle aussi être inscrite proprement au stylo ou au feutre fin. Enfin, les noms doivent toujours s'écrire horizontalement (sauf pour ceux des fleuves ou des chaînes de montagnes, que l'on peut écrire en suivant leur tracé).

L'astuce du prof

Un croquis trop chargé est illisible, il faut donc penser à la superposition de certains éléments : des hachures par-dessus une plage colorée par exemple.

APPLICATION : EXERCICE CORRIGÉ

Réalisez un croquis de synthèse à partir du texte suivant :

Doc. L'inquiétude environnementale en Chine

La déforestation est un premier défi que les politiques chinoises de reboisement ont du mal à juguler. Les forêts méridionales sont toujours plus exploitées. Celles du nord-est restent étendues mais elles peuvent être soumises à des catastrophes de grande ampleur, comme l'incendie de 1987. En aval, cette déforestation entraîne un appauvrissement significatif de la faune et de la flore. Les autorités chinoises répondent par des actions de reboisement, qui veulent atteindre à court terme une couverture forestière de 23 % du pays. Elles entendent ainsi lutter contre la désertification des terres septentrionales, les risques de tempêtes de sable et d'érosion des sols, avec des inondations de plus en plus graves. […] La capitale chinoise subit plusieurs fois par an des tempêtes de sable dont les particules atteignent jusqu'à Séoul et à Tokyo. […]

Les ressources hydriques représentent le problème le plus inquiétant. Trop abondamment sollicitées, par pompage des nappes phréatiques et destinées à une industrialisation, une urbanisation et des superficies irriguées croissantes, elles risquent à terme de manquer, notamment pour des grandes villes comme Pékin ou Tianjin. […] Plus d'une dizaine de milliers d'usines chimiques implantées le long des rivières ou des fleuves restent sans étude environnementale et déversent leurs déchets non traités dans les cours d'eau. La qualité de l'air est mauvaise, notamment dans les grandes villes […]. Les villes chinoises les plus polluées étant Baoding (Hebei), Kashgar (Xinjiang), Zhengzhou (Henan) et Yichang (Hubei).

Thierry Sanjuan, « L'inquiétude environnementale », *Atlas de la Chine*, 2018, p. 54-55.

CORRIGÉ

1. Identifier les notions

Le document est construit en deux paragraphes organisés autour des thèmes de la déforestation et de la pression sur les ressources hydriques. Ces thèmes constitueront deux parties de la légende.

Le premier paragraphe présente la déforestation et toutes ses conséquences, même si le lien logique n'est pas clairement précisé par l'auteur. On attend ce raisonnement dans la légende.

Le deuxième paragraphe présente la pression sur les ressources hydriques (en eau) ainsi que ses facteurs (besoins en eau) et le type d'espaces touchés.
Une troisième dimension est présente et commune dans ces deux paragraphes, les grandes villes semblent particulièrement menacées. Ce thème constituera la troisième et dernière partie de la légende.
Enfin, le texte fourmille d'indications de localisation : noms de régions, de villes, d'espaces naturels…

2. Organiser la légende

Les notions tirées du texte sont en rouge, celles tirées du cours en orange et les indications de localisation en bleu.

I. La déforestation et ses effets

A. Les forêts sont toujours plus exploitées

– Forêts primaires (ressource) ⇒ forêts méridionales (au sud)

– Et sa pression : le déboisement ⇒ terres septentrionales (au nord)

B. Les effets du déboisement

– Une catastrophe : l'incendie de 1987

– La désertification et érosion des sols

– Risque de tempête de sable ⇒ capitale chinoise (Beijing) ; effets sur le Japon et la Corée du Sud

C. La lutte contre la désertification : le reboisement

⇒« terres septentrionales » ; se fait logiquement aux limites de la déforestation pour la stopper

Bien comprendre

Il faut expliciter le titre de la partie, le rendre plus complet, plus précis.

II. Les ressources hydriques, un environnement sous pression

A. La ressource : les grands fleuves ⇒ les trois grands fleuves

B. Les besoins croissants, facteurs de la pression sur l'eau

– L'urbanisation ⇒ les grandes villes

– L'industrialisation (usines chimiques) ⇒ vallée des grands fleuves ; concentrée dans les villes

– L'agriculture irriguée : « superficies irriguées croissantes »

C. La pollution des fleuves

« déversent leurs déchets non traités dans les cours d'eau » ⇒ c'est plutôt l'aval des fleuves qui est pollué

L'astuce du prof

Il ne faut pas confondre ressources et besoins. Pensez à les distinguer dans deux sous-parties.

III. Les grandes villes concentrent les menaces
A. Le risque de pénurie d'eau ⇒ Pékin (Beijing), Tianjin
B. La pollution urbaine : « La qualité de l'air est mauvaise »
⇒ Dans les villes les plus touchées Baoding (Hebei) Kashgar (Xinjiang) Zhengzhou (Henan) et Yichang (Hubei).

3. Réaliser le croquis

1. La déforestation et ses effets

A. Les forêts toujours plus exploitées
- Les forêts primaires (ressource)
- Le déboisement

B. Les effets du déboisement (effet domino)
- Une catastrophe : incendie de 1987
- La désertification et l'érosion des sols
- Risques de tempête de sable

C. La lutte contre la désertification
- Le reboisement

2. Des ressources hydriques : un environnement sous pression
- Les grands fleuves
- L'urbanisation des grandes villes

L'industrialisation (usines chimiques) :
- des vallées et des fleuves
- concentrée dans les grandes villes
- L'agriculture irriguée
- ××× La pollution des fleuves

3. Les grandes villes concentrent les menaces
- **Beijing** Le risque de pénurie d'eau

La pollution urbaine :
- × pollution des grandes villes
- **Zenghon** villes les plus fortement touchées

Bâtir une conclusion

MÉTHODE

- La conclusion est un texte synthétique. Elle doit représenter une dizaine de lignes.
- Il y a deux écueils à éviter : qu'elle soit une deuxième introduction : cela voudrait dire que la démonstration n'a pas abouti. Elle n'est pas non plus un résumé du devoir : il faut trouver des formules différentes. C'est un exercice difficile qui demande de l'entraînement.

1. Répondre à la problématique

- La conclusion représente l'aboutissement de la réflexion et de la démonstration annoncée par la problématique.
- Il faut répondre à cette problématique de manière concise et en insistant sur le lien logique entre les différentes dimensions, les différentes parties du sujet. Il ne faut plus donner d'exemples ou de chiffres !

2. Faire une ouverture pertinente

- La seconde partie de la conclusion est l'ouverture. Comme son nom l'indique, l'ouverture permet d'ouvrir le sujet sur une autre dimension. Il ne faut cependant pas trop s'éloigner du sujet ni donner une ouverture artificielle qui prend souvent la forme d'une question grandiloquente ou trop naïve. L'ouverture doit déboucher sur un problème très proche du sujet.
- En histoire, on peut ouvrir plus naturellement sur une période plus récente.
- En géographie, on peut ouvrir sur une autre aire géographique (par exemple en changeant d'échelle) ou insister sur un enjeu actuel posé par le sujet.

3. Rédiger

- Aboutissement de la réflexion, la conclusion doit être particulièrement soignée.
- Il est fortement conseiller de la rédiger intégralement au brouillon, elle ne peut s'improviser.

L'astuce du prof

La conclusion peut être rédigée sur une feuille simple juste après avoir rédigé l'introduction : cela permet de voir très clairement son point de départ (l'introduction) et l'aboutissement de la réflexion (la conclusion). Cela permet également, si on manque de temps, de finaliser le devoir et de ne pas la rédiger dans le stress.

APPLICATION : EXERCICE CORRIGÉ

Rédigez la conclusion du sujet de composition suivant :
« La métropolisation en Chine : facteurs, aspects, conséquences. »
Problématique : En quoi la métropolisation représente-t-elle la dynamique majeure du territoire chinois dont les effets se font ressentir sur le plan spatial, social économique et environnemental ?

CORRIGÉ

1. Répondre à la problématique

Ainsi la métropolisation représente la dynamique essentielle du territoire chinois. Elle représente toutes les contradictions d'une transition urbaine récente et brutale qui a accompagné un processus de développement tout aussi rapide. À l'échelle du pays, les métropoles polarisent le territoire en tant que capitales de province et sont plus nombreuses à l'Est. À l'échelle locale, elles ont connu un processus d'étalement urbain pour devenir de vastes aires urbaines polycentriques très inégalitaires sur le plan social avec la coexistence de populations aisées et de migrants ruraux mis à l'écart. La concentration des habitants et des activités dans ces grandes villes a surtout conduit à une accélération de la dégradation de l'environnement.

> **L'astuce du prof**
> Afin d'éviter de répéter les trois parties du sujet, on peut aboutir à une réflexion par échelle, qui est au cœur du raisonnement géographique.

2. Faire une ouverture pertinente

Cette dégradation du cadre de vie dans les grandes villes suscite d'ailleurs aujourd'hui de réelles inquiétudes dans la population et menace déjà leur attractivité. Leur bonne gestion et la préservation de la santé de leurs habitants sont, au-delà de simples considérations sanitaires, un véritable défi économique et même de stabilité politique pour le pays.

> **L'astuce du prof**
> On peut utiliser la question environnementale pour réaliser l'ouverture. Les grandes métropoles, qui sont en fait la vitrine de la réussite économique de la Chine, pourraient paradoxalement maintenant devenir son point faible.

Vérification des connaissances

1 La Chine est un pays qui présente de fortes inégalités sociales et spatiales. Justifiez cette affirmation.

2 Les métropoles chinoises organisent le territoire chinois. Justifiez cette affirmation.

3 En quoi assiste-t-on aujourd'hui à un éclatement du monde rural en Chine ?

Application de la méthode

4 À l'aide du fond de carte suivant, transposez le texte ci-dessous en croquis.

Doc. Métropolisation chinoise et villes nouvelles, l'exemple de l'aménagement polycentrique de Shanghai

La ville de Shanghai, située en Chine de l'Est, connaît alors une croissance spectaculaire. Cette municipalité de rang provincial se rend capable de moderniser sa physionomie urbaine, de mobiliser l'ensemble de son territoire afin d'opérer un desserrement, puis un redéploiement polycentrique de ses activités et de sa population vers ses villes nouvelles. À proximité immédiate de Shanghai, la proche banlieue (*jinjiao*) est dévolue aux cultures vivrières intensives et accueille les « nouveaux villages » (*xincun*) ; en périphérie plus éloignée (*yuanjiao*), les nouvelles banlieues industrielles et les villes-satellites (*weixing cheng*), peu équipées et mal intégrées au tissu urbain, voisinent avec une agriculture moins intensive, orientée vers la riziculture et la céréaliculture (Kirkby, 1987). [...]

Les villes nouvelles suburbaines de Minhang et Baoshan, développées en continuité morphologique avec la ville de Shanghai, comme l'est Pudong depuis les années 1990 ; les villes nouvelles périurbaines : Songjiang, Jiading et Nanhui, la seule *ex nihilo*, qui connecte le port en eaux profondes de Yangshan, développées depuis une dizaine d'années, et dont la réalisation est relativement avancée ; les villes nouvelles périurbaines dont la construction est moins avancée et qui sont localisées plus en périphérie par rapport à la ville-centre : Jinshan, Nanqiao et Qingpu ; enfin, les villes nouvelles de petite dimension du projet pilote « Une ville, neuf bourgs » de 2001, dont la construction est avancée, qui sont dépourvues d'équipements mais qui partagent une unité morphologique et une originalité architecturale – îlots d'architectures étrangères ou au contraire typiques du Jiangnan : Chenjia, Fengcheng

C. Henriot, « La Chine, la modernisation encadrée d'un territoire global », *http://geoconfluences.ens-lyon.fr*, 14 fév. 2016.

5 À l'aide de la problématique proposée, rédigez la conclusion du sujet suivant : « La Chine et la mondialisation. »

Problématique : En quoi la mondialisation a-t-elle réorganisé le territoire chinois et accru les inégalités territoriales et sociales ?

Quiz

1 **a. Vrai.** Shanghai est la véritable capitale économique du pays grâce à son port, sa Bourse et ses nombreux sièges d'entreprises.

2 **b.** C'est Deng Xiaoping en 1978. Cette date marque la création des zones économiques spéciales (ZES) et donc l'ouverture de la Chine littorale aux investissements étrangers et à la mondialisation.

3 **b.** Le rapport est de 1 à 3, ce qui est un écart important. Cette inégalité de revenus explique d'ailleurs l'attrait que les Chinois ont pour la ville.

4 **c.** Le ministère de l'Environnement n'a été créé qu'en 2008, c'est une date récente.

5 **b.** Les énergies fossiles représentent 71 % du mix énergétique total, dont surtout le charbon. C'est ce qui explique que le pays soit un grand pollueur et que la qualité de l'air y soit très dégradée.

Vérification des connaissances

1 À l'image de nombreux pays émergents, la Chine connaît un processus de développement économique très brutal et très inégalitaire. Les inégalités sociales et spatiales se sont considérablement accrues depuis la fin des années 1970 et surtout depuis les années 2000, moment de la pleine ouverture à la mondialisation.
La première inégalité est sociale et spatiale : les revenus des habitants urbains sont trois fois plus élevés que ceux des ruraux, les habitants des villes occupant des emplois mieux rémunérés dans l'industrie mais surtout les activités tertiaires.
De manière générale, la Chine est marquée par un fort contraste entre l'Est et l'Ouest. La Chine du littoral et de l'Est a de meilleurs indicateurs économiques (PIB/hab.) et de développement (IDH). L'est du pays a en effet bénéficié de l'ouverture économique, de l'industrialisation, des investissements étrangers : il est beaucoup plus dynamique. Il bénéficie en outre de meilleurs équipements en termes de transports, d'écoles, d'hôpitaux. L'Ouest est plus rural et marginalisé : c'est une région en retard de développement.
La Chine a connu un développement économique récent fortement fondé sur l'industrialisation. Les usines se sont massivement installées dans les grandes villes du littoral mais aussi celles des vallées des grands fleuves et souvent dans l'espace rural. L'énergie dominante est le charbon, qui produit des rejets importants de CO_2. Les usines et l'agriculture ont également contribué à la pollution des cours d'eau. De manière générale, le développement s'est aussi accompagné d'une forte urbanisation et de la naissance de villes géantes qui concentrent les

problèmes de chauffage urbain et de circulation automobile. C'est même plus précisément l'est du pays qui voit son environnement dégradé.

2 Comme tous les pays du monde, la Chine connaît un processus de métropolisation, c'est-à-dire de concentration des hommes et des activités dans les grandes villes. Le territoire chinois est ainsi polarisé par trois grandes aires urbaines très peuplées et très étendues (Beijing, Shanghai et l'aire de la rivière des Perles), et par une myriade de villes qui dépassent souvent les 5 millions d'habitants, comme Shenzen, Chongqing, Tianjin. Ces métropoles organisent le territoire chinois aussi bien à l'échelle nationale, elles sont très nombreuses à l'est du pays, qu'à l'échelle de leur province, dont elles sont souvent la capitale administrative ainsi que le centre économique le plus dynamique avec des activités industrielles et tertiaires.

3 Le monde rural chinois connaît aujourd'hui un processus d'éclatement et de réorganisation qui se fait en fonction de ses activités économiques et de son lien avec la ville. Il peut être divisé en trois types d'espaces principaux :
- un monde rural pauvre et enclavé, à savoir surtout les terres marginalisées de l'ouest du pays qui sont en retard de développement et ont parfois tendance à perdre des habitants ;
- un monde rural « plein » au centre de la Chine qui concentre les activités agricoles (culture du riz et du blé) et parfois des activités industrielles ;
- un monde rural dynamisé par la présence des villes et notamment des grandes métropoles, qui subit l'étalement urbain et sert de ceinture maraîchère à la ville.

Application de la méthode

4

1. Identifier les notions

Le texte est relativement dense et complexe puisqu'il cumule deux types d'informations, le degré d'urbanisation et les activités de la banlieue de Shanghai, ainsi qu'une distinction (une typologie) très précise des villes nouvelles. Même si elle n'est pas clairement évoquée, on doit donc identifier les différentes parties de l'aire urbaine en s'appuyant sur le fond de carte puis on peut suivre le texte pour identifier les différents types de villes nouvelles. On peut ainsi bâtir deux parties distinctes.

2. Organiser la légende

• Localisation

Le texte est très précis sur le nom des villes nouvelles de l'aire urbaine de Shanghai. Il faut par contre se montrer très attentif lors du repérage de ces villes sur le fond de carte pour ne pas faire de confusion.

- **Choix des figurés**

On superposera trois types de figurés :
– un dégradé de couleurs pour les différents espaces de l'aire urbaine ;
– un figuré ponctuel de couleurs pour bien différencier les différents types de villes nouvelles ;
– des flèches pour représenter les deux dynamiques majeures de l'espace étudié : l'étalement urbain qui n'est pas précisé mais sous-entendu, et le desserrement qui est en fait l'objectif de la création des villes nouvelles.

« **Proche banlieue** » : le texte propose une vision très complexe de la banlieue en fonction de sa proximité avec la ville, son degré d'urbanisation et l'importance de ses activités agricoles. On peut se montrer prudent et simplifier l'ensemble en présentant que c'est un espace mixte (urbain et agricole).

« **L'étalement urbain** » n'est pas précisé dans le texte mais on peut le représenter logiquement par une flèche depuis la ville-centre vers la banlieue urbanisée et intégrée.

« **Ville nouvelle** » : le figuré ponctuel doit être fait au feutre pour bien se superposer sur la plage réalisée au crayon de couleur. Il doit aussi entourer le nom des villes nouvelles pour bien les mettre en valeur et améliorer la lisibilité.

3. Réaliser le croquis

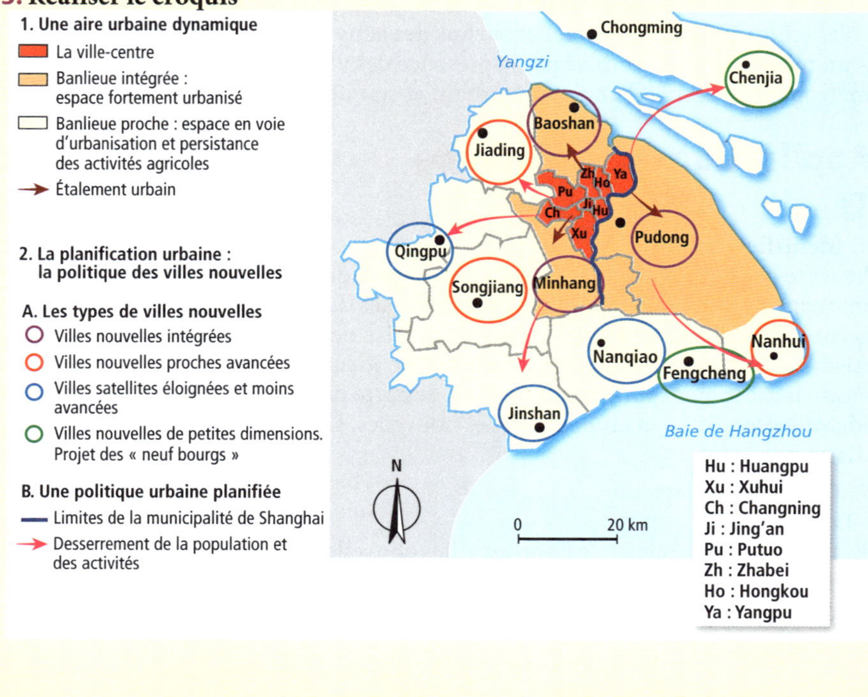

5

1. Répondre à la problématique

Il faut ici reprendre et expliciter le lien entre l'ouverture économique du pays et les deux dynamiques spatiales essentielles induites par la mondialisation : la littoralisation et la métropolisation qui ont avantagé l'est du pays. Il faut aussi insister sur le lien avec la dimension sociale : celle de l'accroissement de l'inégalité entre les Chinois du littoral et de l'intérieur et aussi des villes et des campagnes.

2. Faire une ouverture pertinente

On peut terminer sur un enjeu actuel de ces inégalités. Ces inégalités territoriales et sociales très récentes pourraient à terme poser des problèmes de stabilité et d'unité politique pour le pays tout entier.

3. Rédiger

Depuis une quarantaine d'années, la Chine est donc un pays très ouvert sur la mondialisation, laquelle a totalement redessiné le visage du territoire et de la société chinoise. L'ouverture économique du pays a favorisé la Chine de l'Est, celle des ports et des grandes villes, celle qui a concentré les activités industrielles et tertiaires avec le renforcement de la littoralisation et de la métropolisation. Le pays est donc marqué par un clivage très fort entre la Chine de l'Est, plus dynamique, plus ouverte et plus riche, et celle de l'Ouest, encore très marginalisée. Ces inégalités sont également sociales puisqu'elles opposent les Chinois qui ont bénéficié de l'ouverture à la mondialisation et ceux qui ont été délaissés, clivage qui oppose très souvent les urbains et les ruraux.
L'apparition d'un pays à deux vitesses heurte le modèle politique chinois et menace de plus en plus l'unité du pays. Le mécanisme de redistribution sociale et de rééquilibrage entre les deux Chines est un des impératifs actuels du gouvernement chinois.

Annexes

Frises chronologiques

1. De la Première à la Seconde Guerre mondiale

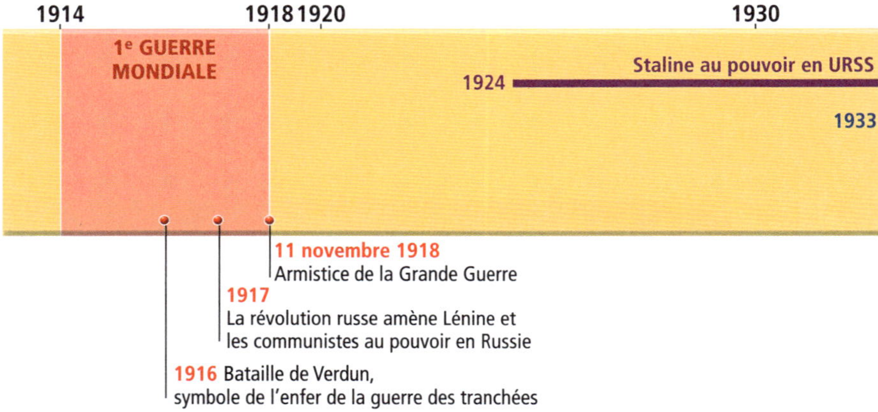

2. Le monde depuis 1945

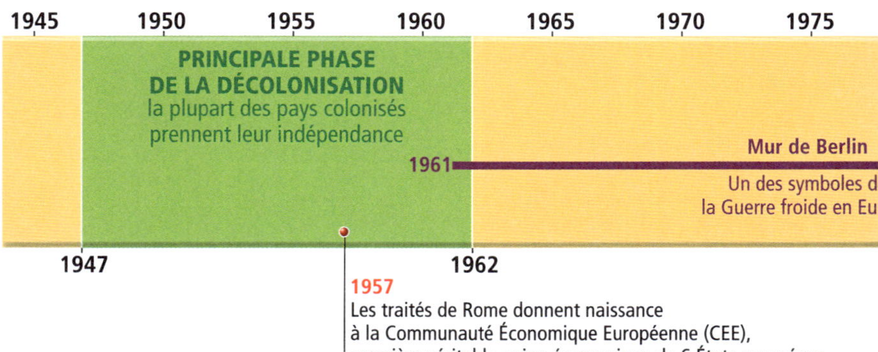

1939 | 1945 | 1950

2e GUERRE MONDIALE

Staline au pouvoir en URSS — 1953

Hitler au pouvoir dans l'Allemagne nazie — 1945

Régime de Vichy
1940 — 1944
Régime de Vichy en France, régime autoritaire, collaborationniste et antisémite, met fin à la IIIe République

18 juin 1940
l à la résistance du général de Gaulle depuis Londres

1944-1945
Libération de la France, rétablissement de la République, droit de vote des femmes, Sécurité sociale

août 1945
Bombardements atomiques d'Hiroshima et de Nagasaki au Japon

8 mai 1945
Fin de la guerre en Europe

1985 | 1990 | 1995 | 2000 | 2005 | 2010

— 1989

2008 —
Crise économique et financière

1989
Chute du mur de Berlin

1991
Éclatement de l'URSS

1992
Traité de Maastricht donnant naissance à l'Union européenne

2002
Euro, monnaie européenne

2013
L'Union européenne passe à 28 membres

Cartes géographiques

1. La présence française dans le monde

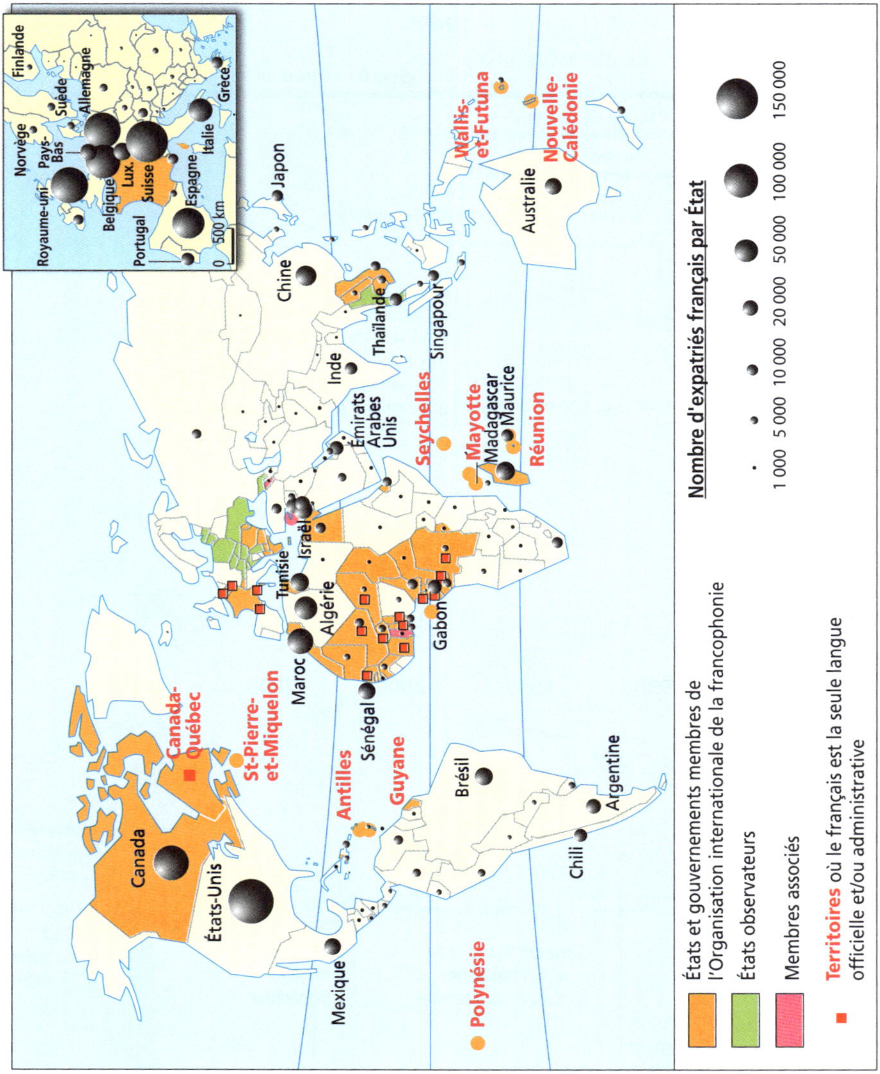

2. Les régions françaises

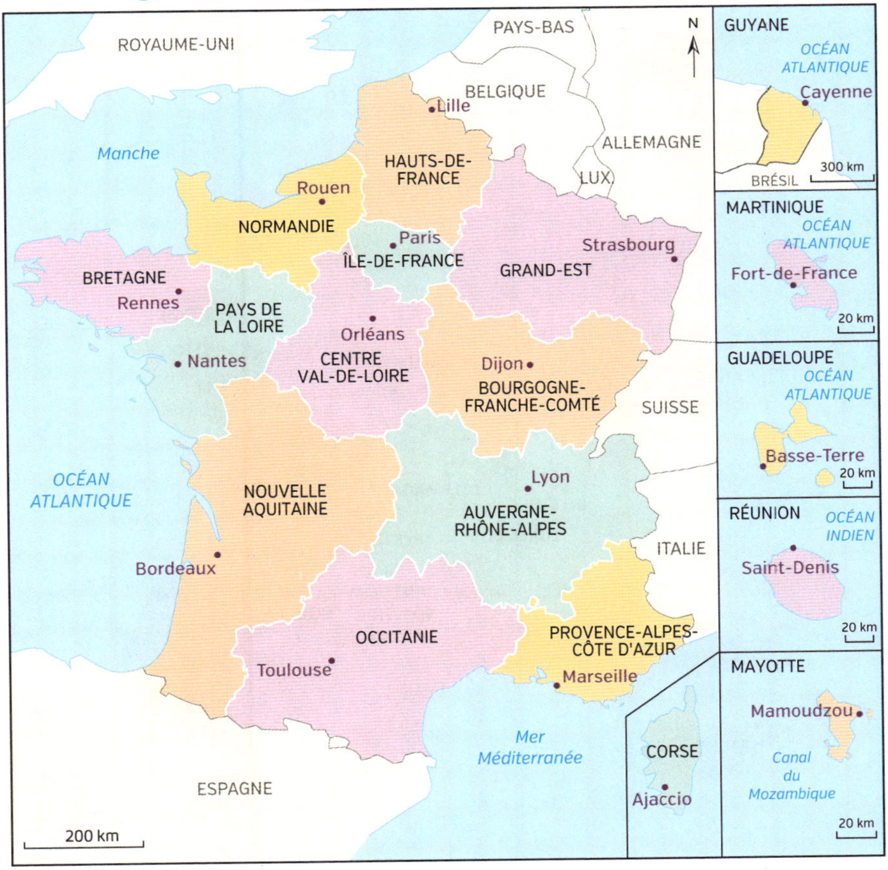

3. Les États de l'Union européenne

4. Union européenne, zone euro et espace Schengen

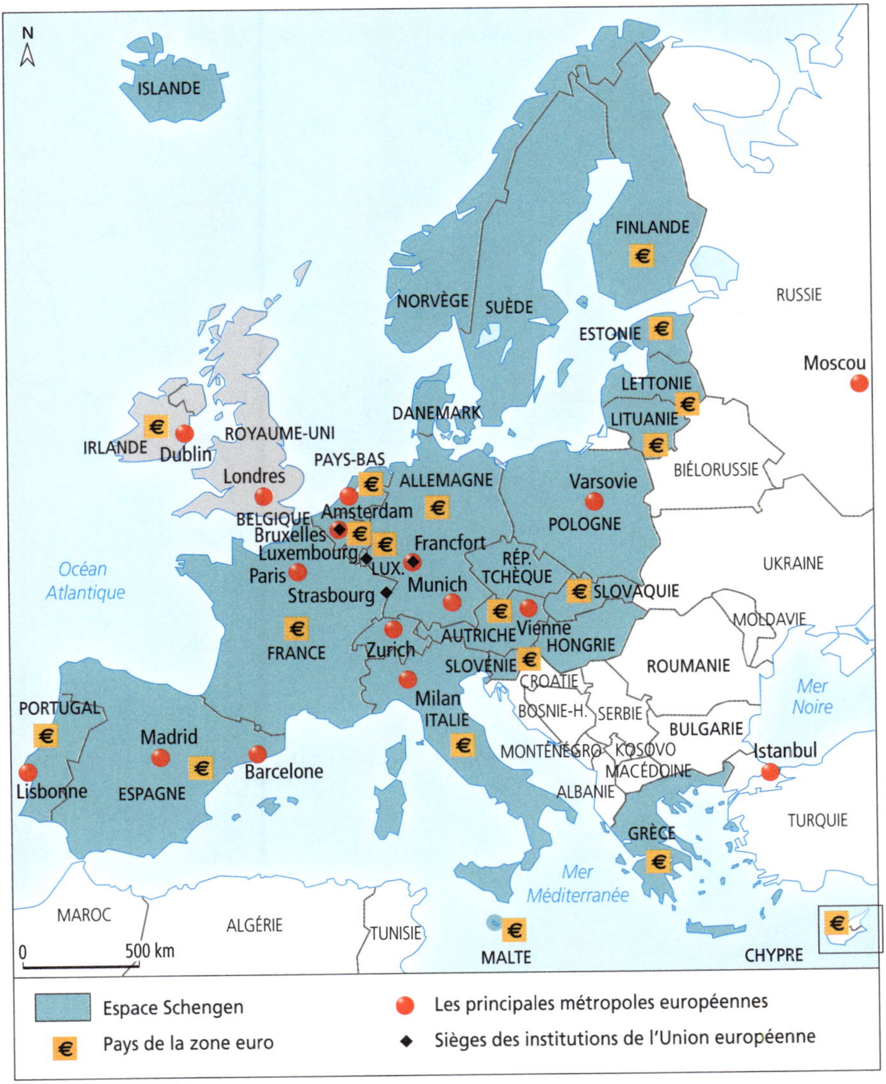

Annexes

Fonds de cartes

0
500 km

Lexique

A

Accaparement des terres Acquisition de grandes surfaces agricoles, dans les pays en voie de développement notamment, pour le compte d'États dont les ressources agricoles ne sont pas suffisantes, ou pour celui de multinationales qui cherchent à accroître le volume de leurs productions.

Agriculture périurbaine Activités agricoles visant à répondre aux besoins alimentaires des villes autour desquelles elles se maintiennent de manière plus ou moins discontinue.

Agriculture productiviste Agriculture moderne qui produit en masse pour le commerce et l'exportation.

Agriculture sur brûlis Système agraire où les terres agricoles sont défrichées par le feu pour les rendre fertiles.

Agriculture vivrière Système agraire, dominant dans les pays du Sud, où de petites exploitations sont travaillées chacune par une famille consommant tout ou partie de sa production.

Agritourisme Notion qui regroupe les activités d'hébergement, de découverte des métiers des agricoles (visites, ateliers, etc.) et la vente directe de produits du terroir.

Airpocalypse Niveau de pollution extrême observé en Chine à cause du recours massif au charbon pendant l'hiver.

Altermondialisme Mouvement politique aux moyens d'actions variés (pétition, action violente) qui vise à montrer qu'un autre monde est souhaitable, sinon possible, en dénonçant la recherche effrénée du profit et la montée des inégalités.

AMM (archipel mégalopolitain mondial) Désigne l'ensemble des villes qui contribuent à la direction du monde. Connectés en réseau et concentrant l'essentiel des flux mondiaux, ces pôles urbains fonctionnent en système, d'où l'image d'un archipel constitué d'îles.

« Années folles » Désigne la première décennie qui suit la guerre.

Armistice Arrêt des hostilités avant la signature de la paix.

Arrière Territoire à l'arrière du front, hors des opérations militaires.

Artificialisation Sols bâtis ou sols revêtus par des routes, des voies ferrées, des parkings, etc.

Artillerie Ensemble des armes lançant à distance divers projectiles sur l'ennemi.

Assimilation Pour un individu, processus d'intégration à la culture du colonisateur en même temps que d'abandon de sa culture antérieure.

Atelier Lieu de production artisanale, de taille modeste et très majoritairement organisé autour de la structure familiale.

Avantages comparatifs Avantages par lesquels un territoire attire une activité.

B

Barricade Accumulation d'objets divers qui forment une barrière protectrice dans les rues.

Belligérants Personnes ou États en guerre.

Blocus Opérations destinées à empêcher le ravitaillement en marchandises d'un pays.

Bocage Paysage agraire constitué de petites parcelles irrégulières fermées par des haies et des talus, symbole de l'identité paysagère de l'ouest français.

Bolcheviques Révolutionnaires communistes russes, partisans de Lénine.

Bourse de valeur Lieu où s'échangent les valeurs mobilières, c'est-à-dire des titres financiers négociables.

Brexit Sortie de la Grande-Bretagne de l'Union européenne.

Brutalisation Banalisation de la violence de guerre dans laquelle ont été plongées les sociétés européennes.

C

Cahier de doléances Cahier rassemblant les plaintes (doléances) et solutions, destinées au roi.

CBD (Central business district) Désigne à l'origine le centre des affaires dans les grandes villes américaines, mais aujourd'hui le quartier d'affaires d'une métropole.

CGET (Commissariat général à l'égalité des territoires) Service public d'aménagement du territoire

Censure Action limitant la publication d'informations.

Chaîne de valeur Ensemble des étapes, réparties sur des territoires différents, par lesquelles une entreprise conduit son activité.

Chancelier Chef du gouvernement allemand.

Chinafrique Néologisme inspiré de la « Françafrique » destiné à dénoncer des liens considérés comme néocoloniaux entre la Chine et le continent africain.

City À la fois cœur historique et centre géographique de Londres, c'est le plus grand quartier d'affaires européen.

Cluster Territoire innovant grâce aux synergies entre entreprises et universités.

Coalition Rassemblement temporaire, destiné à organiser une réponse collective à une décision touchant un groupe social ou professionnel.

Code de l'indigénat Ensemble de mesures prises dans les colonies françaises légalisant *a posteriori* les pratiques disciplinaires utilisées par les colons contre les populations colonisées.

Coefficient de Gini Indicateur variant de 0 à 1 qui mesure le niveau d'inégalité d'une variable (par exemple les revenus) au sein d'une population, 0 signifiant l'égalité parfaite et 1 une inégalité parfaite.

Comices Réunion annuelle de membres influents du monde rural pour mettre en scène leur réussite par des concours.

Commune Mouvement insurrectionnel républicain d'inspiration socialiste, contrôlant et organisant Paris pendant deux mois (18 mars-28 mai 1871) en rupture avec le gouvernement.

Concentration industrielle Concentration sur un même site industriel de l'ensemble des processus de fabrication d'un produit.

Concessions Délégation de service que l'État accorde à une entreprise privée.

Concordat Traité réglant les relations entre un État et l'Église catholique, représentée par le pape.

Confédération Forme politique liant plusieurs États en leur laissant beaucoup d'autonomie, dans de nombreux domaines.

Conflit d'usage Opposition entre différents acteurs (agriculteurs, élus, chasseurs, touristes…) au sujet de la manière d'occuper ou d'exploiter un espace.

Congrès Parlement aux États-Unis, issu de la réunion des députés et des sénateurs.

Conservateur Qui souhaite que les choses restent en l'État, hostile au changement.

Consulat Forme du pouvoir exécutif, divisé entre trois consuls.

Constitution civile du clergé Réorganisation des relations entre l'Église et l'État, celui-ci contrôlant le clergé.

Contre-offensive Attaque menée pour repousser l'avancée de l'ennemi.

Croissant périphérique Large espace à la périphérie du territoire qui se distingue par son dynamisme économique.

D

Département Nouveau découpage, égalitaire, du territoire pour mettre fin aux inégalités entre les provinces.

Dépopulation Diminution absolue ou relative du nombre d'habitants.

Déprise agricole Abandon durable des cultures ou de l'élevage qui provoque le recul des surfaces agricoles.

Désertification Perte de vitalité d'un territoire liée à la dépopulation et au déclin des activités traditionnelles.

Dey Titre porté par le chef du gouvernement à Alger désigné par le sultan ottoman.

Diète Ici, institution du Saint-Empire chargée de veiller sur les affaires générales et de trouver une solution aux différends qui pourraient s'élever entre les États confédérés.

Diktat Décision imposée par le camp adverse.

Directoire Forme du pouvoir exécutif, divisé entre cinq directeurs.

Disparités spatiales Très forts écarts entre les espaces.

District industriel Groupe d'entreprises à la fois concurrentes et complémentaires spécialisées dans un secteur d'activité et implantées en milieu rural.

Droit de réunion Droit de se retrouver collectivement de manière régulière et déclarée pour organiser des actions communes.

DROM (Département et région d'outre-mer) Les cinq territoires qui bénéficient de ce statut administratif sont la Guadeloupe, la Guyane, la Martinique, Mayotte et la Réunion.

E

Économie résidentielle Ensemble des activités qui répondent aux besoins de la population permanente d'un territoire (commerce, services publics…) et à ceux des touristes (hôtels, guides…).

Écotourisme Activités touristiques fondées sur les ressources environnementales et les spécificités culturelles des territoires ruraux.

Edge city Pôle d'emploi périphérique spécialisé dans l'industrie de l'information, le high tech et les surfaces commerciales. Il regroupe des immeubles récents dans des parcs d'activités.

Émergent Pays du Sud à forte croissance économique.

Émir Titre donné à un chef militaire dans la civilisation musulmane.

Énergie fossile Énergie produite par la combustion du gaz, du pétrole ou du charbon.

Étalement urbain Extension de la ville appelée aussi périurbanisation.

États généraux Réunion de représentants de chacun des trois ordres qui composent la société (noblesse, clergé et tiers état).

État nation État qui rassemble une nation établie sur un territoire délimité et définie en fonction d'une identité commune de la population.

États pontificaux Le pape a hérité du titre religieux romain de « pontife » d'où le nom de ses États.

EVP Équivalent vingt pieds. Unité de mesure du trafic portuaire. Un EVP correspond à un petit conteneur.

Exode rural Départ massif des campagnes vers les villes.

Exode urbain Déplacement d'une partie de la population des villes vers les campagnes.

F

Favelas Nom donné au Brésil aux bidonvilles. Quartier pauvre d'une agglomération où les maisons sont construites avec des matériaux de récupération et illégalement. C'est de l'habitat spontané.

Féminisme Pensée politique qui réclame les mêmes droits pour les femmes que pour les hommes.

Flux Déplacement d'hommes, de biens ou d'informations.

FTN (Firmes transnationales) Grandes entreprises qui interviennent sur le marché mondial et utilisent les disparités entre les territoires à leur profit.

G

Gated communities Quartier homogène socialement, généralement habité par des populations aisées, clos, et accessible par un nombre minimal d'entrées gardées.

Génocide Extermination volontaire et organisée d'une population en raison de son identité propre.

Gentrification Anglicisme (« *gentry* » en anglais : petite noblesse) qui désigne le processus de transformation du profil économique et social d›un quartier urbain ancien au profit d›une classe sociale supérieure.

Gentrification rurale Transformations socio-économiques et culturelles liées à l'installation d'une population aisée parmi des ruraux plus modestes.

Girondins, Montagnards Courants politiques divisant les députés. Les Girondins (plusieurs députés venaient de Gironde) souhaitaient une république modérée et décentralisée. Les Montagnards siégeaient dans les travées les plus élevées à l'Assemblée, d'où leur nom. Ils étaient favorables à une République forte et centralisée.

« Grande Peur » Période d'agitation après le 14 juillet liée à la crainte paysanne d'une réaction de la noblesse.

Grève Action collective consistant en une cessation du travail par les salariés d'une entreprise.

Guerre de mouvement Stratégie offensive nécessitant le déplacement des troupes à l'assaut de l'ennemi.

Guerre de position Stratégie défensive consistant à bloquer l'avancée de l'ennemi.

Guerre totale Mobilisation de tous les secteurs de la société, militaire mais aussi économique, culturel, etc., pour mener la guerre.

« Gueules cassées » Surnom donné aux blessés défigurés.

H

Hégémonie Domination exclusive d'un État sur les autres.

Hévéa Aussi appelé arbre à caoutchouc car sa sève est ensuite transformée en caoutchouc.

Hub Point central pour la collecte, le tri, le transbordement et la redistribution des marchandises dans une zone géographique donnée.

Hygiénisme Idée selon laquelle l'état de santé de la population et la maîtrise des épidémies dépendent de la salubrité de l'espace public, et peuvent donc être traités par une politique urbaine et sociale.

I

IDE (investissement direct à l'étranger) Investissement réalisé par une entreprise dans un autre pays, pour y racheter une entreprise ou développer une filiale.

Impôts fonciers Impôts perçus sur le sol, sur la propriété d'une surface (champ, logement).

Indigène Terme à connotation péjorative désignant des populations considérées par la métropole comme non civilisées.

Industrialisation Processus d'extension et d'intensification des activités industrielles pendant lequel la production industrielle dépasse la production agricole.

Interface Zone de contact entre deux territoires.

J

Jachère Pratique culturale qui consiste à laisser la terre au repos.

Jacobins Partisans d'une poursuite de la Révolution et d'une démocratie centralisée. Ils se réunissaient dans l'ancien couvent des Jacobins.

JAT « juste-à-temps » Modalité de production industrielle reposant sur le flux tendu, et donc la qualité de la chaîne logistique.

Jury populaire Ensemble de citoyens rendant un verdict dans un procès.

K

Kaiser Empereur (en allemand).

L

Laïcité Neutralité de l'État par rapport aux religions.

Libéralisation Assouplissement politique d'un régime par la reconnaissance de droits.

Littoralisation Processus de concentration des hommes et des activités sur les littoraux.

Livret ouvrier Document officiel délivré par la mairie de résidence de l'ouvrier, sur lequel figurent son identité et les dates d'entrée et de sortie de chaque entreprise où il a travaillé. Nécessaire pour être embauché, il doit aussi être présenté aux forces de police qui le demandent.

Loi des suspects Loi votée par la Convention (17 septembre 1793) permettant d'arrêter et juger toute personne suspecte, ennemi réel ou potentiel de la Révolution.

Lois constitutionnelles Ensemble de trois lois qui organisent le régime républicain en 1875.

M

Macrocéphalie urbaine Hypertrophie d'une ville située à la tête d'un réseau urbain et laissant peu de place aux villes de rang inférieur.

Marché noir Opérations commerciales illicites permettant de se procurer à prix souvent élevé des denrées difficiles à trouver.

Marxisme Pensée politique qui fait reposer le système social sur la lutte des classes entre patrons et ouvriers, et encourage ces derniers à renverser l'ordre économique et social capitaliste par une révolution.

Masses de granit Expression de Napoléon pour désigner les réformes nécessaires pour compléter, consolider et achever la Révolution.

Mégalopole « Super-métropole » correspondant aux *megacities* de la terminologie des Nations unies, elles concentrent des populations égales ou supérieures à 10 millions d'habitants, disposent d'aires d'influence d'ordre international.

Méritocratie Progression dans l'échelle sociale grâce au mérite et non à la naissance.

Métropole Désigne ici l'État colonisateur.

Métropolisation Processus de concentration des populations, des activités et des fonctions de commandement dans les métropoles.

Minorités En Chine, peuples de culture différente de l'ethnie majoritaire, les Hans.

Missionnaire Religieux chargé de propager sa foi.

MIT (Massachusetts Institut of Technology) Institut de recherche et université mondialement renommés, spécialisés dans les sciences et les technologies.

Mitage Construction isolée de logements, de zones d'activités, d'équipements qui rompt l'harmonie paysagère des espaces ruraux.

Montagnards Voir Girondins

Mousson Phénomène climatique saisonnier qui détermine le régime des précipitations dans les régions intertropicales.

Multifonctionnalité Coexistence sur un même territoire d'activités de nature distincte.

N

Nationalisme Doctrine politique qui revendique le droit pour un peuple de former une nation dirigée par un État indépendant et souverain.

Nationalités Groupement d'individus partageant des mêmes valeurs, une histoire et une origine communes.

Néoruraux Habitants récemment installés à la campagne.

Notables Personnes qui occupent des positions sociales influentes.

O

Obligation Titre émis sur le marché financier par l'État en vue d'un emprunt.

Octroyer Accorder comme une faveur.

Openfield Paysage agraire formé de vastes champs ouverts et géométriques.

P

Pacifisme Courant littéraire et politique prônant la paix, les moyens de la maintenir et la suppression de la guerre.

« Parti de l'ordre » Parti qui défend l'ordre établi, la hiérarchie en place dans la société.

Paternalisme Système mis en place par la direction d'une entreprise pour prendre en charge nombre d'aspects de la vie du quotidien (logement, soins, éducation…).

Paysans Exploitants agricoles à faible productivité de travail.

Philanthropie Attitude de soutien à des œuvres de bienfaisance, qui offre en retour une image positive du donateur.

Phosphate Minerai entrant dans la composition des engrais, indispensables avec la modernisation de l'agriculture.

Plan Schlieffen Plan d'invasion de la France établi à partir de 1905 par les chefs d'état-major allemands, von Schlieffen puis von Moltke, consistant à contourner par la Belgique l'armée française positionnée à la frontière est.

Plébiscite Vote de confiance auquel les électeurs répondent par oui ou non.

Polder Terre-plein artificiel permettant de gagner de la surface sur la mer.

Pôles de compétitivité Regroupement et mise en relation, sur un territoire donné, d'entreprises et d'unités de recherche autour d'un projet commun subventionné par l'État.

Polyculture Culture de plusieurs espèces végétales au sein d'une même ferme, par opposition à la culture spécialisée souvent pratiquée dans de grandes exploitations agricoles.

Principe des « 4P » La multifonctionnalité repose sur quatre pieds (en anglais : *place*, *play*, *production*, *protection*).

Propagande Procédés par lesquels un pouvoir politique met en scène sa réussite et ses actions, et dissimule ses échecs pour conserver sa position.

Proto-industrie Terme qui désigne les petits ateliers, souvent textiles, dispersés en milieu rural et qui ont précédé la naissance de la grande industrie.

Q

Quatre communes Communes du Sénégal (Dakar, Saint-Louis, Rufisque et Gorée) dont les habitants, citoyens français, ont le pouvoir d'élire et d'éligibilité.

R

Région ultrapériphérique Territoire de l'UE situé hors du continent européen bénéficiant d'aides particulières pour compenser les conséquences de son éloignement et de son isolement.

Remembrement Politique d'aménagement foncier initiée par l'État consistant à regrouper les parcelles des exploitations, à faire disparaître les obstacles à la mécanisation (bosquets, haies, talus) et à repenser le tracé des voies afin d'améliorer les rendements agricoles.

Rendement Volume de la production agricole rapportée à la surface cultivée.

Répression Fait d'arrêter par la violence un mouvement de lutte collectif.

Réseau Ensemble des relations connectant des acteurs et/ou des territoires.

Révolution verte Politique de développement agricole mise en œuvre par l'État à partir des années 1960. La mécanisation et la sélection des espèces cultivées ont permis à l'Inde d'atteindre l'autosuffisance alimentaire mais son impact écologique et sanitaire est négatif : épuisement des nappes phréatiques, augmentation du nombre de cancers…).

Risorgimento En italien, résurgence ou renaissance, sous-entendu de l'Italie comme espace uni.

S

Saint-Empire romain germanique Héritier de l'empire de Charlemagne, il s'étend essentiellement sur le monde germanique.

Sainte Alliance Pacte signé entre les monarchies russe, autrichienne et prussienne en 1815 pour restaurer un ordre monarchique en Europe.

Sans-culottes Catégorie sociale modeste sans être pauvre, souvent composée d'artisans des villes prônant l'égalité sociale. Appelés ainsi car ils portaient des pantalons et non des culottes, comme les aristocrates.

Slums Voir « *Favelas* ».

Spéculation Opération financière reposant sur les fluctuations du marché et permettant des gains très rapides.

Statut juridique de métropole Depuis les lois de 2010 modifiées en 2014 et 2015, la métropole en France est un EPCI (établissement public de coopération Intercommunale) à fiscalité propre qui regroupe plusieurs communes d'un seul tenant et sans enclave.

Suffrage censitaire Système électoral dans lequel le droit de vote est réservé à ceux qui paient une certaine somme d'impôts, que l'on appelle le « cens ».

Suffrage universel Système électoral dans lequel le droit de vote est accordé à tous les citoyens.

Suffrage universel masculin Capacité de voter accordée à tous les hommes adultes, sans condition de revenu ou de naissance.

Sujet Personne soumise à une autorité.

Surréalisme Mouvement artistique s'appuyant sur la libération de la pensée du contrôle de la raison (par le rêve, l'inconscient…).

Syndicat Association qui défend les intérêts professionnels des droits des travailleurs.

Système parlementaire Régime politique fondé sur une séparation des pouvoirs, avec un gouvernement qui incarne le pouvoir exécutif et peut être renversé par le Parlement devant lequel il est politiquement responsable.

Système représentatif Régime politique qui accorde à une assemblée le droit de représenter la nation. La volonté des citoyens s'exprime par l'intermédiaire de représentants élus.

T

Technopôle Territoire concentrant des activités de haute technologie (industries de pointe, laboratoires de recherche et universités).

Terroir Région définie par des productions agricoles spécifiques (miel, fromages, fruits, vin…).

Tiers état L'essentiel de la population (97 %), composé de ceux qui travaillent (paysans, bourgeois) et payent des impôts.

Traité Texte juridique de droit international passé entre plusieurs États et réglant leurs relations et décisions communes.

Tranchées Ouvrages défensifs, fossés creusés à même le sol où stationnent des troupes pour faire barrage à l'ennemi.

Transition démographique Passage d'un régime démographique ancien (forte natalité) à un régime démographique moderne (forte baisse de la natalité).

Transition écologique Évolution d'une société vers de meilleurs comportements en termes de consommation d'énergie et de respect de l'environnement.

Transition urbaine Passage d'une population majoritairement rurale à une population majoritairement urbaine.

U

Union indienne Nom officiel de l'Inde qui est composée de 29 États et 7 territoires.

V

Ville mondiale Centre d'impulsion majeur de la mondialisation qui concentre des fonctions décisionnelles commerciales et financières planétaires.

W

Wilderness La notion désigne au sens propre du terme la « nature sauvage ». Elle fait aussi référence à une forme d'état d'esprit, voire de spiritualité, de l'individu confronté aux grands espaces. Elle est à l'origine de nombreuses pratiques touristiques et récréatives au Canada.

X

Xénophobie Haine de l'étranger.

Y-Z

ZIP Zone industrialo-portuaire combinant infrastructures portuaires et activités de production industrielle.

Zone de revitalisation rurale Territoire de faible densité dont le niveau de revenu est inférieur à la médiane et sur lequel l'État accorde des avantages fiscaux à toute entreprise qui s'installe.

Zones franches Zones bénéficiant d'avantages fiscaux et/ou réglementaires.

CRÉDITS PHOTOGRAPHIQUES

13 : ADOC PHOTOS **; 15 :** Bulloz/RMN **; 23 :** Bridgeman **; 37 :** Leemage **; 39 :** Bridgeman **; 41 :** BNF **; 47 :** RMN Grand Palais **; 51 :** AKG **; 69 :** Josse/Leemage **; 71 haut :** Collection Kharbine-Tapabor **; 71 bas :** Atelier Nadar/RMN GP/Ministère Culture Médiathèque du Patrimoine **; 73 :** GAMMA RAPHO/API **; 75 :** ROGER-VIOLLET **; 79 :** BNF **; 95 :** IWM/ Getty Images **; 97 :** AKG-Images **; 99 :** GAMMA-RAPHO/EXPLORER/KEYSTONE-France **; 105 :** Tallandier/Rue des Archives **; 113 :** Bridgeman **; 121 :** Danny Lehman/Getty **; 135 :** Ministère de la Cohésion des territoires **; 153 :** Hervé Théry, Géoconfluences, novembre 2016 **; 177 haut :** Russel Kord/Photononstop **; 177 bas :** PhotoPQR/La Dépêche du Midi/MAxPPP **; 179 :** Andrea Pistoles/Hemis.fr **; 183 :** Dreamstime **; 187 haut : – gauche :** photographies aériennes de 1949 / source : IGN BD ORTHO® Historique 1949 **– droite :** photographies aériennes de 2017 / source : Mégalis Bretagne et collectivités territoriales bretonnes – 2017 **; 187 bas :** afac-agroforesteries.fr.

MIXTE
Papier issu de sources responsables
FSC® C022030

Nathan est un éditeur qui s'engage pour la préservation de son environnement et qui utilise du papier fabriqué à partir de bois provenant de forêts gérées de manière responsable.

N° de projet : 10249689 - juin 2019
Imprimé en France par Estimprim 25110 Autechaux